本书系浙江省教师教育创新实验区项目"宁波市中小学班主任专业化'全景式'发展体系建构"研究成果；宁波市教育科学规划2023年度重点课题"甬派教育家培养与发展规律研究"（课题立项编号：2023YZD021）研究成果。

班主任茶座
聊聊家长关心的20个话题

王晶晶　主编

傅卫平 / 张璐彦　副主编

宁波出版社

本书编委会

主　任　苏泽庭
副主任　袁国方　余　辉　黄和林
编委会成员（按姓氏笔画排序）

王晶晶　叶　伟　刘清昆　张龙富

张飒英　张璐彦　董　莉　傅卫平

前　言

一、关于家校社协同育人机制的思考

2022年1月,《中华人民共和国家庭教育促进法》实施,这是我国首次就家庭教育进行专门立法,着力推进"家庭教育、学校教育、社会教育紧密结合、协调一致",并"建立健全家庭学校社会协同育人机制"。该法将家庭教育指导服务提升为公共服务,强调在体系搭建和服务供给中的多主体参与,体现了国家对家庭和家庭教育的高度重视。

中国教育科学研究院研究员储朝晖认为,目前推进家校社协同育人已经形成自上而下的强大动力。建立家校社协同育人的政策和法律基础正在逐渐成熟,但距离有序、有效、完备的家校社协同育人机制的真正建立仍有较长距离。家校社之间沟通不畅,家长和社会在总体参与上也不够充分。

学校、家庭、社会协同育人是提升教育质量、实现高质量育人的重要路径。在新时代背景下,家校社协同育人应从"大教育观"和"全人理念"出发,在政府的统筹治理协调下,三方各扬所长、功能互补、协调统一。

首先,父母是孩子的第一任老师,也是终身老师;家庭是孩子的第一所学校,也是终身学校。激活家长参与的积极性,让家长成为主体是有效推进协同育人的关键因素。学校是家校社协同育人的主要阵地和重要主体。中小学班主任是学生发展的引路人,是学校落实立德树人根本任务的主力军,他们和孩子们相处的时间最长,最了解孩子们需要各方力量协同解决的问题,更能够切实应对孩子们具体的发展痛点。因此,班主任是协同育人工作持续推进和保持活力的关键。

互联网信息技术的发展使得家校社协同不再受限于时间或空间,应充分发挥图书馆、新媒体、互联网等平台的社会教育功能,促成家校社协同育人多样化业态的形成。

家校社协同育人应立足中小学学生成长的真实需求,结合对新时期教育发展的要求和家庭所处环境的深入了解,开展系统、持续、连贯的育人工作。一是要强调多主体参与供给,激活家长与社会各部门的参与积极性;二是要进一步明确不同主体的责任、权力边界以及合作的有效方式,以达成协同共识;三是要找到共同关心的问题并予以解决,改变以往单向、单一的灌输式指导服务,找准问题"小切口"。指导内容要接地气,贴近家庭生活情境,努力跨越知与行的鸿沟,真正满足育人需求。要逐步形成相对稳定的业态,确保家校社协同育人机制的可持续发展。

二、关于家校社协同育人机制的实践探索:班主任茶座

为积极响应政府关于"建立健全家庭学校社会协同育人机制"的战略部署,切实提升班主任、家长的家校合作能力,有效打通学校、家庭、社会三方联动渠道,满足社会公众对家庭教育日益增长的文化需求,"班主任茶座"应运而生。

《班主任茶座》是一个谈话类公益直播节目,由宁波教育行政部门和宁波教育学院主办,高校下设班主任培训部门与图书馆、新媒体联合推出。茶座每月一期,嘉宾为宁波市名师与家长,选题取自家庭教育中的热点、难点和痛点问题,如自主学习、亲子沟通、生涯规划等。茶座以轻松愉悦的聊天方式为家长和教师提供建议。

宁波市教育局从顶层设计、政策制定、经费支持、资源配置等方面对《班主任茶座》提供保障。宁波教育学院承担着中小学班主任的培训工作,拥有丰富的名优班主任资源和专家资源智库,为每期节目推荐合适的人选;培训部门把"茶座"作为名优班主任凝练思想、辐射引领的新型培训模式。宁波大学园区图书馆承担着社会教育的功能,管理架构完善,读者群体资源丰富,宣传渠道多元,确保茶座有良好的录制场地和广泛的受众资源。新媒体具有丰富的宣传经验与成熟的录制传播渠道,自身也有打造丰富多样信息产品的需求,有动力与能力做好"茶座"的社会传播工作。因此,在教育行政部门的统筹指导下,三方迅速达成共识,发挥各自的优势,使《班主任茶座》从政策支持、人力资源和传输渠道等方面都得到了很好的保障。

高校、图书馆和新媒体三方派出专业人员组建《班主任茶座》的核心创作团队,负责把关每期项目的运作。每期活动邀请4~5位嘉宾,由宁波市中小学名优班主任、教育专家和家长组成。嘉宾在前期对家长和学生开展调研,确定选题;根据选题组织素材,收集社会公众网络后台留言,完成谈话素材整理;一起统稿,推敲节目每个环节;参与录制和播出,回复后台家长问题。

《班主任茶座》自诞生之日起,就具有鲜明的协同特点。第一,选题更具针对性。茶座选题由教育专家、一线班主任从社会大众、家长及学生的调研中获取,反映了当下社会公众关注度高的热点和难点。第二,内容更鲜活。嘉宾熟悉中小学生和家庭教育的情况，谈话内容来自嘉宾亲身体验与身边案例，多数嘉宾兼具专家与家长双重角色，对问题的思考与剖析更加多元。第三，思路更开阔。在交流过程中，班主任"支招"，教育专家"提炼引领"，嘉宾们各抒己见，将"讲故事"与"明事理"两大元素融为一体，使理论与实践有效融会贯通。第四，形式更活泼。茶座不是讲座，也不是研讨会，嘉宾们结合工作生活实例，轻松愉快地闲聊，渗透思想与理念，内容很接地气。

因此，《班主任茶座》一推出，就受到了社会公众的热捧，首期点击量近20万。茶座开播至今已举办20多期，点击量总计350多万，最高一期点击量达到30多万。相关报道《"双减"之后，周末如何带娃？浙江宁波4位优秀的班主任给出了很好的建议》等在"学习强国"App刊出，"班主任茶座"被宁波市教育局评为2021年度重大改革举措和惠民实事典型案例。

三、关于家校社协同育人机制的成果转化：普及读物

"班主任茶座"是建立在较为成熟与成功的网络视频资源基础之上的。将这一网络资源转换成纸质书籍，供家长朋友及班主任进一步学习与阅读，能够使更多的人受益。为此，在宁波市教育行政部门的推动下，项目团队着手推进这一成果转化工作。

将网络直播资源转化为普及读物，重点在于确保这一转化既能保留网络媒介的优势，同时又要充分展示纸质媒介的长处与优势。"班主任茶座"谈话节目现场感强、口语表述多、通俗易懂；读物的好处在于可以反复、深度阅读和思考，因此编撰方式要在这两者之间寻找平衡点，既要保留谈话节目的鲜活性，又要符

合读者的阅读需求。

普及读物应具有亲和力和接地气的特点,因此该读物取名为"班主任茶座:聊聊家长关心的20个话题"。项目团队共同商定了该读物的基本编撰思路。首先是确定编委会成员,由"班主任茶座"的核心主创人员组成。他们熟悉每期运作情况与网络素材处理,通过组织每期团队对节目内容的"复盘",可以进一步提升文本质量。其次是明确读物的定位。一是作为家庭教育普及读本,让家长通过相对轻松的阅读,学习和思考学校教育的方式方法,更全面地了解孩子的学习生活,寻求家校协作育人的好办法;二是作为班主任培训用书,帮助更多教师学习借鉴名优班主任教育智慧,领悟教育专家的理念和理论,指导自身工作,促进理论实践的有机融会贯通;三是作为研究者的参考用书,为从事家庭教育、学校教育、社会教育的相关专业人员建立健全家校社协同育人机制提供案例与参考借鉴。

在编撰过程中,我们的目标是确保从新媒体到传统媒体的转换过程能够一气呵成。一是保证创作的延续性。课题组成员来自"班主任茶座"主创人员,每期文本由该期团队共同"再创作",嘉宾自行编辑修改,并由专家审核,确保保留"原味"。二是保留节目的现场感。网络媒体提供了时效性和观赏性,所以编撰应微调而不作过多删减,以便使读者身临其境,顺着茶座的思路"走",增加阅读兴趣。三是加强文本的逻辑性。编撰要做的是改错别字,使语句通顺;涉及个人隐私的、容易对号入座的信息要模糊处理,包括人名、地名、家庭情况等;有明显表达不当的教育理念和做法要修正,提供一定的"碎片化阅读",提炼出每期的观点与主要思想。四是保证阅读的愉悦性。紧扣"普及读物"的特点与要求,文字要通俗易懂,文本架构要清晰舒适,符合读者的心理需求。每一段落字数不宜过多,分章分段,条理清晰;每期文字控制在8000至10000字,控制篇幅,减少阅读疲劳，同时保留主持人和教育专家的简介，以增强说服力和亲近感。在不影响对整体与主要观点理解的基础上，删去对通篇阅读影响不大的文字。

这本读物旨在积极响应政府关于"建立健全家庭学校社会协同育人机制"的战略部署，切实提升班主任、家长的家校合作能力，有效打通学校、家庭、社会三方联动渠道，致力于满足社会公众对家庭教育日益增长的文化需求。各位读者朋友可以通过扫描宁波大学园区图书馆网站的二维码获取视频资源，将文本阅读和试听学习结合起来。同时，也恳请各位读者朋友提出宝贵意见，献计献策，探索"建立健全家庭学校社会协同育人机制"的有效路径。

在此特别感谢相关单位负责人、各区（县、市）德育教研员、中小学部分家长朋友，他们一起出谋划策，是真正的"幕后英雄"。每一期茶座的成功播出，都凝聚着他们的心血与智慧。在此一并感谢！

王晶晶

2023年5月10日

目 录

第一篇　有备而来，衔接学段成长

一、幼小衔接，家长该做些什么　…2

二、小升初，家长如何应对孩子变化　…19

三、初高中新生如何适应新学期　…35

第二篇　见招拆招，摆脱育儿困境

一、小学生作业拖拉，家长怎么办　…52

二、孩子爱玩手机，家长怎么办　…70

三、孩子叛逆了，家长怎么办　…85

四、如何与青春期孩子对话　…103

五、与焦虑和解，安心应考　　… **120**

　　六、家长如何与孩子谈"情"说"爱"　　… **135**

　　七、好习惯　好人生——小学生学习习惯的养成　　… **150**

　　八、接纳与融合——与特殊儿童"手拉手"　　… **173**

第三篇　顺时而动，助力全面发展

　　一、家长如何跟进"双减"政策　　… **192**

　　二、"双减"背景下，孩子的周末怎么安排　　… **208**

　　三、如何引导孩子在学习之余做家务　　… **225**

　　四、"双减"后，如何引导孩子自主学习　　… **242**

　　五、寒假来了，如何引导高中生自主学习　　… **257**

　　六、异样假期，一样精彩　　… **275**

第四篇　"职"创未来，造就精彩人生

　　一、技能成就出彩人生　　… **292**

　　二、走进职高，技能让生活更美好　　… **310**

　　三、生涯规划——为孩子幸福人生导航　　… **328**

第一篇

有备而来,衔接学段成长

一

幼小衔接，家长该做些什么

主持人

李　丽　小学高级教师，宁波市名班主任。

　　　　让星星洒满整个夜空，让爱滋润孩子心灵。

茶座嘉宾

马春玉　幼儿教育集团总园长兼党支部书记，全国三八红旗手、浙江省首批学前教育正高级教师、宁波市名园长。

　　　　多一句赞美，或许就多一棵茁壮的幼苗；多一份赏识，或许就多一个成功的希望。

毛小英　小学高级教师，宁波市首届名班主任，省、市、区三级名班主任工作室领衔人。

　　　　捧着一颗童心而来，带着满腔热忱前行。

张璐彦　小学德育主任，宁波市名班主任、国家二级心理咨询师、浙派名师培养对象，曾获全国心理健康课特等奖、长三角地区中小学班主任基本功大赛一等奖。

　　　　教育是一场温暖的修行，更是一种智慧的唤醒。努力成为孩子前行路上最好的陪伴者。

郑星红 特邀家长。家有二宝,大宝高中在读,小宝幼儿园毕业。

点评专家

刘清昆 高校副教授,宁波市领军拔尖人才培养对象。研究领域:教师教育和数学教育。主持省级课题10余项,发表论文50余篇。

潜心钻研,专心做事,用心育人。

主题分享：幼儿园的衔接准备

李　丽　　暑假已经来临，幼儿园大班的孩子马上就要升入小学了。作为幼小衔接的主体——幼儿园大班的孩子和他们的家长，目前最担心的是什么呢？

我们来听听家长代表郑女士有怎样的切身感受。

郑星红　　大家好！谢谢主持人。十分感谢有这样宝贵的机会倾听专家们面对面的指导。

我的大宝已经上高中，二宝九月份就要上一年级了。记得以前大宝上一年级时，我基本没有幼小衔接的概念，原生态自然入学。入学后，我才发现孩子拼音跟不上，写字也跟不上，家里每天鸡飞狗跳的。

轮到小宝了，我总算有经验了，早早开始让他学习了拼音和写字。可是一看其他小朋友，我发现人家英语已经学得很溜了，一年级的口算都可以过关了。我感觉自己又落后了，心里很忐忑，担心入学后孩子会不会又出现各种不适应。还请各位专家帮我指明方向。

李　丽　　看来，有对比才有"伤害"，还真没错。优秀的郑女士都不淡定了。由于孩子面临幼小衔接，很多家长更是摩拳擦掌，想为即将上一年级的孩子多做些准备。确实，幼儿园和小学的学习采用的是完全不同的方式，幼儿园教学以幼儿的游戏活动为主，小学的教学形式以课堂教学为主。但幼小衔接解决的仅仅只是郑女士所担心的知识储备上的问题吗？

幼儿园已经为孩子们做了哪些准备？我们请学前教育专家马园长为我们做分享。

马春玉　说起幼小衔接，大家可能有一个误解：幼小衔接从大班最后一个学期开始。其实不是的。幼小衔接工作从孩子入园的第一天就开始了。孩子从家庭到幼儿园这个陌生的环境，要认识很多新的朋友、教师，适应新的生活，开始新的学习，这就是对幼儿社会适应能力的一种培养。

从小班到中班，再到大班，我们逐步地在培养孩子的多种能力，比如独立生活能力——让孩子独立进餐，让孩子独立穿脱衣服，独立上厕所，等等。在我们宝韵幼儿园，孩子们从小班开始就可以选择一种自己喜欢的艺术活动，比如弹钢琴、拉小提琴、唱歌、跳舞、绘画等，从小培养孩子对艺术的兴趣与学习的习惯。这不仅能让孩子有一技之长，更是让孩子在学习的过程中，养成一种良好的学习习惯，磨炼克服困难的意志。三年下来，孩子们不仅都拥有了一项技能，也养成了良好的学习习惯，这些都是为升入小学做的准备。所以我个人认为，入学准备工作不是一时的事情，也不是一个学期的事情，是着力全方位、贯穿全过程、采用多途径的一项工作，也并不是幼儿园或小学单独开展的活动，还需要全社会通力合作和相互支持。

为了幼儿园小朋友能顺利地适应小学，2021年3月，教育部出台了《关于大力推进幼儿园与小学科学衔接的指导意见》，并且出台了《幼儿园入学准备教育指导要点》和《小学入学适应教育指导要点》。我觉得这两个《要点》非常好，它们分别从身心准备、生活准备、社会准备和学习准备四个方面做了阐述。我相信在以后相当长的一段时间内，它们都会是我们组织幼小衔接工作的重要依据。我们幼儿园的教师对此也进行了认真的学习和研究，把入学准备、教育目标、内容要求融入幼儿园的游戏活动和生活当中，全力支持和满足幼儿园小朋友向小学过渡过程中的各种需要。

为此，我们幼儿园还设计了幼小衔接入学准备的十项活动：

一是参观一所小学。请小朋友徒步到小学去看看升旗仪式，去看看小学里哥哥姐姐上课的样子。

二是采购一次文具。让孩子自己做主，选择喜欢的文具。

三是参加一次竞选。因为小学生会选自己喜欢的小班长，所以我们会让孩子在幼儿园也体验一下竞选活动。

四是争当一天小班长。培养小朋友的责任感，每人都来做一次小班长。

五是习得一项技能。从小班开始就让孩子们练习运球、拍球和跳绳。

六是整理自己的书包。书包是小学生必备的学习用品，要让学生学会整理。

七是参加一个仪式。组织勇敢者之夜，让孩子体验与同学们在幼儿园过一个晚上。

八是模拟一次军旅。让孩子学习解放军叔叔徒步一公里。

九是设计一本任务小书。完成一项任务，并记录在自己的本子上。

十是策划一个毕业活动。策划并参加自己设计的毕业活动。

这十项活动将全面地激发孩子们争做小学生的愿望，培养他们小学生必备的生活能力、学习习惯和社会交往能力，包括必要的任务意识、规则意识、集体意识等。我们希望幼儿园的每一个孩子都能顺利地成为小学生。

毛小英 听了马园长的分享，我特别有共鸣，因为我的二宝恰好就在幼儿园上小班。让我感触最深的是，在入园一个多月后的家长会上，老师播放了孩子们穿鞋比赛的一个小视频。说起来惭愧，我家的宝贝生活自理能力不怎么强，吃饭、穿衣、穿鞋都是在幼儿园老师的指导下学会的。那天穿鞋子比赛时，其他小朋友三下两下就穿好了，我们家的孩子那天穿了一双很紧的鞋子，好不容易脱下来了，可是怎么穿都穿不上。面对这样的情况，我真替他捏把汗。我看到，老师们并没有批评和指责，小家伙也没有放弃，憋足了劲儿继续努力，终于在尝试了十几次以后成功了。虽然他是最后一名，但我依然为他感到骄傲，更感谢老师组织这样有意义的比赛，让孩子学习承受挫折，培养孩子面对困难不气馁的精神。我想，这就是通过日常生活培养孩子的意志力的最好方式，帮助孩子做好充分的心理准备，培养良好的学习品质。它们看似和学习无关，但实质上是相互关联的。所以，作为家长的我们，眼光要看得更加长远才好。

专家答疑：家长如何帮助孩子做好衔接

李 丽 入学准备教育是一个循序渐进的过程。幼儿教师从小班开始就在逐步培养幼儿良好的生活习惯，从中也提升了孩子的学习能力与心理品质。郑女士，现在您觉得还有哪些困惑呢？

郑星红 听了两位专家的介绍，我的心中真的透亮了许多。现在回想起来，我家二宝的幼儿园也确实开展过很多类似的准备活动。孩子目前对上一年级是充满期待和信心的，就是我这个当妈的总是不放心。我家学习了拼音和写字，可人家学得比我们还好，还多。周围还有很多小伙伴都报了暑假幼小衔接班，开始模拟一年级的学习生活了。我没有报班，就开始担心入学后孩子会不会又被甩下一大截。真的操心呀！

解惑一：孩子学拼音、学写字该注意些什么

毛小英 其实啊，说到底，我们做家长的就是怕孩子输在起跑线上。我想提醒大家的一点是，孩子的学习过程像一场马拉松，而非一次只有50米、100米的短跑，通过抢跑暂时跑在前面的孩子不一定能坚持一路领先到最后。有的孩子在半路上就放弃了，不跑了，为什么？因为不是孩子自己想跑快，而是家长的鞭子抽得快。只有孩子自己想跑，那才有可能真的跑得又快又远。所以建议大家，小学阶段，孩子正常出发，不断前进就好。

我们来说说家长多次提到的关于学拼音和学写字的话题。首先，我们必须知道教育界的两大重要举措：第一个是2013年教育部在《小学生减负十条规定》意见中提出的"零起点教学"；第二个是2019年9月，中小学全部使用全国统一的部编教材了。"零

起点教学"是针对一年级入学儿童出台的教育指导意见,要求学校教学不能加快速度、拔高要求,但可以因材施教。而全国通用的部编教材也从儿童学习拼音与写字的身心发展规律出发,在入学第一个月不再安排拼音与写字的教学,而是大量识字,以母语语音来激发拼音学习的兴趣。考核评价意见明确指出,拼音不作为一年级的过关考核要求。拼音只是学习汉字的拐棍,它需要在后期学习汉字的过程中逐年巩固并熟练应用。我们不希望家长对拼音速成班趋之若鹜,而要理性对待。根据儿童年龄特点,我建议在家中多播放一些拼音启蒙的录音、动画片,或者看绘本等相关书籍,激发儿童的兴趣。只要孩子对拼音略有所知即可,千万别过早进入拼音书写环节。

关于写字,我在这里特别提醒大家两点:第一,不要过早开始枯燥的写字练习。儿科医生建议,正常发育的儿童从5~6周岁开始写字比较合适;第二,掌握正确的坐姿与握笔姿势比写好字本身更重要。因为坐姿和握笔姿势一旦错了,不仅很难改,而且将直接影响孩子书写的质量和速度,严重的还会影响孩子的视力和脊椎骨的正常发育。所以,入学之前,家长们可以通过市面上很方便买到的控笔练习游戏书帮助孩子练习坐姿与握笔姿势,也可以通过好玩的线描画等练习来帮助、指导孩子养成良好的习惯。我特别推荐入学前的绘画练习。它既可以培养孩子审美与想象力,又可以培养孩子持续学习的专注力,还能练习正确的坐姿与握笔姿势,真的是一举多得。

张璐彦　毛老师说到的这个方法,实际上是在帮助孩子促进精细动作的发展。手部精细动作的发展,是孩子正确书写的重要生理基础。我们还可以玩一些手指小游戏来促进孩子这一方面的发展,如"小白兔说OK""一枪打四个"等。这些游戏不但好玩、轻松,而且益智。我们小时候可以玩的玩具少,还玩过"边搊边搓"。这些游戏,如剪纸、编织,都能帮助儿童发展手部的灵活性和协调性,对提高握笔和运笔控制能力都是有好处的。这些游戏不需要道具,在汽车上、在与家人闲聊时都能随时玩。生活中,我们也可以观察到孩子精细动作发展的情况。我曾经观察过一个三年级的孩子。他吃饼干时不像其他孩子那样,用几根手指抓着吃,而是把饼干整个儿抓在手里吃;也有孩子使用勺子时,用整个手这样或那样抓着。像这样的家庭没有足够重视孩子手部精细动作的发展。

马春玉 说到这个握勺子的动作,我们幼儿园对孩子的训练也是循序渐进的。小班孩子因为手指、手腕能力有限,吃饭的时候可以用大手臂来用力。等到孩子中班、大班的时候,我们需要让他调整方向。其实,我们幼小衔接工作从孩子上幼儿园的第一天起就开始了。幼儿园的生活与学习,都是在为小学教育做准备。

李　丽 充分的入学准备能为孩子上小学后的发展奠定良好的基础。刚才,几位老师给了我们具体的指导,家长们可以有意识地去引导孩子加以训练。家长朋友常常有这样一个误区,比如学写字,必须把孩子放到写字培训班去。其实,我们在平时生活中也可以进行训练。

解惑二：家庭生活中如何培养孩子的专注力

李　丽　在前期搜集问题的过程中，我们还发现，家长们担心小学一节课要上 40 分钟。孩子们坐不住怎么办？我们想请张老师来谈谈在培养孩子注意力方面，家长可以做哪些努力。

张璐彦　小学低段孩子的注意力，还是以无意注意占主导的。上课时的一声鸟叫、别人的推门而入都会分散孩子的注意力。注意力不稳定、不持久都是很正常的现象。所以，小学低段的课堂教学中，老师会充分考虑该年龄段孩子的注意特点。老师会用有趣的游戏活动、抑扬顿挫的语调、丰富的多媒体展示等来提高孩子们有意注意的水平。家长们不用过于担忧。在家里，我们也可以有意识地去培养孩子的专注力。

孩子要上一年级了！我们首先要给孩子创设一个良好的家庭学习环境，让孩子有固定的学习区域。在这个区域里，家长尽量为他们排除干扰因素，不放食物、玩具等物品，也不要在这个区域里来回走动。如果孩子和长辈同住，那更要注意了。长辈们看着小辈总是很欢喜，走过来一句"宝宝"，走过去一句"贝贝"，一会儿又递上水果，这都会影响孩子的专注力。爸爸妈妈在陪伴孩子写作业时，也不要一看到错题，就立刻着急地提供帮助。这种打断也不利于孩子注意力的发展。我们可以等孩子全部做完后，再一起探讨。

注意品质包括四个方面：稳定性、广度、注意分配和转移。我们平常关注最多的是注意的稳定性，看看孩子能不能长时间地静心学习。这只是其中一个方面。孩子们能一边串珠子，一边聊天，说明注意的分配能力不错；在两秒钟内，能观察到一张图片中的很多信息，说明注意的广度较大；上课时，该看黑板时看黑板，该看书本时看书本，这是注意转移能力强的表现。了解了注意的特性，我们就可以有针对性地进行一些训练。这个年龄阶段的孩子，还是建议玩玩游戏，比如拼图、传话、找不同等。游戏能让孩子在玩的过程中提高注意水平。只要有心，家长一定会发现更多的方法来帮助孩子。

当然，如果你关注到孩子的注意力有明显缺陷，那就要具体分析原因。必要时也可以去专业机构测评，尽早地进行干预。

解惑三：家庭生活中，如何培养孩子的一日常规

毛小英 不知不觉，我们又讲了很多关于学习力培养方面的话题。其实，古话说得好，"磨刀不误砍柴工"。孩子离开家长进入新的班集体，你一股脑儿给他很多东西，他一下子是无法用的。哪些东西才是立竿见影能看得到成果的呢？那就是一日常规。我们来想象一下：早上，你把孩子送到校门口，满眼不放心地看着孩子走进校园。他离开你后，知道自己接下去要做些什么吗？没人提醒他了，都要靠他自己了。第一，他要熟悉校园、找到班级。所以，你可以提前和孩子一起绘制校园路线图，并进行家庭模拟练习——找到教室。第二，来到教室后，他要做什么？要把书包、水杯、书本资料等有序摆放到指定位置。当然，这个在我们幼儿

园里是有准备的,但学科资料的分类收纳对孩子们来说将是全新的挑战。早读课的书本、其他每一节课的书本资料等,如何在短短的课间十分钟内快速收纳并准备好?还要有时间去上厕所、喝水、玩耍一会儿呢!建议家长给孩子准备几个不同颜色的柔软一些的网格拉链书本整理袋,贴上标签,然后在家里指导孩子将语、数、英、综合等几门课程资料分类装入袋子。使用时,整袋拿出即可;收纳时,放到指定袋子。这样一来,书包与抽屉的整理就可以做到又快又好了。

像这样的一日常规练习还有很多,比如:课间喝完水,杯子要归位;中午吃饭时,餐盘要轻拿轻放;放学值日时,要熟练地使用值日工具;回家时,要检查自己的物品都不落下。

张璐彦 孩子整理能力的强弱很多时候受家庭环境影响。爸爸妈妈自己的东西到处乱放,家里凌乱不堪,那孩子大概率也会有样学样。与其告诉孩子要怎样做,不如做给他看。家长就是孩子的榜样,孩子就是家长的镜子。所谓育儿先育己。当然,我们也建议不要事事亲力亲为,帮孩子挤好牙膏,准备好书包,整理好房间……这样的家长太勤快了,会剥夺孩子动手的机会,久而久之,孩子的生活能力无法提高,依赖感就产生了。当孩子一旦独立上学,自己要面对一系列的事情时,难免手忙脚乱,难以应对。所以,放手让孩子自己去做吧。可能一开始孩子做得不尽如人意,但一切不都是从亲身实践开始的吗?

在这里,我还想给大家一个小建议。在购买书包、水杯、整理袋等学习生活物品时,可邀请孩子参与选购的全过程,并充分听取孩子的意见。这样做会让孩子产生"我的事情我负责"的想法，学会主动的孩子才能迅速成长。

李　丽　孩子能做的和应该做的事情，尽量让孩子自己做。要求孩子参加一些力所能及的劳动，学习简单的劳动技能，比如扫地、倒垃圾等。劳动教育观念的养成也是我们幼小衔接中需要渗透的。到了小学，孩子要开始学做值日、参加集体劳动等，有的孩子就会出现不会拿扫把、不知道如何扫地等情况。所以，家长们不妨从这些方面有意识地进行培养。

之前在跟郑女士交流的时候，她还有这样的担心：新的环境下，宝宝是不是可以交到新的朋友？他能否跟同学友好相处呢？

郑星红　是的是的，这也正是我想问的。

解惑四：怎样让孩子在学校里成为一个受欢迎的人

张璐彦　文明礼貌、诚实守信、积极自信的孩子在集体中更受欢迎。如果想再增加一点魅力值，不妨来增强一下自己的玩耍力。玩耍，对所有人来说都是一个愉快的词语吧。可是现在的小朋友放下手机后就不知道玩什么了。谁能把安全、有趣、益智的游戏带给大家，谁能带来快乐，谁就更容易受到同学们的欢迎。毕竟，大家都愿意和会玩的人在一起。家长们可千万别小瞧孩子中流行的那些看似无聊的游戏。想想自己小时候，无论是跳皮筋、打弹珠，还是挤人墙，太多领悟、太多友谊就是这样玩儿出来的。

孩子之间发生矛盾冲突，家长该怎样引导？这也是困扰很多家长的一个问题。这当中的度该如何把握？我教给大家一个人际交往的黄金法则，那就是——像你希望别人怎样对待你那样去对待别人。让孩子把这条法则放在心里，很多人际交往的困扰就会烟消云散。

刘清昆 今天的活动让我收获颇丰。前面的讲解已经将我们家长的大部分疑虑消除了。通过马园长的介绍，你会发现，幼儿园的老师其实从入园的第一天起就为孩子进入小学生活开始准备了。通过毛老师团队的分享，我们能够发现，无论是国家政策、学校工作，还是我们一线的老师，对于幼小衔接工作都已经做了周密的思考、系统的部署，甚至是精心的设计。这让我们家长更可以宽心了。

我想从研究的角度分享一些自己的观点，带领家长思考两个关键词：一是劳动，二是交往。马克思说，劳动和交往是人和人的社会化的主要途径。在孩子的成长过程中，劳动和交往缺一不可。比如说劳动，现在这个社会是日新月异的，各种劳动形态也是多种多样的。有些对脑力劳动的要求高一些，有些比较耗费我们的体力，还有一些可能是对于脑力和体力的双重挑战。比方说神舟上天，它要求宇航员具备很高水平的脑力和体力。今天的我们甚至难以预测，我们的孩子将来步入社会要从事什么样的行业。但是我想，无论他从事怎样的工作，都应该有必备的素养，那就是：正确的劳动态度、一定的劳动能力和良好的劳动习惯。在我们专家的分享中，大家都应该能够了解培养这些素养的密钥。对孩子而言，他们现阶段的劳动主要就是学习。这是一种艰苦的脑力劳动,更需要一定的体力保障。如果我们身体不好,也是无法坚持学业的。每一个孩子的能力又是有差异的。我们无法祈求他们有同样的学习劳动成果,应该正视这种差异。正如马克思所说,我们并不要求玫瑰和紫罗兰有同样的芬芳,为什么要苛求丰富的精神具有统一的特征呢?我想,幼小衔接没有统一的步调,一定要量身定做、量力而行。

我想,幼小衔接何不从生活劳动开始呢?就像毛老师、张老师他们分享的那样。比如暑假里,陪伴孩子养成良好的收拾个人物品、整理学习用品的习惯。那再放大一点看,幼小衔接工作为什么不从体育等竞技类活动开始呢?孩子在这类活动中照样可以养成规则意识,明白个人努力与成功的关系,明白个人与他人的关系,明白要想取得成功必须要付出艰辛的努力和辛勤的汗水。只有明白这些,在将来的学习路上,无论是幼小衔接、小升初的衔接,还是初升高的衔接,甚至是步入社会的衔接,他才会走得更顺畅。孩子见识过多种多样的劳动形态之后,他会对各种劳动职业有更好的、更健康的态度,为今后整个人生的发展奠定基础。

我们再来说一说另外一个话题——交往。这也是家长普遍关心的一个话题。但是我发现,很多家长仅仅只是关注了孩子在学校内、生活中的交往,而忽略了一个重要的维度,就是他在课堂学习中的交往。关于生活维度的交往,毛老师、张老师也分享了很多妙招,我个人也基本赞同。我们家长不妨做孩子交往的智囊团,耐心听他分享在人际交往过程中的酸甜苦辣。与他分担一些交往中的烦恼,与他共享一些交往中的快乐。比如,可以和孩子一起聊聊那些受欢迎孩子的特质,一起读读令他产生愉悦感受的交往行为;与孩子一起讲讲那些带来不好体验的交往行为到底是什么原因产生的,给他提供一些策略性的指导。这些做法对孩子的整个成长过程是更有益的。在学习交往方面,我想特别强调一下,孩子的学习不只是简单的知识输入,不是说老师上好一堂课,他就能够掌握这样一种知识了。其实,他是在课堂中,在与同伴的交往中,与老师的交往中,甚至在回到家之后与父母的交往中获得知识的。过度的超前学习容易导致怎样的后果呢?在专家的分享中,我摘录了两点。一点就是它会破坏孩子正常的课堂交往行为。因为孩子超前学习了,在课堂上就会丧失学科学习的乐趣。"我已经知道结果了,我为什么还要做这个?"这些孩子经常会表现出在课堂上专注力不够,打断老师或者同学的说话,爱表现自己,爱炫耀自己……这导致他们与同学之间的交往可能会受到影响。再有的话,就是过度超前学习会让孩子丧失在学科学习中面对困难、战胜困难的机会。这是在幼小衔接工作中千万要不得的。我想说,幼小衔接工作是一场父母的修行之旅。让我们一起努力,护航孩子的成长吧!

李　丽 刘教授送给我们家长3个锦囊:劳动、运动和交往。幼小衔接,我们一直都在做。未来,我们还可以做得更科学有效,帮助孩子们更好地跨入义务教育的第一道门槛。快乐出发,从容前行,最终成为乐于终身学习的人。

● 家校沟通小贴士

幼小衔接,家长该做些什么

1. 从孩子进入幼儿园的第一天起,幼小衔接就开始了。幼儿园在不同的阶段都在培养孩子的多种能力。

2. 家长不要担心孩子输在起跑线上,无论是提早学拼音还是学写字,都应该遵循科学规律,不能拔苗助长。

3. 在家庭生活中培养孩子的一日常规,通过创设良好的家庭环境培养孩子的专注力,这都在为孩子升入小学做准备。

4. 教会孩子与人交往,增强孩子的玩耍力,让孩子在学校里成为一个受欢迎的人。

二

小升初，家长如何应对孩子变化

主持人

蒋　科　　初一新生家长，余姚电视台资深新闻主播，从事播音主持工作20余年，宁波市播音主持一等奖。

不做孩子的父母，要做孩子的朋友！

茶座嘉宾

徐小红　　初中教师，宁波市首届名班主任，宁波市第三十二届"王宽诚育才教师"，宁波市班主任发展指导中心研究员，省、市、县三级名班主任工作室领衔人。

陪伴是最好的教育。

吕新辉　　初中教师，宁波市第二届名班主任，宁波市第三十四届"王宽诚育才教师"，宁波市班主任发展指导中心研究员，宁波市名班主任工作室领衔人。

成长是永恒的主题，德育是浪漫的事业。

傅松波　　小学教师，宁波市首届骨干班主任，宁波市十佳智慧班主任，余姚市家庭教育研究会理事，余姚市家庭教育优秀工作者，余姚市家庭教育优秀讲师。

在一间可以长大的教室，带着一群孩子自由生长。

点评专家

徐宪斌 高校副教授,二级学院副院长。宁波市领军与拔尖人才培养对象,教育部学校规划建设发展中心专家,宁波市社科联讲师团专家。

用有形育无形,用"无用之用"成就"有用之用"。

蒋　科　　说到小升初,家长的第一感觉就是孩子仿佛瞬间长大了,有些言行往往出人意料。家长们都很困惑,在这个阶段的孩子变化怎么这么大?

吕新辉　　升入初中后,学生在心理上发生了变化,但家长往往没有意识到。我这里有一个案例。军训第一天,妈妈把孩子送到学校安顿好以后就走了。她人离开了,可心还在孩子身上,让我给孩子拍张照片瞧瞧。我去给孩子拍照,结果孩子不肯拍。我说:"你妈妈想你了,想看看你训练的样子。"孩子说:"我妈妈不是想我,而是想把我的照片发到朋友圈秀一下。我不喜欢她这样做。"我回复家长后,这位妈妈很不理解。她觉得,孩子从小就喜欢拍照,像第一次参加军训这样有意义的活动怎么就不肯拍了呢?孩子在长大,在变化,这是正常的现象,可家长的思路没有跟上,反而觉得孩子反常。

傅松波　　提起拍照这个话题,我感觉小学阶段的孩子还是很有表现欲的。记得四年级去春游时,大巴车上、过道里,有些男孩子探出头来,就是为了能让负责摄影的家长拍到自己;六年级拍摄毕业视频时,我听到有的男孩子在谈论如何抢镜。看来,从六年级到初中,跨越的是年段,改变的是环境,改变更大的是孩子的心理。

徐小红　　拍照虽是生活中的小事,但反映了一个现象:从小学到初中,孩子的心态正在悄悄地发生变化。他们在心理上正处于想要脱离父母的断乳期,在行为上正处于要求独立自主的成长期。家长们也要跟上孩子的步伐。

蒋　科　　是的,家长要和孩子一起不断地学习和成长。小升初那会儿,我明显感觉到,我家孩子的思想、意识发生了变化。请教一下各位专家,这种变化的原因是什么?

徐小红 这个跟初中生的特点有关。第一,身心迅速生长;第二,自我意识增强;第三,渴望自由,想要独立;第四,有较强的好奇心和求知欲;第五,积极上进,又有点叛逆;第六,感情开始变得内隐,内心世界活跃,但情感的外部表现却并不明显。正是这些特点,常常阻碍着父母与子女之间的相互了解。

吕新辉 进入初中以后,孩子在各方面发生变化是必然的,因为他面临的环境和学习任务在变化。就拿学习来说,跟小学相比,科目更多,难度更大,要求更高,节奏更快,差异更明显,竞争更激烈。这些挑战一下子落到孩子的身上,他可能适应不了。家长这时候如果拿孩子跟小学时比较,就觉得孩子好像变差了,于是就想:初一就这样,那以后还了得呀?因为焦虑,有些家长在初一时很强势,对孩子发力最猛,全方位、无死角关注,孩子也往往只能听家长的。初二时,孩子很叛逆,就跟家长顶嘴。家长也担心孩子承受能力弱。这时候,家长在孩子面前说话、做事就小心翼翼,生怕孩子出意外。初三时,孩子有升学压力,想考个好学校。这时候,孩子需要家长来全力支持,但有的家长却没有好办法去帮助孩子,会有一种无能为力的感觉。产生这种现象的根源在哪里呢?这是因为家长在小升初这个关键时期对初中学习存在误解。

我们要认识到:初中三年是一个整体,孩子们要跑一场马拉松,不是一次短跑。每个阶段都有特定的任务:初一是适应期,初二是关键期,初三是冲刺期。既然整个初一都是适应期,那么家长担心孩子落后的焦虑就完全没有必要,反而应该利用这个适应期给孩子一个缓冲和调整的机会,让他找到自己的学习节奏。对学习成绩的提高起决定作用的是孩子综合素养的全面提升。这个提升需要一个长期的过程,不可能一蹴而就。这个过程可能是两个月,可能是一学期,也可能是一年。在初一这个新起点,分数并不重要,帮助孩子培养发现问题、分析问题和解决问题的能力才是最重要的。

傅松波 家长应该立足于小升初这样一个节点,以更长远的目光去看待孩子的发展,助力孩子的成长。

徐宪斌 三位老师对孩子心理发生的变化及其原因都进行了比较详细的介绍,不仅有基于大量教学实践的经验总结,也有对初中生身心发展的学理分析。我习惯于用五个字来解读初中生,那就是"长大未成人"!"长大"主要是指孩子的身体发育渐趋成熟,其中,身体外形的变化、内脏机能的成熟和性的成熟是最明显的青春期三大巨变。这种生理上的成熟让孩子产生了成人感,也迫切希望脱离父母、老师等权威的管控而成为独立的个体。"未成人"是指孩子的客观生活状态(例如经济上的独立),特别是心理发展跟不上身体的发展。于是,各种矛盾和不平衡就显现出来了。认知上,他们习惯于"自我中心",存在假想的观众和独特的自我;情感上,他们越来越丰富、细腻,对异性开始产生好感;行为上,他们习惯于用"不正常"来表示自己的"正常"。行为举止有时显得过于兴奋,有时又显得过于淡漠,好像很难做到恰如其分、适可而止。所以,心理学家安娜·弗洛伊德说,青春期是一个人一生中最正常的"病理阶段"。青春期是"有病"的，但又是"正常"的。

蒋 科 原来如此。孩子升入初中，伴随着的是身心快速生长和学习任务加重的压力。怪不得我女儿有段时间，总是念叨心里很烦，问她原因，她说自己也不知道。我们想和她说说话，她又总说我们好烦。各位专家的分析让我们了解了这些都是孩子成长中的"烦恼"，也理解了孩子行为上的变化。我们拍摄了一段视频，可以了解一下家长和孩子的想法。

【家庭一】

妈 妈 我希望孩子有一个健康的身体，内心充满阳光正能量，不管遇到什么困难都能积极面对，把困难打倒。

爸 爸 我希望孩子在初中里学习更加努力，以后会有更好、更精彩的人生。

孩 子 我想去最好的高中，以后读更好的大学，还想成为像我们小学班主任那样优秀的老师。

【家庭二】

妈 妈 我的孩子今年小升初，我对他的生活以及学习是有所期许的。第一是阅读的能力。他可以通过阅读了解万事万物，也可以完善人格，树立正确的人生观和价值观。第二是学习能力。小升初学习竞争压力大,我希望他以学业为主,自己的事情自己去做。第三是参加公益活动。我希望他通过公益活动去认识社会,也希望他能够成为一个温暖的人。在温暖别人的同时,他也能够温暖自己的内心,成为幸福的人。第四是希望他成为一个快乐的人。我们比较喜欢旅游,会带他到博物馆打卡,认识各个地方的风土人情。还有一个是运动,跑步、游泳、爬山之类的,能提升一个人的精神面貌。

蒋　科　视频里,家长的愿望和做法也是一种思路。在新的阶段,家长对孩子充满了期待,但难免也会有一些迷茫。初中三年,家长该如何帮助孩子平稳地度过这个时期?我们又该如何跟进?特别希望各位嘉宾给我们一些建议。

吕新辉　我的建议是"换角色,育自立"。小学时,家长可能有包办思维,什么都想替孩子做好;到了初中,家长要慢慢学会退后,让孩子做主角。通俗地说,小学时孩子还小,自然是家长领着孩子走;到了初中,孩子长大了,要允许孩子领着家长走。这一点对寄宿制学校的孩子来说更重要。初中校园是一个全新的成长环境,报到时会有一个流程,家长可以放手让孩子自己去研究。怎么去教室报到?怎么到寝室安排内务?生活物品在哪里领取?怎么找到洗手间?……这些问题应该让孩子自己去面对。新学期开始,孩子来报到的前一天,我通常会在班级群发一个报到流程说明,从进校门开始逐条说明一日事项,这就给孩子提供了一个锻炼自立能力的机会。有的家长习惯包办,也不给孩子看报到流程，就是家长前面领着，孩子后面跟着。这样的孩子虽然已经有了初中生的身份，但因为家长的角色还没有调整过来，孩子走的依然是小学生的路子。家长换个角色，凡事听听孩子的意见，让他尝尝拿主意的滋味，才会逐步培养孩子内心的强大和自立。家长如果强势包办，那么孩子虽然在生理上长大了，但在能力上、精神上依然是个"矮子"。

徐小红 我的建议是"做规划，育自律"。暑假里，家长可以和孩子一起讨论制定一个三年规划，以便更好、更快地适应初中生活。我认为要做好以下三个规划：第一，学习与成长目标的规划。像采访中的孩子想考重点高中和重点大学，将来成为一名老师，已经有明确的学习和成长目标了，真的很棒。第二，兴趣与全面发展的规划。初中生在学科学习上最让家长、老师担忧的是偏科现象。大多数孩子都是凭着兴趣去学习最喜欢的学科。父母和老师这时就要适当干预。我在平时的教学中坚守的原则就是，"让学生喜欢我的课，让学生喜欢我教的学科，让学生有终身学习的意识"。在平时做作业时，我们也观察到一个现象：学生做回家作业的顺序是，越喜欢的学科，作业会越早完成，作业质量也最好；越不喜欢的学科作业，会越晚完成，还会出现快做、漏做甚至不做的现象。家长这时就要引导孩子改变策略：尽量先做自己不喜欢、薄弱学科的作业；限时完成每门学科的作业，可以借助沙漏、闹钟等工具提醒自己；把每一次作业当成考试，把每一次考试当成作业。第三，自律与学习节奏的规划。我们班上有一个学生非常自律，成绩优异，但他写字的速度很慢，这导致他做作业耗时较多。父母看到后一味催促，使他焦虑不安、情绪低落。这时候，需要改变的是家长，而非孩子，要保护孩子学习的节奏，有时候，"慢就是快"。家长要有静待花开的心态。

吕新辉　我的建议是"勤反思，育自主"。跟小学生相比，初中生更加理性、懂得反思。初中学习内容的深度和难度增加了，数学、科学等学科尤其如此。有的学生上课能听懂，课后作业也认真完成，结果成绩却不理想。这就需要看这个学生是否善于反思了。考题做错了，分数扣了，有的孩子无法面对这些错误，容易失去信心。但善于反思的孩子就可以把错误当成资源，看这个错误暴露了什么问题，这个问题该怎么解决。我在这里推荐一种做法。试卷发下来以后，让孩子自己看，先把错题做一遍，并进行分类。第一类错题，不问老师和同学就能做，说明这可能是考试时不仔细或者太紧张导致的。那"我"就把每次的作业当成考试来对待，争取降低失误率。第二类错题，"我"自己做不出来，但经过老师或同学的讲解后，"我"就理解了。这些题目虽然有难度，但还在"我"能力范围之内。平时，要准备一个错题收集本，把错题整理起来，定期复习就可以了。第三类错题，老师或同学讲解过了，"我"重新做一遍，还是有困难，这说明题目已经超出能力范围，就需要在平时有意识地加以研究。但如果是考试，建议放弃这类题目，把时间花在避免前两类错误上，这样的策略更符合实际情况。

蒋　科　一个优秀的孩子背后，凝聚的是家长和老师的智慧和付出。在我们的公众平台，有小升初家长留言："我儿子从小学习成绩优秀，但他很少和我们主动说话，只知道一个人默默地做作业。问他也只是'嗯'，从来不跟我们讲学校里的事。他在想什么，我们也不知道。希望专家给我们支招。"

吕新辉 面对这个问题，我也一直在思考：怎么培养学生的沟通能力？与亲人、老师、同学、陌生人沟通都是必备的人际交往能力。我想家长应该把这个信息告诉班主任，通过家校协作一起培养。我们可以从学生角度设想：在班级里，我要借助同学的能力来提高自己，也要利用自己的能力帮助同学。这就是在沟通中共同成长，是一件有意义的事情。青春期的孩子平时遇到问题，首先向同龄人求助，向别人求助实际上就是跟别人沟通。比如，向同学问问题，就是一次简单的沟通。如果跟某同学很熟悉，问起来就很方便。那么，怎么把陌生的同学变成熟悉的朋友，这是对孩子人际交往能力的考验。

青春期是培养孩子沟通和交往能力的重要时期。刚进入初一的新同学步入了学习的新阶段，也就进入了人际交往的新阶段。如果家长觉得自己的孩子性格内向、沉默寡言，那就要充分利用新环境的有利因素，鼓励孩子多与老师、同学沟通，多交朋友。这也是孩子性格成长的一个重要契机。从家庭角度看，如果孩子不肯与家长交流，我建议家长改变思路。沟通不一定是语言交流，也可以是心灵之间的碰撞。我们可以和孩子一起创设一个亲子交流的空间，比如一起跑步，一起做家务，一起旅行……家长和孩子一起做有意义的事情，有共同的爱好，本身就是一种"无声胜有声"的高质量沟通。

徐小红　和孩子一起做有意义的事,多好!我也推荐一个做法,就是家长去读一套孩子推荐的书。孩子最喜欢的书,反映了他这个时期的思想动态与审美趣味。读了孩子最中意的书,你和孩子一定会有共同语言,这样才会领会到孩子与同龄人的互动与相处在多大程度上影响了他。

真的很高兴看到我们家长在关注孩子的学习成绩的同时,更关注孩子的性格成长。因为我们相信:孩子的综合素养提高了,学习成绩会更优秀。成绩是成长的副产品,我们要提倡一个教育理念:看全面,看成长!

徐宪斌　"看全面,看成长",我对这个观点非常有感触。我这里想介绍一项于2020年开展的研究。这项研究对比了"双一流"高校提前批学生和一般本专科学生的差异。我们想了解,所谓的"学霸"到底赢在哪里,和一般人的差异有哪些。我们看到,"学霸"最大的"法宝"是求知欲、补偿性努力、专注度、毅力、计划性等十项特质。我有一个观点:教育是用"有形"育"无形",用"无用之用"成就"有用之用"。"学霸"的这些特质是无形的,也不是和考试成绩那样有形和所谓的"有用"。但这些无形的"无用之用"却成就了"学霸"们在学生时代的成绩和日后的事业。

蒋　科　家长跟孩子一起做有意义的事情,促成孩子的全面成长,这就意味着家长需要以身作则来影响孩子。专家们有没有这方面的案例,跟家长朋友们分享一下?

徐小红　孩子所在的地方就是孩子成长的空间。父母要有意识地创设空间、营造空间和用好空间。有条件的家长最好能每天接送孩子上下学,这就等于创造了一个亲子交流空间。升入初中,孩子在校时间增多,学习压力增强,经历了一天的学习生活后往往非常疲劳。如果走出校门见到的是父母温暖的微笑,心情就会一下子轻松了。孩子在校一天,他的身边一定发生了事情,可能是趣事,也可能是烦心事。走出校门这一刻,是孩子最愿意分享的时刻,而父母恰好成了他最好的倾听者。您的倾听会给孩子的讲述带来动力。

蒋　科　　是啊,我接送了女儿六年,也见证了女儿的成长。现在回想起来,我感到满满的幸福。但遗憾的是,我真的没想过空间还有这么大的作用。

傅松波　　家长每天坚持接送孩子,就是参与孩子的成长。把简单的事情反复做,就是不简单。我听一位妈妈说起过"接送"的事。儿子说:"我们家这辆车怎么就像是'移动的火车'呀?怎么你一听到我讲不好的事情,就会随时在车里发火呀?下次你让爸爸来接我好了!"家长听到后也是哭笑不得,每天尽心尽力接送还不被理解。妈妈说,孩子也愿意和她讲述一天中发生的事情,也会坦诚地说说自己的状况,比如某科作业忘做了,上课东西忘带了……孩子小学时依赖父母,刚入初中还没有很好地适应环境,状况会比较多。放学上车,他就好事、坏事统统"倒出"。妈妈恰好也很焦虑,一听到孩子有问题就发火。时间一久,这样的情况就成了常态。我问家长:"你为什么喜欢在车里发火?"她说:"一听到他又崩盘又出差错,我着急呀!再说在这个车厢里教育'安全'呀。他爸、他爷爷奶奶都不会来干涉,也不怕外人会听到,嗓门随自己调,火力也随自己调。"我听着也笑了:"难怪你儿子把你们家车叫作'移动的火车'呢！"这位妈妈坚持和孩子在接送时段内沟通是对的，但当孩子出现各种状况时得智慧应对，才能将这段接送孩子上下学的路变成亲子情感沟通中最温暖、最有效的路。接送路上，这个私密空间是沟通的平台，不是家长单向发泄情绪的通道。

徐小红　家庭轿车确实是个适合沟通的私密空间。很多家长都有这样的体会：初一时，孩子放学后一上车就主动谈班级里的事情，家长也通过这个途径了解孩子在校的学习、生活情况；到了初二，孩子一上车啥都不讲，家长就自己问，问多了孩子还要闹情绪，甚至吵起来，把亲子关系给弄僵了。本来可以亲密沟通的汽车变成了"移动的火车"。其实，这个空间怎么用，主动权还在家长手上。家长如何经营好这个私密空间，把它变成孩子成长的空间，从孩子的言谈中去发现正能量的东西，对孩子进行引导，这就要求家长要站得比孩子高一些，让孩子觉得跟家长聊天是有收获的。我这里举个例子，有个家长知道孩子很喜欢听流行歌曲，所以孩子一上车他就把歌曲放起来。如果孩子交流班级的事情，他就调低音量听孩子讲，也发表自己的看法，给孩子提供一个看问题的新角度。如果孩子不讲，他就跟孩子谈音乐。因为家长对孩子喜欢的东西很了解，有些看法甚至比孩子还要高明。这样一来，亲子之间就有共同话题，汽车就不可能变成"火车"。

蒋　科　谢谢三位老师的建议和分享。原来，汽车这个私密空间用好了，作用还真大。我这里还有个疑问：孩子在家里做作业，是在自己的房间好呢，还是在客厅、书房里好？

傅松波　我想到了1994年,我刚毕业时带的一个学生。这个孩子的家境很普通,但家长的育儿观念一点儿也不普通。他家的住房面积只有四五十平方,爸爸是农机厂工人,妈妈是商场营业员。我去家访时,听到家中陈旧的录音机里放的是贝多芬《命运交响曲》等高雅的音乐。爸爸是刻模具的,会在家中刻章、画画;妈妈平时会写点小文章发表在报纸上。女儿在音乐和美术上很突出,立志要成为音乐家。她在小学时就是乐队首席小提琴手,初中时就在作曲比赛中获奖,高中拥有了单独的作曲工作室。从武汉音乐学院作曲系毕业后,她在理想信念的引领下到法国深造,继续学作曲。她人生目标的建立和坚持、学习求知欲和学习能力的获得,与她父母的高度自律、为她做榜样和为她营造良好的学习氛围是分不开的。

吕新辉　这个例子非常典型。给孩子营造成长空间,首先是理念和意识的问题。我的班里有个约定:如果遇到什么难题,学生可以向老师求助。有一回,一个孩子说他在家里做作业时,还要照看店里的生意,所以作业完成不了。我周末就顺路去家访,想看看实际情况。家长当时正跟朋友打麻将,孩子就在柜台旁边的屋子里做作业。家长因为一局牌还没打完,让我先坐一下,我就跟孩子聊天。我们聊天的背景音乐就是麻将触碰的声音。孩子说,今天生意少,作业肯定能做完,忙的时候就不行。孩子做作业的同时,还要照看店里的生意,这可以理解;但孩子在麻将声中做作业,这样的成长空间难以让人接受。所以我想,孩子在学习的时候,家长做什么事、说什么话,都要考虑一个因素——如何给孩

	子提供一个适合学习和成长的空间。敞开空间的成长价值，要靠家长去发现和维护，做起来也很简单。
徐小红	由此可见，在家庭教育中，重细节、重身教是多么重要。想让孩子成为怎样的人，家长就应该给孩子创设怎样的成长空间。
徐宪斌	大家提到的成长空间的建设，非常具有可操作性，相信能给家长朋友们很多启发。这里我想再补充一点，那就是除了要走近孩子、认识孩子、理解孩子，我们父母也应该要有自己精彩的人生。父母的良好精神风貌不仅能感染孩子，更会给予孩子成长的力量。我身边有一些朋友，自己工作非常忙，陪伴孩子的时间并不多，在家时也常常是工作和学习状态，但孩子培养得非常优秀。这就是受到父母高度自律、良好的精神状态影响的结果。
蒋　科	是啊，父母高度自律、良好的精神状态给孩子做了示范，给了孩子力量，父母就是孩子学习、成长的榜样！徐教授说得真好！家长朋友们，让我们行动起来，用科学合理的方式呵护孩子成长！

家校沟通小贴士

孩子小升初,家长如何应对

1. 小升初,孩子的心态正在悄悄地发生变化。他们在心理上正处于脱离父母的断乳期,在行为上正处于独立自主的成长期,家长们也要跟上孩子的步伐。

2. 初中三年是一个整体,孩子们要跑一场马拉松,而不是一次短跑。每个阶段都有特定的任务,初一是适应期,初二是关键期,初三是冲刺期。

3. 孩子的综合素养提高了,学习成绩会更优秀。成绩是成长的副产品。我们要提倡一个教育理念:看全面,看成长!

4. 父母高度自律、良好的精神状态给孩子做了示范,给了孩子力量。父母就是孩子学习和成长的榜样!

三

初高中新生如何适应新学期

主持人

滕晓丹　　高中地理教师,高级教师,浙江省教坛新秀,宁波市直属学校骨干班主任。

教育只有一个主题,那就是五彩缤纷的生活。

茶座嘉宾

梁洪昌　　高中数学教师,高级教师,宁波市名班主任,宁波市优秀德育工作者。

启发受教育者自我教育是教育者的应然追求。

李　欣　　初中语文教师,宁波市名班主任,北仑区学科骨干教师,北仑区教育系统优秀共产党员,北仑区优秀班主任。

人生旅程美好而短暂,及时当勉励,岁月不待人!

点评专家

陶志琼　　大学教授,教育学博士,硕士生导师,全国教育哲学专业委员会常务理事,浙江省优秀社科普及专家。

人生如登山,一上一上又一上,一上上到高山上。会当凌绝顶,一览众山小。

初中新生如何适应新学期

滕晓丹 作为一名小学生的家长,我想问问李老师,作为一名经验丰富的初中老师,您能和我们说说初中与小学的学习相比,有什么不同吗?

李　欣 小学和初中,学习环境、学习内容、学习方法、人际关系、身心发育、亲子关系都很不同。家长和孩子都需要经历一个调整和适应的过程。对孩子来说,心态很重要。首先,恭喜自己进入了成长的新阶段!接到中学入学通知书的那一刻起,你不再是小学生了。不管小学阶段的你是什么样子,你都已经步入新阶段,进入新学校,将认识新的同学和老师。孩子要带着重新出发的良好意愿,带着"到一所新学校,有新的老师教我,我要好好学习"的意识,开始一段新的旅程。

大家发现了吗?升入初中的第一个月,孩子的个个表现得非常好。所以,这个衔接阶段是教育的好机会。家长呢,要多进行正面引导,要有积极正确的认识。常听有些家长说:"初中学习更紧了,三年很快就过去了,艺术班都停掉吧!"初中生似乎要经历血雨腥风的战场。家长把进入初中阶段的学习目标窄化为考高中。带着焦虑、恐慌和战斗状态陪孩子进入初中,是没有必要的,莫不如带着憧憬上路。一路风景,远比带着焦虑和恐慌开始一段新的旅程事半功倍。

滕晓丹 进入初中后,这种全新的学习模式会不会让孩子们很多美好的憧憬都化为泡影,把他们打击得遍体鳞伤呢?

李　欣　这正是我要讲的。进入新的环境,面对新的学校、新的老师、新的同学,学生们可能会有一种陌生感、孤独感和压抑感。新的课程结构和大量的课程内容,会使一些学生措手不及,很难融入初中新的生活中去。于是,有些学生会对初中生活产生抗拒。我之前教过的一个学生,直到初一年级结束,他在班里还没有朋友,不够自信,学习效率也不高,在家里经常发脾气。

梁洪昌　李老师,您说的这些现象,实际上都是因为没有建立好关系导致的,比如同伴关系和师生关系等。所以,这里需要提醒一下孩子和家长,初中生要重视交友,积极跟老师和身边的同学交流互动,以便更好地融入集体生活。

李　欣　是的。我们常说,好的开端是成功的一半。进入初中,要努力适应环境,学会管理、调整自己。不是别人来适应你,而是你要加快自己适应环境的步伐。孩子们要学着适应各科教师的教学风格,熟悉教师的语言、思路、板书、要求,以及某些教学习惯;试着跟新同学交往;真诚、大方、礼貌地向老师请教,不知道的题目问老师。例如,有的学生会来问老师很多问题,如"报告厅在哪里?""我的书少发了一本,到哪里去领取?""老师,我们的阳台可以看到远山,山上为什么会有帽子一样的东西?""老师,我来排桌子吧!""老师,今天的课堂作业要交吗?",等等。这样跟老师对话的孩子,适应环境的能力就比较强,能很快适应初中生活。

滕晓丹　谢谢李老师,对环境的适应的确很重要。只有融入学校环境中,孩子们才能更好地投入学习中去。您刚才也说了初中的学习和小学相比，差异还是比较明显的。李老师能跟我们说说怎样才能更快、更好地适应吗？

李　欣　　初中阶段的学习科目增多，难度加大。与小学最大的不同是，初中阶段的学习需要学生由"被动"转为"主动"。小学生能依靠家长、老师的陪伴、辅导完成规定的任务。到了初中，孩子们要想在学业上有出色的表现，最重要的是自我驱动。

滕晓丹　　这里的主动性怎么体现呢？

李　欣　　主动培养兴趣。"知之者不如好之者，好之者不如乐之者。"有了兴趣，孩子们更容易产生学习热情。每门学科自有它的乐趣。我们要引导孩子探索每门学科的学习规律，发现每门学科的魅力。培养兴趣并不难：也许是因为你对教师的喜欢让你喜欢上了这门学科，也许是你对班主任的敬畏让你认真投入了这门学科的学习，也许是一次读书节的活动，也许是一次小科学实验……你要相信，兴趣的产生并不难。

陶志琼　　但是，凡事不能只讲兴趣，科学合理的学习方法也很重要。

李　欣　　是啊，初中的学习方法与小学有所不同。我想先强调"主动"两个字。主观能动性非常重要。主动预习，能画出重点、提出疑问；主动听讲，能全神贯注、积极思维和记住重点；主动思考，学会融会贯通，多思考，培养关联思维、发散思维、图像思维等，养成思考的习惯，主动学习；主动小结，课后能注意小结，整理笔记，自觉完成作业。真正的阅读是什么？让我们形象地打个比方。你小时候吃的那么多奶粉，虽然都代谢了，但其中的营养物质进入了你的身体，帮助你成长。那么，阅读就是支撑你精神成长的营养元素。

我还想跟即将进入初中的同学们强调两个词语——"时间"和"效率"。主动适当增加学习的时间,减少电子产品使用的时间;增加独立思考的时间,把学习的主观能动性发挥出来;追求效率,但不盲目追求分数。很多孩子和家长会质疑:"孩子小学时都能考九十多分,现在怎么只有七八十分?"我们不能着急,不要只看是否考入了前几名,更要关注孩子学会了多少,获得了多少,内化了多少,要向时间要效率。

滕晓丹 初中生和小学生相比,独立自主意识更强了,也更有自己的想法。除了学业方面的调整,还需要注意哪些问题呢?

李　欣 我重点强调一下人际交往问题。初一阶段,孩子的心理有以下特点:自我意识、独立意识增强,依赖性减弱,容易产生逆反心理。同伴需求增强,师长需求减弱,更愿意与同伴交往。对父母、老师不愿敞开心扉,容易产生自我封闭的心理。相对小学生而言,中学生对友谊的需求更加强烈,同学、朋友对自己成长、成熟的影响也更明显。但初一的孩子大多只从自己的角度看待问题。只要发生矛盾,大部分孩子一般会指责对方,很少发现自己的问题。这也导致他们渴求友谊,但又不知道如何与同伴交往,从而感到迷茫和情绪低落,进而影响学习。

滕晓丹 那么,孩子们进入初中后,该如何与同学、朋友沟通交流,建立和谐的人际关系呢?

李　欣 秘诀就是积极、主动、开放。愉快地接纳别人,多交流,会倾听。学会表达自己,学会换位思考,学会欣赏与赞美。

滕晓丹 李老师,我注意到,您刚才所说的人际交往更多的是孩子之间的同伴沟通,那从亲子关系的角度,家长们能做什么呢?

李　欣 建立良好的亲子关系,首先要学会接纳。孩子是一个独立发展的个体,有自己的理想愿望、选择判断和兴趣爱好。尤其是处于青春发育期的孩子,独立、自主意识增强。我们要从内心尊重孩子,建立家长权威的边界。父母要做的是承认差异,发现自己孩子的特长,提出适合孩子的发展要求。其次是学会倾听。孩子是一个鲜活的生命体,有丰富的情感和思想。家长要学习如何读懂他们。了解孩子的方式很多,如观察、倾听、谈话、写信等。了解孩子的所思所想:他们正在想些什么?为什么这样想?他们正在做什么?为什么这样做?当孩子遇到困难时,我们要给孩子以心理支持。我们不仅要满足孩子的物质需要,还要满足孩子的情感和精神需求。最后,换位思考,有效沟通。《小王子》书中说:"所有的大人都曾经是小孩,虽然,只有少数的人记得。"孩子的世界多是单纯的、简单的、感性的、理想的、片面的、热情的、冲动的、盲目的,有时显得缺理性、不现实、缺少思考。当遇到问题时,家长的情绪一定要稳定冷静、心平气和。我们只有站在孩子的角度去思考问题,再用成人的理性思维思考,对不合理成分加以正确引导,才有可能收到较好的效果,实现有效沟通。对孩子多说鼓励的话,因为人最深的需求是得到肯定与鼓励。需要注意的是,要避免重复唠叨,选择最佳的交流时间、交流话题、交流方式,达到最佳的交流目的。

滕晓丹 我们的生活中存在很多种关系,比如亲子关系、师生关系、同事

	关系等,但是我想,无论是哪一种关系都需要我们用心去经营。陶教授作为浙江省婚姻家庭协会专家,在这一方面有什么想和我们家长朋友分享的吗?
陶志琼	从某种意义上讲,经营孩子的成长就是经营关系。孩子的成长是在关系中的成长,孩子的教育也是在关系中接受的教育。在同伴关系中成长,同伴就是孩子的学习资源;在亲子关系中成长,家长就是孩子的学习资源;在师生关系中成长,教师就是孩子的学习资源。孩子初中学习生活的开启,意味着要适应变"多"的生活:学会喜欢多学科内容的学习;学会亲近多学科的老师;善于自我激发多方面的学习兴趣。安其学,亲其师,信其道,则会取得事半功倍的学习效果。

高中新生如何适应新学期

滕晓丹	听了陶教授和李老师的分享,我想很多初一同学和家长们对初中生活有了更全面的认识了。相信大家会更加有信心的。有人形象地说,初中是"台阶少,步子小,走得慢";而高中则是"台阶多,步子大,走得快"。显然,高中阶段的学习内容和初中相比还是有明显的差异的。梁老师,您作为一名资深的高中教师,能跟我们说说高中学习内容的特点吗?
梁洪昌	总体来说,初升高的知识跨度非常大。初中三年学习的知识总量甚至不如高中一年的学习量。高中学科门类多,十门学科都

是主科，知识量增大，能力要求高。例如，理科运算能力和抽象能力要求明显提高；文科要求在识记的基础上更加注重理解、分析，理论性要求提高。初中教材有些内容只要求初步了解，只作定性研究，而高中则要求深入理解，作定量研究。知识点的抽象性和概括性大大提升，学科之间的知识相互渗透、相互融合，增加了学习的难度。如分析计算物理题，要具备数学的函数、方程等知识技能，对能力要求较高。

实际上，高中重在提升思维能力、分析问题和解决问题的能力，这就要求学生有较强的自主学习意识。比如初中阶段，一些同学的学习效率比较高，而学习内容少，可以轻松应对。然而到了高中，面对多门学科作业，他们就会显得手足无措。甚至一些同学会由此产生自我怀疑、厌学情绪，特别是一些男生，尤其要注意这方面的问题。

李　欣　梁老师说得对，相对于高中，初中学习内容更直观具体，基础性更强。

陶志琼　高中学习就是思维进阶的过程。

滕晓丹　那高一新生要想很好地完成初高中过渡，也必须转变学习方式。

梁洪昌　首先，授课方式的不同带来的学习方式上的变化。初中教师常常采用直观形象的教学方法反复讲解，用较多的时间给学生以具体辅导。进入高中后，教师上课更注重分析，反复讲解的做法少了，学生活动多了，许多问题要求学生独立思考。而且高中学科多、教师多，每位教师的教学方法不同、教学内容不同，对学生的学习要求也经常不一致。

所以，高中生一开始要积极适应每位老师的教学方法，与老师进行良好的互动，从而进行高效学习。另外，随着年龄的增长，高中生需要有自主性和自学意识。初中学生学习方法比较单一，习惯于"听、背、默"，习惯于书面作业，习惯于依赖教师。高中的学习，则要求学生学会独立学习、独立阅读、独立思考、独立分析问题和解决问题。学习方法要求灵活、多样，要摒弃不正确的学习方法，如单纯的死记硬背，重记忆、轻理解，重做题、轻分析，重计算、轻概念。

李　欣　　是的。到了高中，孩子独立学习的能力变得更强，能自主安排学习时间，并梳理出一套符合自己特点的学习方法。

梁洪昌　　我遇到过一些中考数学成绩还不错的孩子，到了高中就非常不适应。我问他，初中是怎样解决难题的，他说，最后的解答题都是背步骤的，反正也不能得满分，也就从来不思考。对于目前的中考，考查的大部分都是中等难度的题目。到了高考，题目难度大大增加，数学考到130分就算高分了，家长要做好心理准备。这些变化都提醒孩子们，在进入高中后，要有强烈的自主解决问题的意识，提高思维能力，提升学业水平。

滕晓丹　　刚才梁老师也提到家长要做的一些心理准备，那就孩子的初高衔接而言，我们家长要做哪些准备呢？

梁洪昌　　作为数学教师，这里也跟家长交流一下，孩子进入高中后的数学考试成绩一般来讲不会像中考那么高。为什么要讲这个呢？因为我们发现，实际上，引导家长保持良好的心态与引导孩子同样重要。

陶志琼　虽然家长有比较丰富的生活经验,事业也可能非常成功,但未必能比较好地感受孩子的真实需求。实际上,等孩子上了高中,家长已经很难在具体的学科上对他们有所支持了。家长能做的就是心理支持和精神上的鼓励。

梁洪昌　是的,孩子准备好了上高中,但有的家长还没准备好。家长眼里的孩子仿佛还是小学生。比如我们发现,进入高中的孩子住校,家长常常会有分离焦虑。这个分离焦虑往往出现在幼儿时期,孩子离不开家长。但到了高中,家长常常会出现分离焦虑,比如一些家长规定住校的孩子必须每天打电话汇报,甚至家长隔三岔五地到学校送零食等。李老师,您的孩子要上高二了,不知道您感受如何?

李　欣　这样的焦虑倒是没有,只是到了周末,就特别期待见到孩子。去接她就像去赴一场盛宴。孩子说:"你们不用来接我,我自己骑公共自行车回去就行。"但我还是早早地在校门口遥望等候。

陶志琼　其实在我看来,高中家长表现出来的所谓的分离焦虑,实际上是家长控制欲的一种表现。

梁洪昌　我就遇到过这样的家长。你反复劝说,但她就是放不下孩子。最后,我告诉她:"不是孩子离不开你,是你离不开孩子。"作为家长,我们要做好准备:孩子正在长大。孩子是独立的个体,可能会破坏你之前订立的规矩。家长一定要从"管理者"角色向"引导者"角色转变,完成从"管人"到"管事"的转变。
比如,有些初中阶段的孩子回到家会把学校发生的趣事见闻讲给家长听,但到了高中,孩子思想逐步成熟,减少了跟家长在学校有关事情的沟通。而此时,我们家长就非常担心,认为孩子不像以前那样愿意跟父母沟通了。再比如,高中阶段,学生要自己沟通策划很多活动,有时要利用周末时间商讨。但一些家长认为,孩子应当事无巨细地向家长报备,严格限制孩子的交友对象和交友时间。这些都是不合理的。

滕晓丹 梁老师,您刚才提到的家长们严格限制孩子们的交友时间等,除了安全考虑,可能更多的还是希望孩子们把时间花在学习上。所以我想,我们是否可以和家长谈一下对孩子学业的期望?

梁洪昌 有的家长对孩子抱有过高期望。即便孩子在中考中没有考出理想成绩,一些家长也总认为到了高中,孩子经过努力一定会成为"黑马",这给孩子造成了极大的压力。一旦成绩考得不好,家长就会用简单、粗暴的语言进行攻击,让孩子难以接受。

我遇到过一个这样的女生。她非常努力,但成绩始终没有大的进步。家长每次都将责任归结为孩子不努力,结果导致孩子非常压抑,最后甚至无法继续学业。后来,我们多次跟家长沟通,建议家长放低期望值,家长也慢慢地转变了想法。孩子在高考中反倒考出了理想成绩。我给家长提供一个小建议:对孩子,要放手而不撒手。不仅要陪伴和教育,更要学会尊重、学会目送。对于老师,要充满信任、真诚沟通、要求一致和积极配合。经常给孩子写信,让孩子感知到父母的关心和关注。家长和孩子一起制定三年规划,开展有仪式感、有目标、有合力的家庭生活。

滕晓丹 刚才几位老师都提到了一个概念,叫"分离焦虑"。的确,到了高中，很多学校都采用了住宿制。到了周末，孩子们才能回家。家长们要调整心态。那么，孩子们要做好哪些准备呢？

梁洪昌 很多孩子要面临住宿的问题。即便不住宿，大部分孩子也要在学校晚自习。一般来讲，晚自习时间在三个小时左右。这就要求孩子自己要调整心态，适应集体生活。我们经常会遇到一些孩子，住宿第一晚就跟父母哭闹，认为住宿条件不如家里好。这里，我要跟孩子们说，你不可能永远只住在最舒服的家里。你以后要上大学，走向工作岗位，锻炼自己集体生活的能力是一件好事。另外，在集体生活中，可以培养自己独立生活的能力，清洗日常换洗的衣服，尽量不要周末把衣服带回家让父母帮忙处理。

陶志琼 实际上，高中学习生活也在为将来继续深造做准备。如果高中阶段不能很好地适应集体生活，那么到了大学也会很难适应。我们确实遇到过一些孩子到了大学难以适应集体生活，导致寝室关系紧张，甚至影响大学学业的事件。

梁洪昌 高中科目增多，从高一开始要养成将知识"落实"的习惯。一些孩子在初中阶段学得非常轻松，认为高中也不过如此。我想跟这部分同学说，一定要养成"落实"的习惯。高中学习上的难点很容易堆积，导致积重难返。所以从高一的衔接开始，我们就要将学习扎扎实实落实到位。

另外，我还想跟马上要上高中的新生谈一下异性交往的问题。随着年龄的增长，我们身体和心理都逐渐趋于成熟，到了高中遇到很多新同学，甚至有自己一见钟情的同学，包括在军训中表现出色的同学，或是各方面比较突出的同学。爱慕一个人、喜欢一个人都没错，但提醒同学们，喜欢是一种情感，但爱就是一种责任。十五六岁的孩子，是难以承担如此大的责任的。我想，我们可以把爱慕转化为促使自己更优秀的动力，将这份情感埋藏心间。可能经过一个阶段的努力学习，自己会对它有新的认识。

滕晓丹 李老师，作为一个即将要上高二的孩子的妈妈，有没有这样的困扰呢？您怎么看待这个问题？

李　欣 我非常赞同梁老师的观点。作为妈妈，我肯定会担心孩子的青春期异性交往问题。孩子进入青春期以来，我一直潜移默化地引导她，对异性欣赏、赞美是正常的，无可非议。交往过程中，要学习对方的优点，并进行思想的碰撞。异性交往并不一定是谈情说爱，谈思想、谈学习策略、谈班干部或学生会工作、谈阅读感受，不也挺好的嘛！

滕晓丹 陶教授，您作为这方面的资深专家，也来给家长支支招吧。

陶志琼 其实，爱情的萌生本身是一件很美好的事，也是一种很正常的情感。但我们要把这种爱的情感转化为学习动力，让自己在爱的人面前更有智识，更有风度。

滕晓丹 其实，我们的孩子除了遇到情感方面的困惑，也可能会遇到其他方面的一些问题。梁老师，您觉得面对这些问题，孩子们可以怎么做呢？

梁洪昌 我也跟孩子们分享一个小妙招。在高中生活中遇到各种问题，要坦率地跟家长交流，选择一个最信任的老师倾诉，或者跟自己的哥哥姐姐交流，实在不便开口也可以通过书信的方式交流。

另外，我们多个部门都有心理热线，可以及时寻求帮助。最后，我还想跟同学们谈谈学业规划的问题。除了统一高考，我们还有多种升学途径，比如"三位一体""强基招生"等。关于这些，我们让效实中学的滕老师给我们做一下梳理。

滕晓丹　是的，高中阶段升学途径还是比较多样的，比如"强基"、竞赛、"三位一体"等。随着教育改革和社会发展，国家越来越重视基础学科建设，因而从2020年起推出了"强基计划"。至今，北京大学、清华大学、复旦大学、上海交通大学、浙江大学等全国39所高校已经加入了这个行列。"强基计划"主要是选拔、培养有志于服务国家重大战略需求且综合素质优秀或基础学科拔尖的学生，由有关高校结合自身办学特色，重点在数学、物理、化学、生物、力学、基础医学及历史、哲学、古文字学等相关专业招生。"强基计划"是基于统一高考的多维度考核评价招生模式。一是按综合成绩（其中，高考成绩所占比例不得低于85%）和考生志愿，由高到低按顺序录取。二是对极少数在相关学科领域具有突出才能和表现的考生，可破格入围。比如今年效实中学就有一个同学通过获得生物竞赛国家金牌获得了清华大学"强基计划"的招生资格。第二条途径是竞赛，但并不是所有的孩子都适合走竞赛这条道路。一般来说，具备以下几个特点的孩子更适合参加竞赛：对竞赛有强烈兴趣，且具有一定天赋；能聚焦自己的优势学科，综合素质过硬；坐得住冷板凳，信念坚定；成绩能过浙江大学的录取线。竞赛途径比较适合少部分有很高天赋的孩子。对于大部分孩子来说还有另外一种途径，就是"三位一体"。它实际上是将成长性评价和一次性评价相结合,由高校拿出一定比例的招生名额,将考生的学业水平考试成绩、高考成绩和学校综合测试成绩三种成绩,按一定比例计算出综合成绩后,择优录取考生的一种录取形式。

招生的院校分为省内地方大学和浙江大学、复旦大学、交通大学等9所高水平大学。各高校各专业学考要求不同,一共十门学科,共计10A。以2021年的标准为例,报考浙江工业大学A组专业,要求7A以上,其他为C及以上。浙江省高中学考成绩等级划分省的学考成绩采用的是等级制,设置了A、B、C、D、E共5个等级,E等级为不合格。多数高校实行等级赋分制,A、B、C、D被赋予不同的分数,比如A计10分。当然,不同的高校计分方式不同,录取综合成绩占比也不同。学业水平考试成绩、综合测试成绩、高考总分等如何分配,以及各校具体招生情况,要看招考章程。

梁洪昌 陶教授作为最受欢迎的大学教授之一,而且多次参加了"三位一体"的招考面试,您能否给我们家长提一些建议?

陶志琼 好的,我的确多次参加过"三位一体"的招生面试工作。其实,"三位一体"的考试主要考查的是学生的综合素质,比如说学生整体的精神面貌,学生的语言表达能力、逻辑思维能力、创造性思维能力、综合运用知识分析问题及解决问题的能力等。另外,我想说的是,孩子进入高中的学习生活,意味着需要为"高"阶思维的养成努力了。孩子们不但需要逐渐形成高度的概括能力与分析能力,也需要学会运用缜密的逻辑思维去应对各科目的学习。无论是初一新生,还是高一新生,都是确定的、现实的学生身份,就要遵守与学生身份相应的规定,肩负与学生身份相应的使命,完成与学生身份相应的任务。从近处讲,那就是对新的学习生活的主动、自觉的适应。从长期讲,那就是不断增加知识的广度与深度,坚持追求崇高的人生境界,丰富审美情趣,以期实现真善美的和谐人生。

各位家长,亲爱的孩子们,对于即将到来的新初一、新高一,也许你的心里还是会有一丝惧怕,这是因为我们不熟悉新的陌生环境,这是一种正常的心理现象。希望今天的分享,能给迷茫中的你带来一点感悟。祝福大家顺利开启全新的学段!

家校沟通小贴士

初高中新生如何快速适应新学期

1. 转变学习方法。高中生要适应大容量、快节奏的高中课堂教学形式,注重自主自觉、深度思考;初中生也要尽快脱离小学生角色,不要仅局限于完成作业。

2. 及时寻求帮助。面对学习生活困境,要及时寻求老师和家长的帮助,乐于倾诉,从而轻松跨过初高衔接和小初衔接。

3. 适应集体生活,做好心理调适,增强生活自理能力和换位思考意识,理解同学、老师和家长。

第二篇

见招拆招,摆脱育儿困境

小学生作业拖拉，家长怎么办

主持人

许建云　　小学教师，浙江省"一师一优课"获得者，慈溪市骨干教师。

每个学生都值得被看见。

茶座嘉宾

童维维　　小学教师，国家二级心理咨询师，首届宁波市骨干班主任，宁波市十佳班主任。

做一个精神富足的人。

陈　瑛　　小学教师，宁波市首届骨干班主任，宁波市百优班主任。

尊重规律，适性教育，为每一个生命赋能！

宓春丽　　小学教师，宁波市百优班主任，慈溪市首届名班主任，慈溪市德育先进个人。

关爱学生，关注细节，用爱拨动心弦，用情走进心灵。

特邀嘉宾

杨亚珍　　小学教师，宁波市首届名班主任，宁波市班主任工作室领衔人，宁波市"四有"好老师，慈溪市小学语文名师。

加强自身修炼，让每个学生做最好的自己。

点评专家

王立辉 高校二级学院副院长,副教授。

名副其实的教育,本质上就是品格教育。

许建云　各位家长朋友们,晚上好！网上流传着这样一句话:"不做作业,母慈子孝;一做作业,鸡飞狗跳。"这是很多家长辅导作业时的常态。

【案例呈现】

妍妍今年上小学三年级。这天,她因为作业拖拉留堂,回到家已经五点半了。妈妈催着她快写作业。可是,她刚坐定才一分钟,就说有点口渴。喝完水不到五分钟,她又想上厕所了。妈妈陪了二十分钟,急着去烧饭了。过了会儿来看,她发现孩子在发呆,什么作业都没动。妈妈非常生气。可是,孩子还是磨磨蹭蹭,做作业一直做到了晚上 11 点,而其他孩子在 6 点前都完成了。妈妈感到十分崩溃。第二天早上,妈妈急着上班,而妍妍还起不了床,家里又上演了一场"母女大战"。

孩子作业拖拉怎么办？做作业时,父母应该做什么？本期"班主任茶座",我们将和家长朋友们探讨这些问题。

 拖拉原因分析

许建云　童老师,您是国家二级心理咨询师,也是一个有着丰富经验的班主任。对于这样的问题,您怎么看呢？

童维维 孩子作业拖拉的原因很多，既有主观因素，又有外在环境的影响，不能一概而论。第一，分析主观原因。知识储备不足、基础薄弱的孩子不会做作业。到了高段，因为学习兴趣缺乏，学业表现差的孩子更不想做作业。做作业是为了让孩子复习和检测当天的学习内容。如果孩子对于完成作业所需要的知识点掌握不牢的话，就会遇到一些困难和问题，继而直接影响孩子完成作业的速度。当孩子对作业的内容不感兴趣，或是心里想着其他事情的时候，所用的时间自然也会随之增多。当孩子缺乏良好的学习习惯时，就可能会一边写作业，一边玩玩具，写一会儿作业就跑去喝点水、吃个水果或上趟厕所。这样算起来，虽然在完成作业上耗费了大量时间，但真正用于写作业的时间并不多。再加上有些孩子能力较弱，不知道如何合理安排时间，写作业的时间就自然而然延长了。还有的时候，孩子过于追求完美，写作业时不断修改，改了又擦，擦了又改，反复进行修改和验证，增加了完成作业的时间。

陈　瑛 我很认同童老师的看法。孩子写作业拖拉，除了他自身的原因外，家长不恰当的陪伴方式，也会影响孩子作业习惯的养成，导致我们不希望看到的拖拉现象。

结合了解到的情况，我简单总结了几种不太恰当的家长陪伴方式。

第一种是监工式陪伴。这种陪伴方式在低段小学生家庭中比较常见。孩子写作业时，家长紧盯着孩子的一举一动，嘴里还会不停唠叨："你怎么又发呆啦！""这么简单的题目又写错！"

第二种是忽略式陪伴。看起来,孩子写作业,家长戴着耳机安静地追剧、听音乐,互不干扰。实际呢,孩子可能会想:我最辛苦了,总要写作业,爸爸妈妈就可以幸福地玩。这样的陪伴,只能算"陪",不能说是"伴",效果自然不好。

第三种是保姆式陪伴。比如,家长为了孩子有更多时间写作业,包揽了诸如倒水、递水果、削铅笔、擦错题等一切学习以外的事,剥夺了孩子的锻炼机会,还无形中干扰了孩子的成长节奏。

第四种是同学式陪伴。这种陪伴方式比较好。孩子写作业,家长在一旁安静地工作,互不干扰。孩子有问题时,与父母相互交流。这样的陪伴形式可以让家长和孩子实现共赢,效果也比较好。

宓春丽 说到作业拖拉中家长方面的外因,我认为还有两点:

1. 额外增负。比如有的孩子原本比较优秀,作业完成得较快,但在完成老师布置的作业后,家长还会额外补充其他作业,孩子可能就会故意磨蹭时间,慢慢地也就养成作业拖拉的习惯。有的家长可能会说,我不布置额外作业,孩子做作业也拖拉。其实这一类家长虽然没有布置额外作业,但在辅导孩子作业前,内心也会隐藏着对孩子过高的期望和要求,可能他们心里会想:"这么简单的题,我的孩子不可能有问题。""我来辅导孩子功课,孩子一定会很听话,没问题。"但当心里想的与现实不相符时,他们就会产生一定的情绪,或斥责,或发火。这样的情绪会影响孩子,让孩子对作业有了畏惧心理,从而产生拖拉行为。

2. 缺少耐心。家长很多时候在陪写作业时缺少耐心,会带着不情愿或愤怒的情绪陪伴孩子。这种不良情绪会传染给孩子,孩子也会变得没有耐心,写作业拖拉磨蹭。这就是心理学上非常著名的"踢猫效应"。

> **什么是"踢猫效应"**
>
> 心理学上有一个理论叫"踢猫效应"。它非常形象地展示了坏情绪是如何传染的。如一个爸爸在单位受到领导批评,回家以后,没有调节好情绪,莫名其妙地把孩子臭骂一顿。孩子无缘无故被骂,心里也很不爽,于是就狠狠地踹了一下身边的猫。猫慌忙逃到街上。谁料,一辆卡车迎面而来。司机看到猫,赶忙避让,结果却撞伤了路边的孩子。
>
> 踢猫效应是指因对弱于自己或者等级低于自己的对象发泄不满情绪而产生的连锁反应。这个反应也是有等级的,由上到下。最弱小的那个,往往会成为最终的受害者。

家长如何应对

许建云 原来,作业拖拉的背后藏着如此多的原因!那么童老师,有哪些可行的好方法可以让家长学习呢?

童维维 第一,针对畏惧心理。

一个办法是让孩子先做喜欢或擅长的作业,把有难度的作业放到后面来完成。这样既可以控制时间和速度,也符合考试时我们采取的先易后难的答题策略。另一个办法就是在做有难度的作业前,先和孩子回顾一下相关的知识点和例题。如果确实很困难,不妨第二天再去请教老师。同时,孩子要把这样的题目及时累积到错题本中,作为复习的重点。

第二,针对习惯养成。

1. 作业分段。家长可以先了解孩子当天的作业量,把作业分成两个或三个模块。如第一次做15分钟,做完后休息一会儿,然后再做15分钟,再休息。当孩子的注意力提升之后,往后定的时间就可以慢慢延长。等养成专注学习的好习惯后,孩子自然就能安排好作业时间了。

2. 提供安静的学习环境。孩子学习的地方要简洁、整齐,尤其是书桌。准备好所有要用到的文具,但不要堆放玩具等会分散孩子注意力的东西。孩子学习的环境也要安静,不要经常在孩子学习时送水果、倒水,这也是在干扰孩子。

3. 把做作业当成考试。按考试的要求做完今天的作业,其余时间就可以让孩子们自由安排。设定好考试的时间,让孩子在做作业时有一种紧迫感。久而久之,孩子做作业的速度也就提升了,准确率也会慢慢提高。

第三,针对时间观念。

1. 善用小闹钟。用闹钟记录孩子做作业的时间,有利于孩子快速地完成作业。同时,孩子在自己定闹钟学习的过程中,也不断体验到成就感。

2. 一分钟专项训练。每天准备几十道简单的加减法口算题(根据年级不同,难度不同),或是找一些笔画和书写难度相当的生字开展一分钟训练。一分钟是可以做很多事情的。通过这类训练,可以让孩子了解到时间的宝贵。同时,它也能提高孩子的写字速度和做题速度。训练时,以一分钟为一组,每天练习两到三组,还要注意记录孩子的成绩,并通过对比进行反思。

3.一日生活有框架思维。让孩子列一个一日生活里的待办清单,同时要做到以"要事优先"为原则安排。比如,今天要做语文习题、口算、眼保健操和运动,其他内容再根据课表进一步补充跟进。形成框架后,告知孩子应优先把重要的事情排在前面,动静结合,将玩耍、学习间隔排开,最后再进行微调。比如,周一到周五,只要孩子认真完成学习任务,休息30分钟后便可玩游戏,但十点前必须睡觉。这样的时间框架给了孩子一定的自由,能激发孩子积极利用碎片时间完成作业。

杨亚珍 我觉得孩子作业拖拉,特别是低年级孩子的拖拉问题,很大一部分原因是家长还没有帮助孩子建立写作业的仪式感。如果帮助孩子认真执行作业的程序,拖拉问题就会有所改善。我曾经和一个很有经验的老师搭班。当时,她的女儿上小学一年级。我发现这个妈妈每次下班后先回家,把电饭锅的插头插进插座,然后特意返回学校陪女儿一起到操场上放风筝,玩各种游戏。我问她为什么这么做,她说:"迟点烧菜没关系,兑现对女儿的承诺才是最重要的。"原来,她的女儿刚上一年级时,她对女儿说:"认真完成作业,我们可以一起去玩。"有了妈妈的承诺,这个孩子总是很认真、很专注地完成作业。在她看来,做作业是一件无比美好的事情。我想大家一定能看懂这个妈妈的良苦用心：她是想用这种办法帮助孩子养成良好的作业习惯。

在我的班上，我会向学生详细地讲解作业程序，同时也会通过多种方式和家长达成一致。一般步骤是这样的：

1. 适当休息。回家后休息15分钟左右，可以补充牛奶、水果等食物。这些事可以帮助孩子调整状态，补充能量。

2. 认真作业。准备一个比较安静的空间，让孩子不受打扰地专注地完成作业。书桌上不宜摆放可能分散孩子注意力的玩具。家庭成员不要在孩子身边玩手机、看电视。如果您的孩子注意力不是很集中，超过15分钟还没完成作业，就要允许孩子有休息的时间，确保他在做作业时能集中注意力。

3. 盘点作业。孩子在家长的帮助下一起盘点作业，并请家长确认。

4. 收纳作业。把第二天要交的材料（回执、手工作业、家校联系本等）放在指定的格子里，便于第二天找取。

5. 整理文具。指导孩子把第二天的文具准备好，特别是削好铅笔（至少6支）、准备好橡皮等。

6. 娱乐活动。在刚开启小学生活的时候，这一点十分重要。让孩子对作业有好感，对他今后端正作业态度十分重要。另外在幼儿期，可以开展"防拖拉"的相关训练。比如，让孩子独自整理小书包、认真专注地画一幅画等。这样，以后孩子不会觉得难以适应。

宓春丽 刚才讲的培养孩子的时间观念和作业程序，我觉得非常好，值得家长们去学习。我也想到了一点，家长们不妨试一试，那就是把作业"化繁为简"。教育很多时候是无痕的。当孩子上了一天学，放学的时候，你不要急于询问孩子的作业和成绩，可以和孩子聊一聊这一天学了什么，让孩子给自己讲一讲。其实，孩子讲述的过程就是知识复习和巩固的过程。我们都知道，能把学过的知识讲给别人听的时候，他一定是学会了。当孩子在讲解的时候，家长可以给予孩子适当的鼓励，夸一夸孩子，"比如看来今天学得不错"，让孩子对学习产生兴趣。当孩子兴致正浓时，再来看看今天都有哪些作业，问问孩子打算怎么安排。让孩子提前规划作业的顺序和作业的时间。回到家，孩子就可以快速地、有条理地做作业了。

如果碰到有背诵要求的作业，还可以利用坐车的时间和孩子一起玩玩读读，比比背背，不一定要等到坐在书桌前再当作任务一样去完成。我记得女儿小时候，我经常跟她一起玩类似的游戏。很多经典诗词都是这样在无压力的环境中学会的。在后来的学习生活中，女儿对背记理解是从来都不畏惧的，还经常乐在其中。记得读初高中时，她还很喜欢背记长古文，而且背记一般都非常快。她还常开玩笑地说，这些都是靠小时候练下的基本功。

"化繁为简"的另一点就是孩子做作业的时候，一定要保持桌面整洁，不要放非必要的东西在桌子上。然后按照前面的规划，把作业划分成几个模块，每个板块间留一点休息时间。

叩问孩子内心

许建云 有些孩子不管用什么策略,起效都不是很大,是不是有更深层次的原因呢?

陈　瑛 我个人觉得,孩子过于追求完美、过分在意事情的结果、过于纠结老师或他人的评价,也是造成拖拉的原因。我曾教过一个成绩优秀的孩子,他就属于那种不允许自己失败、期望成绩最好,甚至连书写都要成为第一的孩子。记得有一次语文自测,试卷难度有点大。他考了 89 分。实际上,这个分数在班级里也算比较优秀的。结果,连续好几个晚上,他都逼着自己刷完一份模拟卷才肯去睡。这自然花费了他很多时间,孩子睡得也比平时晚了很多。

杨亚珍 我觉得,家长要清醒而客观地认识孩子,不能放弃孩子,也不能苛求自己的孩子和别的孩子一个样。要关注孩子的内心,多赏识,少批评,让孩子对学习充满热情。比如,可以和孩子一起看看电影《地球上的星星》,和孩子谈谈。让孩子知道,他的学习是有希望的。如果有这样的心灵滋养,孩子就不会消极怠工。虽然现在的成绩不出色,但他慢慢地赶,谁说他将来不会赶上来呢?

童维维 注意力不集中、易分心是很多孩子的特点。年龄越小,控制注意力的时间越短。这是由于孩子的神经系统发育还不够完善。因此,对注意力不易集中的孩子,可以进行一定的训练,以提高其注意力。下面介绍几种适合作为注意力训练的游戏。

1.扑克游戏。这类游戏可以锻炼孩子的专注力和快速反应能力。

取三张不同的牌，随意排列于桌上，让孩子盯住某一张牌，然后把三张牌倒扣在桌上。由家长随意更换三张牌的位置，让孩子报出那张牌的位置。若孩子猜对了，就赢了。随着能力的提高，游戏可以增加难度，如增加牌的数量、变换牌的位置的次数和提高变换牌位置的速度。这种方法能使孩子注意力高度集中，又符合孩子的心理特点。孩子玩起游戏来积极性很高。

2. 训练听力注意力。每天给孩子读一篇文章。读完后，要他回答书中的问题。长期坚持，孩子的听力注意力就会提高。或者由家长给孩子念一组数字或一组词语，让孩子正背或者倒背出来，逐渐增加数字和词语的长度。这个游戏不仅能训练注意力，还训练了孩子的记忆力。

3. 舒尔特方格。家长可以在纸上画一个3×3的方格，在其中随机填上从1到9九个数字。每个方格内仅填一个数字，且同一个数字不能重复使用。然后，让孩子以最快的速度用手指按数字从小到大的顺序，依次指出它们的位置，并诵读出声。家长则在一旁为孩子计时。等孩子熟练了，可以逐渐增加方格和数字的个数。因为舒尔特方格比较费眼，所以孩子每天的训练时间不宜过长。坚持连续练习两周以上，可有一定效果。

关注亲子关系

许建云 听了各位老师的分析和应对策略，我有一种醍醐灌顶的感觉。

宓老师,您是怎么处理做作业时您与女儿的关系的呢?

宓春丽 在辅导孩子作业时,保持良好的亲子关系是非常重要的。大家都知道,处理好亲子关系,无论是在陪写作业,还是在日常生活的其他教育上,都能起到事半功倍的效果。家长看到孩子出现错误或磨蹭而忍不住发脾气也是难免的。但静下心来想,发脾气治标不治本,解决不了问题,反而会对孩子产生伤害。一直处于"上"对"下"的状态,也会使亲子关系渐行渐远。

我的做法是:

1. 包容孩子的小错误,管理好自己的情绪。大家还记得自己孩子刚出生时,我们对他的期待吗?相信绝大多数家长的愿望都简单而纯粹,就是希望孩子能够健康快乐地成长。可是随着孩子慢慢长大,特别是上学后,家长的愿望变得越来越多,越来越复杂,家长的情绪也总会被孩子的成绩左右。这也是正常的。但孩子年龄小,有时犯错也是难免的。所以家长看到孩子的错误时,一定要管理好自己的情绪,不要动不动就发火斥责,而应立即按下情绪的暂停键,包容孩子的小错误。同时,我们家长一定要有足够的耐心,不要指望孩子教一遍就会。在陪伴和辅导孩子作业时,家长们还要做到中途尽量不指错、不纠正,不要一看见错题就打断孩子的作业进程。家长也不要和孩子一起写作业,要求孩子做对一题再做下一题。这样不仅耽误时间和影响注意力集中,还会打击孩子的自信心。人在学习过程中如果充满自信、心情愉悦,学习效率就会提高。等到做完之后再一起检查错误、订正,慢慢地,孩子也能养成做完检查的好习惯。

家长必须要有一个认知，检查作业的重点不在于孩子回答的对与错，家长更要关注孩子做作业的态度，关注孩子的学习方法和学习状态，比如书写是否认真端正，作业中是否动脑思考了，解题的思考方法是否掌握等。我们要知道，虽然是辅导功课，但最终目的是让孩子能够学会独立思考和解决问题。比起让孩子"做对这道题"本身，我们更重要的是传递给孩子一种"能够独立、冷静思考并解决问题"的态度。相信这样的能力才是对孩子今后学习成长更有帮助的。

2. 培养孩子写作业的规则意识。孩子天性好动，总是坐不住，可以包容。但如果孩子从小没有比较良好的规则意识，那么对他们写作业的质量会有影响。到了该写作业的时候，他们就会想方设法推脱，拖延时间。所以，父母要着重对孩子写作业的规则意识进行培养。比如，规定孩子什么时候必须写作业；先做作业，完成以后才能干别的事情。做作业时，要留给孩子空间，同时家长也要以身作则。不要随意给孩子额外加作业，反之，也不能觉得孩子辛苦就全权帮他做。久而久之，孩子才可以慢慢地养成比较好的规则意识，对写作业也不会那么抗拒了。家长的眼光要放长远，眼睛盯的不要仅仅是眼前的一次作业，要着眼于习惯、能力和兴趣，着眼于孩子今后的学习和发展。

所以，最后我想说，小学阶段的陪伴是必需的，而陪伴不仅仅在于"陪"。陪伴的目的是让孩子养成良好的学习习惯，陪着孩子学会战胜困难，学会独立思考和解决问题等。

陈　瑛　宓老师温暖、用心的陪伴方式，给了我们很多启发，也非常值得我学习和借鉴。的确，家长陪伴孩子完成作业的过程很不容易，双方状态不佳时，甚至会起冲突。我就遇到过这样的一件事。一开始，妈妈和孩子做伴学习。后来，妈妈去做饭了，就让孩子独自写作业。等妈妈做好饭喊孩子时，发现孩子根本没在写作业，而是在画画。在这种情况下，有的家长可能就会直接批评孩子不自觉、不认真等，亲子关系也会受到影响。不过，这位妈妈很有智慧，她用四句话就化解了这次冲突。

她很快调整了一下心情，就开始这样对孩子说话了：

第一句："孩子，我看到你利用妈妈做菜的时间画画。"——这是妈妈客观地描述看到的具体现象，没有作任何评判，也没有贴标签式的负面否定。

第二句："妈妈心里有点担心你完不成今天的作业，影响后面吃饭、阅读、睡觉等其他活动的时间。"——这是妈妈把自己的担心真实地向孩子进行了表达。

第三句："当然，我也知道，你写了40多分钟作业，难免有些疲惫和无聊，你需要画一会儿，放松一会儿。"——这是共情，妈妈站在女儿的角度体会她的感受和需要。

第四句："孩子，那我们来商量一下，看看怎么兼顾这两点。妈妈建议你先尽快做完作业，再挤出15分钟左右的时间画画放松，你看这样好吗？"——这是非常明确地向孩子提出可行的，且非常好操作的请求。

我们再回顾一下妈妈的这四句话：先陈述自己的观察，然后坦诚地说出自己的担心，接着站在孩子的角度理解孩子的感受和需要,最后用商量的语气提出可行的请求。这就是美国心理学家马歇尔神奇的非暴力沟通方式——观察、感受、需要和请求。这样的沟通避免了一次亲子冲突,也能有效地帮助孩子纠正拖拉的习惯。

王立辉 各位家长朋友,今天我们四位优秀班主任全面分析了导致孩子写作业拖拉的主观原因和客观原因。从学习环境的创设、时间观念的形成、作业程序的执行、注意力的训练、陪伴方式的选择、家长情绪的管理、亲子沟通的优化等七个方面展开了交流,也提供了解决孩子写作业拖拉问题的好方法和好策略。下面,我再接着四位优秀班主任的观点,讲一下自己的几点想法供大家参考。

1. 要尽早帮助孩子学会管理时间,提高做事效率,让孩子干一些适合的、喜欢干的事情。及时发现孩子写作业拖拉问题,及时寻找原因,及时干预纠正。

2. 要尽早让孩子形成规则意识。给孩子定的规矩一定要少,太多了孩子记不住,定了也白定(这点相信很多家长都深有体会)。在建立规则的时候,父母要有"温柔而坚持"的态度,就是平时不破坏,特定的时候(节假日、亲人或自己过生日)允许有例外。

3. 要用爱滋养、成就孩子,用多种手段培养孩子的学习兴趣,让孩子找到学习的喜悦感。兴趣是最好的老师。

4. 要遵循儿童身心发展规律,科学看待成绩。受遗传因素、环境因素和儿童个体自身心理因素影响,儿童个体心智成熟存在的差异比较大。因此,在小学阶段,我们家长不要过度注重学科成绩，要注重孩子学习习惯的养成。

5. 要注重家校联合，通过多方合作来避免或解决孩子写作业拖拉问题。家长处理时要控制好情绪，切勿打骂和发脾气。

各位家长，英国杰出的教育家欧文说："教育人就是要形成人的性格。"每个孩子都是独一无二的。我们需要用先进的理念及科学的方法来帮助和陪伴孩子成长，形成健全人格，培养自律意识、责任感、合作意识以及自己解决问题的能力，让孩子们获得受益终身的生活技能和学习技能，实现成功人生。这也是我们为人师、为人父母的终生目标。最后，祝愿我们都能在父母、孩子和学校老师的共同努力下，用智慧的方法解决孩子教育上的一切问题，当然也包括"孩子写作业拖拉"问题。

许建云　相信家长朋友们和我有一样的感觉——听君一席话，胜读十年书。刚才说的各种策略，有的是从孩子身上入手，有的是从家长身上入手，挖掘背后原因，找准相应对策。当然，大家也要知道——世界上没有任何"包治百病"的良药，适合你家孩子的才是最好的。

家校沟通小贴士

家有小学生作业拖拉，家长这样做

1. 改变行为，从微习惯养成做起。可以先让孩子从小的、能做的事情做起，学着让孩子自己安排规划，慢慢地改掉磨蹭、拖拉的坏毛病。

2. 有效陪伴，讲求方法，关注态度，培养习惯，不让陪伴成陪读，让孩子早日养成自律习惯。

3. 接纳孩子情绪，调整沟通方式，鼓励点滴进步，陪伴孩子共同成长。

4. 孩子上了培训班，不是进了保险箱，家长不能全放手。家长要循序渐进，在起始年级帮助孩子建立做作业的仪式感，并在幼儿时期开启防拖拉的相关训练。

5. 尽早培养孩子的时间管理能力、规则意识、学习兴趣，科学看待成绩，注重家校联合，控制情绪，培养孩子的自律意识、责任感、合作意识和解决问题的能力。

二

孩子爱玩手机，家长怎么办

主持人

高海军　高中副校长，宁波市名师，宁波市首批名班主任，省、市、区三级名班主任工作室领衔人，慈溪市"115"第一层次人才和市领军和拔尖人才。曾获浙江省优秀教师、浙江省师德楷模、浙江省教坛新秀、浙江省中小学班主任基本功大赛一等奖等荣誉。

与学生共成长。

茶座嘉宾

吴锡植　高中教师，宁波市骨干班主任。

孩子的未来是我们触摸不到的明天，我们需要用心呵护每一个孩子的成长。

龚迪颖　高中教师，高级教师，教育硕士，国家二级心理咨询师。曾获浙江省巾帼建功标兵、浙江省教育系统"事业家庭兼顾型"先进个人，宁波市首届"四有"好老师、宁波市第二届名班主任，全国中小学主题班会一等奖、宁波市中小学主题班会特等奖等荣誉。

爱心＋智慧。

孟淑莉 高中教师,家庭教育指导规划师(高级),心理咨询师(高级),慈溪市名班主任工作室成员,浙江省班主任基本功大赛二等奖获得者,慈溪市优秀教师。

爱是教育的起点与真谛,更是教育的源泉与归宿。

点评专家

黄和林 高校二级学院院长,心理学博士,硕士生导师。

学贵专,学贵精,学贵正。

高海军 当下,孩子使用手机的问题,相信令很多家长感到非常焦虑,非常苦恼。今天,我们就一起来谈一谈孩子为什么会这么喜欢甚至迷恋手机,我们应该如何正确引导孩子摆脱对手机的迷恋。我们第一个要讨论的问题是"为什么有那么多的孩子会迷恋手机,甚至是沉迷于手机?"

龚迪颖 寻找爱、归属感和价值感。学业中有压力的孩子希望寻找放松感,孤独的孩子想从手机中寻找现实中缺失的关爱和失落,而无聊的孩子想得到一种刺激感。

吴锡植 对孩子来讲,玩手机是一种重要的社交方式。我的班级中也有玩手机游戏的孩子。他们喜欢玩一款名叫"王者荣耀"的游戏,经常在放学时相约回家一起玩这游戏。我还听到过很多新鲜的名词,比如"开黑"。什么是"开黑"呢?其实就是五个人组成一个团队,与敌对阵营的五人团队对战。因此,如果身边已经有四个小伙伴约好放假后一起"开黑",被邀请的第五个孩子基本上都是会去的。另外,在校园生活中也不仅仅只有学习,孩子们有时候也会讨论一些游戏。假如自己不玩游戏,对他们聊的内容一概不知,也很难融入大家。所以,有时候孩子并不一定是真的喜欢玩手机游戏,而是想和同学们有更多共同的话题。

孟淑莉 在孩子迷恋手机时,我们家长是不是无意间起到了助推的作用?比如《少年说》中有一期展示了这样一个片段:

小学生叶同学站在高台上,流着泪说道:"你们大人总是这样,为了贪图自己的安静和省事,用手机稳住我们。等我们长大了,沉迷于手机了,你们又会觉得,是手机耽误了我们。可是你们有没有想过,在我们小的时候,是谁把手机塞到我们的手里的？又是谁放弃了对我们的陪伴和关爱？"

其实有时候,不是孩子非要迷恋手机,也不是手机夺走了我们的孩子,而是我们拱手把孩子让给了手机。

高海军　从三位嘉宾的分析中,我们发现,孩子迷恋手机既有寻找自我存在感、价值感的原因,也有借此更好地融入同学、增强话语权、加强社交的需要。关于手机与学生的关系,我一直有个疑惑:是不是成绩优秀的学生有着更强的抵御手机诱惑的能力？

吴锡植　其实并不是这样的。从我带班的经验来看,我接触到的优秀学生玩手机游戏是一个比较普遍的现象。以我现在所带班的一个孩子为例,他爸爸是跟我坐在一个办公室的同事。每次放假回来,他都会向我抱怨:"儿子一放假就捧着个手机玩大半天,就像一定要先过把瘾,第二天起床再认真完成假期作业。"这种情况他已经跟我交流了很多次,但在我看来,他的孩子对手机的使用还是可控的,学习成绩也比较优异。所以,即使在重点中学,学生玩手机也是一个普遍现象。问题的关键不在于手机本身,而是如何合理使用手机。

高海军　从刚才嘉宾的回答中我们不难发现,学生使用手机是一个普遍现象。成绩优秀的学生也照样爱使用手机。他们之间的区别更多的可能并不体现在用或不用的问题上,而是体现在能不能正确处理自己和手机的关系上。关于手机的影响,一直以来有两种观点:一是手机工具论,即手机就是我们学习生活的一个工具,它本身并不存在好与坏的问题,关键在使用他的人。正确使用就是好的，不能正确使用可能就会变成不好的。另外一种观点则认为手机对孩子的影响就是不好的。如果没有手机，如果没有手机里那么多不正确、不健康的内容和各种游戏，我们的孩子怎么会误入歧途，耽误了自身发展呢？关于手机可能对未成年人造成的影响，我们有请黄教授为我们作解读。

黄和林 学生对手机迷恋的关系就像人和新冠病毒的关系。新冠病毒的感染过程是不因年龄或性别而有所区别的。谁不做好预防，谁就会中招。对手机迷恋的学生是不分成绩好坏的。我们一定要重视因手机迷恋对孩子们成长造成的影响。

高海军 从黄教授的解读中我们发现，孩子与手机的关系很不同的。有的孩子刚接触手机，有的孩子喜欢上玩手机，有的孩子可能已经沉迷于手机了。对不同程度地使用手机的孩子，我们要有不同的方法处置。说起学生使用手机的焦虑，现在已经不仅仅是家长的焦虑了，国家也非常重视这个问题。2021年初，教育部就下发了文件，除特殊情况外，禁止中小学生带手机入校。在2021年两会期间，关于学生使用手机的问题也成了两会代表热议的话题。那么，如何让孩子正确地使用手机，减少因过度使用手机对他们造成的可能的伤害呢？我想，这肯定是我们家长格外关心的问题。关于这个问题，下面请嘉宾为我们作出解读。

龚迪颖 作为一个高中班主任，也是一个四年级男孩的家长，我最想同幼儿园和小学生家长分享一些感想。作为家长，我们可以怎么做？总结为八个字：榜样、陪伴、兴趣、规则。这八个字可谓老生常谈，但历久弥新。

1. 榜样。身教重于言传。如果家长自己就是不折不扣的"手机控",一边玩着手机,一边让孩子放下手机,孩子会怎么想?孩子的自控能力本来就弱,容易受到外界的影响。要想让孩子从手机沉迷中走出来,家长就要做出榜样。戒掉"手机瘾",从我们家长做起!给有手机瘾的家长推荐"Forest 专注森林"这款 App。设置好专心的时间,开始在 App 种一棵树。除了接电话,家长就不能再玩手机了,不然游戏中的树就会枯死,并留在当天的森林里。

2. 陪伴。当我们因为工作太忙没时间陪伴孩子,或是因孩子吵闹不休无法工作时,丢一个手机过去,便能让孩子瞬间安静下来。这看起来是种简单快捷的方式,但其实后患无穷。手机从来没有主动和家长争夺过孩子的注意力。将孩子推向手机的,是家长自己。积极主动的家长虽然辛苦,但收益也会更大。养育孩子从来都是辛苦的。孩子的教育需要长期投入,像一场耐力赛,有时快,有时慢,常有瓶颈。家长只有经历了足够的辛苦,才能得到其中的快乐。这段时间的辛苦,如果放到孩子一生来看,又是值得的。你给他爱和鼓励,还有品格与毅力,等他独立而健康地成长,让你不需担心,也不觉得辛苦。

3. 兴趣。据统计,《王者荣耀》让人平均每 10 分钟就有一个兴奋点,而《和平精英》游戏平均每 3 分钟,甚至 1 分钟就有一个兴奋点。只要你坐到游戏前,根本就停不了。如果你能很快地停下,那是游戏设计师的失败。手机网络强大的视觉动感,能完全把孩子带进一个全新的虚拟世界。所以在孩子迷上手机之前,帮助孩子找到一个兴趣点,就能为他打造一个心灵的港湾。篮球、看书、手工、画画,都可以。一个能长期坚持自己爱好,并从中体会自我价值感的孩子,对手机的抵抗力也会优于一般人。

4.规则。在家庭教育中,规则意识的培养尤为重要,因为人总是从他律走向自律。家长们要与孩子约法三章,对使用手机的时间做出控制。硅谷的高管们,在对待未成年子女使用电子产品的问题上,都有一定的管制规则。有的规定只有周末才可以使用,时间在2小时之内;有的仅限孩子使用电子产品查找功课资料;有的在子女14岁之后才为其配备智能手机……方法五花八门,但都离不了两个字——管控。美国儿科学会对孩子使用手机等电子产品的时间给予了三点建议:(1)1岁半以下的宝宝禁止使用任何电子产品,除非是跟家人的视频通话;(2)2~5岁的儿童,每天使用电子产品的时间,不要超过1小时;(3)6岁以上的学龄儿童和青少年,每天屏幕时间在2小时左右。参考这一时间量表,父母能够更好地对孩子使用手机的时间进行控制。

吴锡植 我觉得要想解决孩子玩手机的问题,首先要全面了解我们的孩子。我想先请家长朋友们思考一个问题:您是否了解自己的孩子在玩哪些游戏?来之前我特意了解过,孩子玩的手机游戏有很多种类型。这些游戏中有的是益智类的,学生适当玩一玩反而能锻炼他们的思维。

我曾留意到班里有一位成绩优异的女生也痴迷过手机游戏,后来成绩一落千丈。她的妈妈内心非常着急,经常和我交流孩子的情况。家长朋友们遇到这种情况，有时会采取强制干预的方法，如强行没收孩子的手机，不让孩子玩，或者每天固定半个小时的游戏时间。但她并没有那么做，而是采用融入、陪伴的方式，尝试加入女儿的游戏战队，并和女儿交流玩游戏的心得。虽然她常常被女儿吐槽水平很"菜"，拖累了自己，但通过这种方式，她对孩子使用手机的情况有了全面的了解，也慢慢了解到女儿在游戏过程中真正想获得什么。这样做一方面有利于引导青春期孩子建立正确的人生观和价值观，另一方面也更易引导孩子合理地安排学习和娱乐的时间。这位家长给了我很大的启发。虽然我们不一定要这样做，但我认为家长朋友们应该要学习如何了解孩子，引导孩子，做一位智慧的家长。

孟淑莉 接下来，我以一个家长的身份谈一下我的体会。我家里有一个11岁的"神兽"。他在去年夏天时特别想拥有一部智能手机，理由是他的小伙伴都有。小伙伴谈论的话题他不懂，他们不跟他玩了。我想，该来的还是来了，这个事回避不了。经过深思熟虑，我送给他一部手机，一并送上的还有一份我们母子二人关于"与手机'和平共处'的协议"。

这份"协议"的部分内容如下：

◎这部手机是我买的。现在我将这部手机借给你使用，你只拥有使用权。

◎我在任何时候都有权知道这部手机的密码，但在未得到你的允许的情况下，我不会用它。

◎手机绝不允许带到学校里去。你必须遵守学校的规章制度，在家里课余的时间你可以使用,但每晚 8 点半要及时将手机放到客厅充电的位置。它不可以影响到你的睡眠。

◎如果手机掉了或者摔坏了,你必须承担因此而产生的维修费或者购买新手机的费用。你可以用你的零花钱或者压岁钱支付。上面我说到的情况发生的概率很大,所以你要提前做好准备。

◎不允许在学习时不经思考即用手机搜索答案,或者使用科技手段撒谎或者欺骗别人。

◎不准用手机链接成人网站或进行大额购物。如果你有什么问题和需要,建议先当面向人请教,尤其是妈妈或者爸爸。

◎如果手机影响了你的学习或者生活,我将会收回手机。我们会就这个问题坐下来谈话,分析使用手机的得失,直到双方对使用手机的规范再次达成一致,你才能重新开始使用手机。

目前来看的效果是:孩子与手机完全可以"和平共处"。拥有手机没有给他的生活带来负面影响,反而拓宽了他的知识面。

高海军 刚才听了几位嘉宾的回答,我相信大家对如何引导孩子正确使用手机有了一些想法和办法。但我在听的过程中一直有一个疑问,那就是嘉宾说的思路和方法,我以前可能也想到过,甚至也尝试过,但为什么我的尝试就没有成功呢?关于这个问题,不知道嘉宾们是如何看待的?

孟淑莉 其实,我身边有很多家长与孩子间都有类似的协议,但是我觉得孩子能否和手机"和平共处"的关键是我们如何执行已经制定的"协议",能否坚决地执行,没有任何例外地执行。当然,也要积极培养孩子们的兴趣爱好,以减少"屏幕时间"。

高海军 从孟老师的回答中,我觉得有两点特别重要,希望各位家长朋友尝试着去做。一是坚决执行定下的协议,没有一次例外地执行;二是培养孩子的兴趣,通过丰富孩子的生活来转移孩子的注意力,让孩子过更有意义的生活。刚才三位嘉宾从不同方面给我们解答了关于如何引导孩子正确使用手机的问题。在这个问题上,有一点特别重要,那就是父母的陪伴。我们在学校教育中发现,父母关爱和职责的缺失往往是导致孩子迷恋手机的重要原因。这是我们身为家长必须充分认识,并且给予高度重视的一个问题。那么,对于那些沉迷于手机的孩子,我们应该怎么办呢?如何帮助他们摆脱手机的诱惑,戒掉手机瘾呢?在这个问题上,黄教授很有发言权。下面请黄教授帮忙解答。

黄和林 刚才,三位老师讲得非常好,既让我们看到了优秀班主任在面对学生可能发生或者已经发生的手机迷恋问题时,他们是怎么想的、怎么做的,也看到作为家长,可以如何提前布局和思考。我分三个层次来跟大家一起探讨。

第一个层次是从家长层面。第一,我们家长是否给孩子做了一个好榜样?譬如在家里一起吃饭的时候,家长是否把手机收起来了?全家人在吃饭的时候不要拿手机,一边吃饭,一边可以做一些生活上的交流,比如问问孩子在学校过得怎么样。第二个,我们还是要在孩子的兴趣上做文章。从心理学的角度去分析,如果一个孩子有广泛的兴趣,那么他能够用于玩手机的时间就少多了。兴趣可以让他的世界变得更精彩,也会拓宽他的视野。第三个,主要是针对我们孩子已经产生了手机迷恋的现象。对于家长来讲,不能简单、粗暴地批评他、打骂他。我们是要成为他们摆脱手机迷恋的坚强的后盾。给大家一个建议,要跟孩子站在一起,共同面对一些问题。比如说《王者荣耀》里面有很多角色用了历史人物作为原型。作为家长来讲,这些人物、这些角色在历史上的真实面目是什么,你了解吗?如果不了解,你应该学习,之后跟孩子一起去探讨。

第二个层次是从心理辅导的角度,尤其是针对孩子如何能改变自己这个角度来提的。西方有句谚语叫,"医生包扎伤口,上帝治好他"。针对手机迷恋,孩子只有自己有意愿去摆脱它,他才会真正地去改变。另外,有一个心理辅导的方法是森田正马提出来的,叫"森田疗法":顺其自然,为所当为。我们要做自己应该做的事情。作为家长,我们给孩子制定规则,甚至督促他的行为。作为孩子,应该做的是什么?成长。学生阶段,成长的主要内容是学业学习,在学习中使自己获得成长,寻找到成长的乐趣。

第三个层次是要帮助孩子强大自己的内心。我特别喜欢王阳明先生说的,"破山中贼易,破心中贼难"。这句话对我们来讲很有借鉴意义。有形的贼总会被消灭的,但是无形的贼就是自己的内心。正如王阳明先生所说的,我们要不断地擦亮心中的那个铜镜,通过反思让自己的内心明亮起来。明白我需要什么,我要如何真正地去发展自己。

所以从这样一个角度来讲,我首先建议孩子要进一步明确自己的发展规划。其次,孩子要寻求自我突破。因为孩子发展到这样一个程度,他可以在学习方面表现优秀,或者在其他方面很优异,但是不要满足于现状,要不断突破自己,变得更加强大。

高海军 通过黄教授和各位嘉宾对这个问题的解答,相信家长朋友们已经有了一些好的方法。听到这里,我总结一下,我觉得要引导孩子摆脱对手机的依赖甚至是沉迷,要依靠两个力:一个是外力,外在的力量包括社会、学校、父母,来帮助孩子摆脱困境,尤其是身边榜样的力量;一个是内力,就是孩子的自我意识,如自律、自控的力量。在十多年的班主任工作中,我始终认为,对孩子的责任教育是必须放在第一位的。如果我们的孩子明确自己想要什么,意识到自己肩上的责任,那么他就不会被诱惑,更不会沉迷在手机中不能自拔。在这一点上,我们父母一定要润物细无声地加以引导和教育。最后,我们来看看观众在后台留言栏上提出的问题。请嘉宾为大家作解答。

龚迪颖 有家长在我们后台提问:"儿子高三了,白天在学校上课,放学回家作业不做,只知道玩手机,12点才肯睡觉。打不得,骂不得,该怎么办?"

这位家长很焦急。孩子很大可能是因为学习习惯不好,成绩也不理想。这也是很多家长都面临的困境。孩子不能打,必须是真诚的交流。家长可以明确且温和地表达意见,也请孩子说说自己的想法与计划。家长可以与他一起制订手机使用规则,彼此达成共识,并写下来。这并不意味着他以后就不玩手机了。家长要预见到这点,否则再看到孩子玩,家长容易情绪失控,心想:明明说好的,怎么转眼又破功?这时正是需要家长帮助他的时候。孩子控制不住自己,全家一起来帮忙,行动,调整,再行动。家庭教育就是大量的重复。一次谈话,一篇文章,一阵感动,一天努力,功效都有限。需要重复几千次、几千天,累积功效,直到他成为一个自律、勤奋、负责任的人。家长必须有耐心,必须保持沟通的顺畅。孩子尊重你,乐于和你说话,你才有持续教育他的机会,把小时候错失的教育时机慢慢弥补回来。孩子有了好习惯,在高三时如果脱胎换骨了,是不是意味着高考必胜?最好别抱过高期待。一是高考本身就不容易,二是高考是综合因素共同作用的结果。但是一个自律、勤奋、负责任的孩子,即使成绩不理想,也能应对之后人生的挑战。这就是教育的主要目的。

孟淑莉 我在后台看到很多家长是这样留言的:孩子十岁,放学回家就只爱玩手机。如果手机没收就看电视,怎么办?

首先,看到这个问题,作为一个母亲,我是很心疼的。因为十岁的孩子有两个特征:第一个特征是需要父母给爱、给关怀、给陪伴;第二个特征是好奇心、求知欲、探索欲强烈。但他竟然那么爱手机和电视,所以我非常心疼。我后来想了一下,孩子迷恋手机的现象背后,是家庭亲子关系的一个映射。因为孩子就是需要被疼爱、陪伴、关怀,都是需要有归属感、安全感和价值感的满足。如果在现实世界没有得到,他就会一直向外去寻找。如果在手机里找得到,他便会与手机产生联结关系,产生依赖,无法自拔。好在这个年龄的孩子可塑性很强,一切都来得及。家长问"怎么办",我觉得唯一的法宝就是:多花时间,花多多的时间把欠缺的爱和陪伴补给孩子。如果你要问还有没有什么辅助的手段，那就是培养兴趣、爱好，比如运动、音乐、美术、棋类等，总有他会喜欢的。这个年龄的孩子已经开始往少年发展了，他对价值感的需求变强了。试想，一个十来岁的孩子在球场上，羽毛球或乒乓球打得比其他人好，他可以在球场上获得肯定、赞美和认同，那么这个孩子的业余时间，他一定是更愿意待在球场上的。为什么？因为他可以在此收获肯定、赞美和认同。对这么大的孩子来说，肯定、赞美和认同就是他心理成长的阳光、空气和水，相当于他身体成长的钙片。所以，家长们要从小培养孩子的兴趣和特长，这是帮助孩子预防手机迷恋的比较好的手段。

高海军 刚才听了两位家长的提问，我在想一个问题：我们的孩子为什么在学生生活中，没有选择向我们家长靠拢，没有选择向老师靠拢，而是选择了向手机靠拢？我们作为老师、作为父母，是不是有责任呢？是不是我们在教育孩子的方式方法上有问题呢？我们能不能用我们的爱与陪伴把被手机抢走的孩子重新抢回来呢？我相信，只要我们理念正确、态度正确、方法正确，多给予孩子赞美、认同、鼓励、支持，我们一定能让孩子找到自我发展的正确道路。

家校沟通小贴士

孩子爱玩手机,家长这样做

1. 树立榜样、耐心陪伴、培养兴趣、建立规则,是促进孩子健康成长的重要方法。

2. 孩子控制不住自己,全家一起来帮忙,行动、调整、再行动。家庭教育就是大量地重复。一次谈话,一篇文章,一阵感动,一天努力,功效都有限。需要重复几千次、几千天,累积功效,直到他成为一个自律、勤奋、负责任的人。家长必须有耐心,必须保持沟通的顺畅。孩子尊重你,乐于和你说话,你才有持续教育他的机会,把小时候错失的教育时机慢慢弥补回来。

3. 面对手机问题,以平和的心态看待问题背后的原因,再针对性地协同多方力量解决它。温和而坚定,是有效沟通的方法。

三

孩子叛逆，家长怎么办

主持人

杨　洁　　　小学教师，海曙区骨干班主任。

用真情教书，用真心育人。

茶座嘉宾

茅燕琴　　　小学教师，宁波市首届名班主任，高级教师，省、市、区三级名班主任工作室领衔人。

拉起孩子们的手，一起做身体健康、精神富足、生活有序、心中有爱的人。

俞成效　　　小学教师，宁波市骨干班主任、宁波市优秀教师。

做有温度的教育，建有故事的班级。

徐莺莺　　　小学教师，海曙区首届名班主任，海曙区优秀班主任，海曙区首届"四有"好老师。

大手牵小手，共赴美丽的教育之旅。让每一个生命都能遇见更好的自己。

特邀家长

周俏春　　初一学生家长。

抓住孩子成长的每一个教育瞬间！

点评专家

王晶晶　　高校教授,学院院长。

打造富有使命感的教师培训。

杨　洁	今天我们的"班主任茶座"选择了大家特别关注的"孩子叛逆"这个话题。在众多的家长留言和提问中,我们关注到了这样一个案例:
阳阳是一名六年级的男孩,每天都要因为玩电脑游戏、手机游戏的事情和爸爸妈妈争吵。有一天,阳阳又一次把门重重地关上了。"阳阳,开门啊!"妈妈在门口大声地喊。"说好了的,作业做好就给我玩。你们说话不算话,不给我玩,我就把东西全扔了!"阳阳把自己关在门里大声吼叫,阳阳的爸爸妈妈在门口面面相觑。
究竟该拿这孩子怎么办?从萌娃到懵懂少年,身体已然成长,心理上却还未成熟。和这样的孩子沟通需要注意些什么呢?有没有行之有效的沟通方法?那些和孩子成为朋友的家长又是怎么做的?让我们来听听专家们怎么说吧!
茅燕琴	大家好,现实中像刚才案例中阳阳这样的孩子挺多的。不少家长都跟我诉过苦:"我们家的教育挺民主的。平时,我们都把孩子当朋友看,也很尊重孩子。""孩子有啥要求,只要不过分的,我们都能满足他。""所以,孩子小时候可听话了,家里的气氛一直挺好的。不知道从什么时候起,孩子就变得叛逆了。比如手机问题吧,只要不答应他的要求,他要不就是不理人,要不就是大吵大嚷,甚至威胁我们离家出走,根本没办法沟通。我们也担心啊,万一真的一走了之了怎么办?"有的家长甚至愁得整宿整宿睡不好觉。
孩子成长中要经历叛逆期,这个其实很正常。我们每个成年人都经历过,有的人可能悄无声息地、平静地度过了;有的人可能

溅起了点小浪花；有的人就比较严重，家里可能激起了惊涛巨浪。我所接到过的求助案例中，大部分家长都非常重视孩子的教育，也会阅读家庭教育书籍，照理说应该能平稳过渡。那么，问题的根源究竟在哪里呢？

仔细分析一个个案例，我们发现，不少家长没有把握好尊重和宽容的尺度。如何才能有效地教育孩子？许多父母的做法是不断地说教，也就是跟孩子讲道理。难道跟孩子讲道理错了吗？讲道理是没错，但我们得看跟什么年龄段的孩子讲道理。不少家长搞错了时间顺序，从孩子两三岁开始就碎碎念式地讲道理，一讲就讲十几年，讲来讲去都是差不多的话。您讲上一句，孩子都能知道您下一句讲什么。

那么，面对两三岁的孩子，我们不讲道理讲什么呢？我们要跟孩子讲规则。我们可以和孩子一起协商，制订家庭规则，并且说好全家人都要遵守规则。这里介绍一个"3W"原则，就是无论何时（When）、何人（Who）、何地（Where），只要规则建立了，就不能打破轻易。比如，不愿意告诉爸爸的事，可以只告诉妈妈；不愿意告诉妈妈的事，可以只告诉爸爸；但是不能对两者都不说。这是让孩子知道，爸爸妈妈是最亲近、最值得信赖的人，内心的痛苦可以不必独自承受。再比如，家庭成员在家时，如果需要安静的学习或休息空间，可以关房门，但不能把门反锁。这是防止孩子到了叛逆期，动不动就摔门、锁门。所以，制定符合家庭实际情况的家规，不说教、不过分宠溺，全家遵守、与时俱进，这是预防孩子叛逆期行事出格的办法。

我们要求孩子做到,自己首先必须做到。与其喊破嗓子,不如做出样子。回到刚才的案例中,现在很多亲子关系失衡的根源都是手机问题,原因多半是在孩子还小的时候没有在使用手机的规则上动过脑筋。有时候,家长下班回家实在太累了,为图个清静,就给孩子一只手机,也有家长宠孩子宠到没边儿了。有一次,我跟朋友去餐厅吃饭。隔壁桌一家三口中,孩子大概两周岁,一个劲儿要玩手机,不让玩就声嘶力竭地哭。安静的就餐环境一下被打破了。照理这个时候应该把孩子带出去安抚好情绪再进来就餐,但这对年轻的父母没有犹豫一秒,孩子一哭,他们就把手机给了孩子。事情并没有结束。没过多久,"惊天动地"的哭声又传来了。我们猜,大概是手机里放的不是这孩子喜欢的节目,于是他们又忙不迭地更换节目。这个时候,我们这一桌的老师不禁面面相觑:这个孩子大概率已经离不开手机了,未来这个家庭必然会因为手机产生难以调和的矛盾。所谓的"民主"啊,有多少宠溺假汝之名!小时候被宠坏的孩子长大了就成了祸害。

什么样的孩子已经被宠坏?如果有以下几种情况,家长就要注意了。

1. 经常对外人发脾气。从会说"我"这个词开始,孩子已经有自我意识了。在今后相当长的一段时间里,孩子都会以自我为中心。如果孩子对外人都经常耍性子、发脾气的话,家长就要反思,生活中是不是对孩子过于顺从了。

2. 使唤爷爷奶奶。一般来说,当孩子尝试挑战家长权威的时候,都是从爷爷奶奶、外公外婆开始的。孩子对老人态度不好,到了青春期有可能变本加厉。对孩子的教育要从小开始。

3. 从不帮忙做家务。这就是我们说的"眼里没活儿"。有的家长觉得孩子学习太累，成绩好点就行，现在懒一点，长大会好的。但事实上，孩子的责任感和同理心是通过从小分担力所能及的家务慢慢建立起来的。

我们对待孩子叛逆的问题当然不能"一刀切"。不同性格、不同年龄的孩子出现的问题都不一样，需要我们家长拒绝宠溺，运用智慧，未雨绸缪，制定和执行规则。所以，我所要表达的观点是什么呢？就是我们家长要做教育的有心人，在孩子不同的年龄段给孩子立不同的规矩。

周俏春 茅老师刚刚说到，在不同的年龄段要对孩子实施不同的教育方法。关于"立规矩"这一点，我深有体会。我的孩子是我自己亲手带大的。在幼儿时期，我就非常注重这个规则教育。拿几个很小的案例来说，比如就餐，一个人一日三餐是最平常的事情。但是孩子在幼儿时期，她会因为贪玩，不按时或者说不好好坐到餐桌上面来就餐。所以我们经常会看到有些家长追着孩子，拿着碗、拿着勺在那喂饭。不夸张地说，这种"追着喂饭"甚至能追出去两里地。那我是怎么做的？

有一次，我叫孩子吃饭。她坐在地上边玩边说："等一会儿，我现在不要……"等到她玩好了，饿了来吃饭的时候发现，什么都没有了，连碗筷都收掉了。那个时候，家里的阿姨心疼孩子，就背着我去厨房里给她冲奶粉。被我发现了以后，我当着孩子的面把奶粉倒了。不允许就是不允许！因为你错失了应该吃饭的时间,这就是规矩。我一直很尊重我的孩子,从她还是一个胎儿的时候,我就经常对着肚子与她对话,征求她的意见,比如"我今天要带你去哪里玩,好不好呀?""我现在开始要弹个钢琴,你愿不愿意听呀?",等等。在她的父亲看来,我这种做法很可笑。"她还是个胎儿,懂什么?"但是我坚信她能接受到我的信号,我是在跟她沟通。但尊重并不等于不讲规矩,我在这方面还是比较重视的。

另外,我们很多家长还有个常见的动作,就是当孩子被桌椅绊倒的时候会拍打桌椅甚至地面,边打边骂:"这么坏的桌子把我们绊倒,这么坏的椅子都把我们摔疼了。"我在她第一次遇到这种情况的时候是怎么做的呢?我没有去扶她,而是径直走到这个凳子面前扶起凳子,说:"不好意思,小凳子,刚才我们家宝宝把你撞倒了,是不是你哪里被撞痛了?你告诉我,你疼不疼?"当时,我的孩子一下就不哭了,就傻坐在那儿想:妈妈为什么不来安慰我,而是去安慰一把小凳子?后来,我慢慢地一点一点跟她解释:凳子是不动的,它是没有生命的,动的是你,是你撞它,而不是它撞你。我通过这样的事情告诉她,碰到问题要懂得先找自己的原因,而不是一味地把责任推给他人。

这是我的一些体会。在规则教育方面,我有三个字,就是"动真格"。我不会说,"你不要再闹了。你再闹,我要做出什么样的惩罚,我会怎么样"之类的话。在我这里,没有下一次。就这一次,我就抓住了教育的机会。

杨　洁　但是,案例中,阳阳已经进入了青春发育期,爸爸妈妈已经错失了第一次教育的良机,把亲子关系搞僵了。在这种情况下,家长该怎么去沟通呢?

俞成效 我觉得阳阳这样的状况之所以会出现,就是因为家长和孩子彼此不肯理解,都不肯退步,所以僵持不下。我觉得,要跟青春期孩子沟通,你首先得懂他们的心理。现在的孩子因为学业压力、生理变化,在心理上有一个很明显的特点,那就是矛盾性。他们有时候很自信,可是有时候又有点自卑;有时候渴望友谊,有时候又有点向往孤独的感觉。他们的心理不太稳定,所以容易受周围环境的影响。

我们家长朋友有时候会认为,孩子就像一个爆竹,一点就燃。那是因为到了青春期,他们的自我意识开始觉醒,很想自己做主。家长们每一个看似合理的建议,对他们来说都仿佛是"霸权主义"的体现。所以即使是家长合理化的建议,他们也会不分青红皂白地反对,为了反对而反对。这时候,我们就需要那么一点点耐心,一点点理解。因为我家里也有一个初二的"神兽",也刚好处于这样一个阶段。举个例子,网上买东西时,她的妈妈会根据孩子的要求去筛选,但她却很反对。尽管最后挑的就是她妈妈第一次推荐的,但是她就是不喜欢。我在想,她为什么不喜欢?其实,她就是不喜欢家长这种包办的感觉。她要坚持自己想要的。所以,我们要学会尊重,能够放下姿态。其实,我们在跟孩子沟通的时候,孩子也懂得家长的好。以我们家孩子为例,她在一次家长会"给家长的一封信"上足足写了三页,估计有2000多字。我从来没有想过,她会在信里说,"我把自己最好的一面展示给了陌生人,把自己最差的一面展示给了自己最亲近的人"这样的话。

你看,她其实也懂得我们家长的好。只是有时候,矛盾出现了,我们家长非得立马解决。像阳阳的父亲一样,孩子把门一关,他非得破门而入,要说自己的那些理由。我们在亲子沟通的时候,是不是可以把想说的话放在事后讲?讲的时候,把批评放后面,把建议放前面,这样的亲子沟通是不是会轻松一点?这是我个人的一点想法。

徐莺莺 青春期,无论是对孩子来说,还是对家长而言,都是一个迷茫但又关键的时期。要想走过这个时期,陪伴是非常重要的。青春期的孩子特别需要被理解,因为他们处在身体发育期,有一些独特的心理特征。但有的家长并不了解这个阶段孩子的身心特点。跟孩子沟通交流的时候,家长喜欢给孩子贴标签、下定义,指责孩子:"你就是这样子,你老是这样子,你从来都不听我的!"家长们很喜欢把自己对某件事情的理解强加给孩子,武断地去判断孩子的状态。长此以往,孩子就关闭了沟通交流的渠道,不愿意跟家长倾诉、分享。

我建议各位家长能放下自己的架子,不做自以为是的说教者,而是去真诚地听、耐心地听。你会发现,有时候做一个倾听者比做一个"权威者"更有力量。这一点我深有感受。有一次,女儿跟我说:"妈妈,今天发生了一件事情,让我很生气。"我一听,原来她在学校里受了委屈。经过我的开导,女儿不作声了。我自认为做通思想工作了,但过了一段时间,类似的事情又发生了。她既生气,又不知该怎么办。那一刻,我突然醒悟过来:上一次我只顾着自己单向输出教育,却忽视了倾听,看似疏通了心理,实则没有根本性解决问题。于是,我安安静静地听女儿倾诉,过程中没插一句嘴,只是默默地给她递纸巾,轻轻地握握她的手,同时回应她的情绪。

妈妈,你说这是不是很气人?——嗯,是挺气人。

妈妈,你说他这样是不是很过分?——对,好像有一点。

事后想来,其实孩子需要的不是一位说教者,而是一个能与她共情的朋友。

当你在倾听孩子陈述一件事情,或者发表一个观点的时候,请不要带着评判地去倾听。可以试着去客观地倾听,做一个不说话、能共情回应的听众。

首先,孩子没有主动要你给他建议的时候,你不一定要给建议。也许孩子只是想倾诉,宣泄一下情绪。其次,要关注到孩子当下的情绪。当一个人在情绪中的时候,不可能用几句言语就把他快速地从痛苦难受中拉出来。这时候,家长可以感受他的情绪,尊重他,不要忽视他的感受,同时去回应这种感受。青春期的孩子不愿意跟家长倾诉,有可能就是因为家长在听的时候没有重视他的感受,觉得只是件小事,没必要小题大做。孩子在倾诉时遭遇说教指责,他们的内心就会发生变化,觉得多一事不如少一事,说了不如不说。

学会了倾听孩子,又该如何跟孩子"说"呢?跟孩子沟通的时候,大家要记住一个原则——让孩子从小感受到,做错一件事情的标准不是家长生气了，而是因为做这件事情背后的价值观错了。说具体一点，有的家长可能会觉得，小时候喊一下孩子，或者吼一下孩子是很有效的，他马上会停止做不正确的事。但是你有没有想过，在这个过程中，孩子就是以"爸爸妈妈是否会吼我一声"为标准：吼了，我错了；没吼，可以继续干。这样，他永远认识不到根本原因。到了青春期，孩子的自主意识开始萌发，他开始成长，他要破茧。吼的方法已经无法让孩子听话，甚至在一部分家庭中，吼与被吼的对象互换，教育陷入了困境。所以说，教育孩子的时候应该用价值观去引领他。

第一，每个人做错事情，后果自己承担；第二，无论你做错什么，父母对你的爱不会改变；第三，无论你有多糟，眼下你都不能放弃自己。这三个价值观会深深地影响一个孩子。所以，我就觉得，其实我们应该帮助孩子找到问题的根本，引导孩子去做好一件事。

周俏春 我的孩子在读小学六年级的时候，有一次回到家跟我说："妈妈，今天班主任在给我们上课的时候说，我们现在这个年龄段的孩子，男生喜欢女生，女生喜欢男生，这是一个很正常的现象。"她在说这番话的时候，用一种非常期待的眼神在看着我。这个信号给我传递的信息是：姑娘可能有喜欢的对象了。她在以这样的方式试探我，看我的态度。我就飞速地回想起我小时候也发生过的同样的事情。我跟我母亲说的时候，她是什么态度？我母亲说："不好好读书，想找对象，你想什么呢？"她用这种简单、粗暴的方式一下把我打回去了。从此以后，关于这样的问题我再也不跟大人讨论了,因为得不到答案,甚至会招来打骂。

现在,当我面对相似的情况时,我意识到合适的反应是告诉孩子:"那妈妈要祝贺你!有人喜欢你,说明你优秀。找个机会在我去接你放学的时候,你能不能指给我看看这个男孩长啥样啊?我给你参谋参谋,行不行?"我还真做过这个事,我的孩子也真配合我做了这个事情。她亲自指给我看,说:"哎,妈妈,你看那个男孩出来了。"我说:"嗯,长得倒还行,但是个儿好像不够高……"哈哈,我是完全站在她的一个同盟的角度在帮她考量这个对象到底怎么样。记得那天正好是周三的无作业日,我们说好的趁着没作业,去逛个街,买双鞋。在去的路上,我已经想好了,这是一个非常好的教育机会。我就带她到一家店里让她选鞋。她选中了一双,说:"妈妈,这双我挺喜欢的,试了以后也挺合适的,就买这双吧。"我说:"别着急,我们换个店再看看。"在不同的环境、不同的地方,她看到了不同品类的鞋子,说:"这双比刚才那双好看。"再换了一个地方,她又说:"这双也不错。"我就抓住这个机会跟她说:"买一双鞋,你都会挑三拣四。那么在选择人、选择对象的问题上也是一样的。你现在还是小学生,将来还会上初中、还会上高中、上大学、到社会上,好男孩很多"自打那次以后,她一下子对找对象、谈恋爱、喜欢男孩子这类事情就慎重多了。

杨 洁 对青春期的孩子来说,价值观的引领可能强于唠叨和情绪的传递。那么,到底怎么处理因手机而引起的问题?家长们希望嘉宾们能建议具体的方法。

茅燕琴   我们仔细分析这个案例，阳阳表述说"这是原来就约好的"。这个信息告诉我们，家里对孩子如何使用手机已有约定的规则了。孩子内心的规则一旦形成，他外显的行为是不容易改变的。

首先，针对冲突而言，如果当时一定要把这一道门打开，那么门是打开了，从此以后孩子的心门可能就此关上了。所以一旦发生比较激烈的冲突，作为成年人，我们应该要先往后退一步，给孩子时间，让他们在里面也能够冷静下来。等我们安静下来，都能好好说话、不会把矛盾再激化的时候，一家人再坐下来反思。

小学高年级至初中七八年级的孩子，对自己的未来是有一定的憧憬和规划的。如果一个孩子沉迷于游戏，往往他在现实生活当中可能不那么如意，需要通过另一种方式在这个世界中寻找存在感，寻找意义和价值。首先就是价值观的引领。最重要的就是引导孩子表达"我要什么，我如何去做到"。一家人坐下来以后，大家可以都谈谈自己对未来的规划。只有找到生活的意义、个体存在的价值，孩子才会有学习的主动性，生活才会积极有意义。当然，也有家长说，自己不太擅长引导孩子，这时候，该怎么做？我们就要结合学校教育，和孩子的班主任和任课老师进行联系和沟通。只要家校积极互动、有效沟通，这个问题就一定能迎刃而解。当然，孩子们一旦到了小学高年级，尤其是到了七八年级后，他生命中重要的人已经从老师和家长转为他的朋友了。那么，他们在干些什么、讨论些什么，都会对这个孩子产生重大的影响。一旦孩子到了高年级，光从一个家庭、从自家孩子入手是非常难改变的，这时候就需要形成一个教育的合力。

这可能是家长和学校老师,也可能是几个家庭之间要坐下来好好商量的。

俞成效 有时候,我们在饭桌上会发现,父母为了让孩子不影响自己聚餐,就给他一个手机。那么我在想,是不是阳阳的父母在平时没有关注阳阳的多方面需求?他为什么会迷恋手机?就像刚才茅老师所说的,他可能想从手机上获得愉悦感和成就感。在家庭生活当中我们能不能给予阳阳相同的体验,满足他的需求呢?亲子活动既促进了亲子之间的联系沟通,又对孩子的成长起到了引领作用。

周俏春 比如说,我会自己学着养花,让她也一起养。因为很多事情和养花是非常像的。你付出多少努力,就会有多少回报。又比如说,我会在孩子面前示弱,让孩子参与家里的一些重大决策。我也会适当地采纳,她就会很有成就感!还比如说,教她炒菜、做饭、做烘焙,邀请她的好朋友、同学到家里来吃饭,让她掌勺。同学们、朋友们吃了她炒的菜以后光盘了,她就会愉悦地深入研究烹饪技能,还包括研磨咖啡、研究工夫茶等。

徐莺莺 其实,当亲子之间剑拔弩张的时候,还是建议先处理好情绪,再去处理问题。彼此僵持只能让事情发展得越来越糟糕,亲子关系越来越恶化。这个时候,我觉得家长表现出来的姿态尤为重要。家长应学会冷处理,"退一步海阔天空"。那么,事情是否就这么过去了呢?显然不是。今天的"退一步"是为了日后的"进一步"。家长可以寻找机会、抓住机会,尝试用多种方法去引导教育。比如,有一天我看到一个小视频:一个孩子寒窗苦读,以当地第一名的成绩考进某知名大学,后来因沉迷电子游戏,结果被退学。我当着女儿的面自言自语:"天呐,竟有这样的傻孩子,太可惜了!"女儿马上好奇地来问事情的缘由。一次看似无意实则有心的分享,取得了良好的成效。

王晶晶 今天到场的各位嘉宾实际上也多是双重身份,既是教育工作者,也是家长。讲到"叛逆",我们可能会把它看作一个贬义词,但如果用于形容青春期的孩子,也可以把它看作一个中性词。这个"叛""逆"是什么意思?就是跟你相反的、对着干的。但是,"跟你对着干"并不代表他是错的,你是对的。

我们要允许孩子去尝试,即使可能犯点错,要相信他能在试错的过程中成长。所以,当我们家长看到孩子表现出叛逆的时候,可以表示惊喜,这说明他正在长大,从儿童向青少年过渡,或者说从青少年向成人转变。这是我要表达的第一层意思。

从上面案例来看,基本可以判断,这个家庭中的亲子关系长期以来都是不正常的。家长采用简单、粗暴的方式来处理问题,孩子发现只有同样激烈的反应才能"镇住"父母。他接收到的就是这么一个信息,这也就导致青春期到来的时候,他可能以更加激烈的方式爆发出来。所以,这是有前因后果、有铺垫在那里的。青春期到了,孩子觉得自己长大了,有权表达自己的看法,比如,想穿自己喜欢的衣服。其实,他只是想表明这么一个意思:我是我,我不是别人,不是爹妈的乖孩子,不是老师的好学生,我要做我自己。如果父母简单地理解为"这是跟我对着干",而孩子又一下子找不到更好的表达方式,两者就很容易发生冲突。孩子为什么有这么强烈的一个需求,非要看平板呢?他可能就是想要跟他人交流互动,或者读书辛苦,他想放松一下。如果说家长不让他看平板,把这条路给堵死了,有没有别的途径或者方式让他放松一下,譬如去打打篮球?我们经常提醒班主任,要多组织一些团队性的、群体性的活动,目的就在于此。我们就是想给孩子打开一个通道,理解孩子的需求。这是我要讲的第二层意思。

刚才主持人还提到一个问题,就是孩子已经变成这样子了,最佳的教育时机已经错过了,那怎么办?那就要重构亲子关系。我们很多时候可能会觉得孩子不懂事,实际上孩子远比我们想象的要懂事。我说三点建议。首先,可以冷处理。有位班主任说得很好,"生气的时候不教育,教育的时候不生气",先让双方冷静下来再说。而且我觉得,冷静下来以后,也不一定急着解决这个问题,还是要先重构亲子关系。具体的事情以后慢慢讲,我们满足孩子一次,我觉得也没关系。刚才,老师说得非常好,就是双方要懂得让步,偶尔一次让步不代表家长从今以后就失去了威信,对吧?关键还是要修复关系,把不正常的亲子关系调整为正常的关系。怎么去重构呢?第一是改变认知,要尊重、理解孩子,换位思考。如果你处在他当时这个场景时,你会怎么做?你有没有碰到过类似的问题?当初的自己有什么样的需求?你认为要怎么做,才能更好地成长?你知道他在成长,他在往前走,你自己也要跟上去。第二是调整方法。再也不能用养育婴儿、养育儿童的方法去对待青春期的孩子。要关注孩子的发展变化,及时调整方法,同时要给孩子一定的时间和空间来自我调整。

第三要坚持有效、有用、有益的原则。譬如,你把孩子拉来打一顿有没有用?这个方法有时候会有用的,是吧?但它有益、有效吗?这个方法对他的长远发展有好处吗?做家长的还是要冷静,学会控制情绪,不图一时之快。

所以,我们具体要怎么做?刚才几位老师和家长说得非常好。第一是陪伴。享受跟孩子一起成长的幸福。你的青春期可能是匆匆忙忙度过的,那么现在再给你一次机会,让你可以从容地从参与者的角度去陪伴孩子成长,并根据自己的思考去引导孩子的成长。第二是倾听。我们很多时候做不到这一点,孩子没说几句就听得不耐烦。当孩子向你表达的时候,有时候倾听就够了。孩子可能不知道怎么做,但他在倾诉过程中可能就理清思路、找到方法了。第三就是换位思考。很多家长成年以后就忘了自己小时候是怎么过来的。第四是深思熟虑。家长是成年人,更应该是成熟的人。考虑问题要周全些,自己先把问题想清楚,要学会把道理说透,真正打动孩子的心。学会和孩子保持沟通、多倾听孩子,不能以家长居高临下的态度去处理问题,这不是长久之计。还有一个就是茅老师讲到的规则意识。基本的规矩还是要有的,底线是不能触犯的。像刚才案例里比较激烈的情况,更多还是需要家长做好调整,以修复好亲子关系为首要任务,在此基础上再针对问题进行教育引导。

杨 洁 家庭是孩子的第一所学校,父母是孩子的第一任老师。跟着优秀的班主任们一起学习交流,让每一位家长多一点智慧和力量。期待大家能和孩子们共同成长,成为更优秀的家长。

◆ 家校沟通小贴士

孩子叛逆,家长怎么办

1. 制定符合家庭实际情况的家规,不说教、不宠溺,全家遵守、与时俱进。

2. 尊重、理解孩子的内心感受,学会倾听,学会换位思考,让孩子有表达交流的机会,避免简单、粗暴地处理问题。

3. 建立良好的亲子关系,坚持采用对孩子有效、有用、有益的原则,学会做情绪的主人。

四

如何与青春期孩子对话

主持人

王赛金　小学数学教师,宁波市骨干班主任、海曙区优秀班主任。

走进孩子,从倾听开始。

茶座嘉宾

张　亮　初中科学高级教师,宁波市名班主任,宁波市班主任工作指导中心研究员,班主任之友封面人物,宁波市学科骨干教师。

解码青春期,渡娃亦渡己!

邵　洁　初中英语教师,宁波市骨干班主任,海曙区英语骨干教师,海曙区优秀班主任,海曙区优秀青年教师。

尊重与沟通,给爱以距离!

徐　超　小学语文教师,宁波市骨干班主任,江北区名班主任,江北区优秀德育导师,江北区"四有"好老师。

理解、尊重成长,青春不再迷茫。

点评专家

王雁茹 高校副教授,宁波市"四有"好老师,宁波市领军和拔尖人才工程培养人员。

做睿智的父母,是一场自我修炼。

王赛金　处于青春期的孩子有了自己的小秘密,也有了自己的小烦恼。孩子回家会关上房门做自己的事情,或者家长对孩子说了不少话,却得不到孩子的回应。面对青春期孩子,家长朋友们常常感到烦恼,不知道该如何与孩子对话。那青春期孩子和家长对话时又是怎么想的呢?我们一起来听听孩子们的想法。(播放校园采访视频:你最喜欢家长怎么跟孩子对话?你反感家长怎么跟孩子对话?)

青春期亲子关系存在的问题

王赛金　在校园采访中,学生说了自己喜欢的和反感的对话方式,相信家长朋友们也有共鸣。徐老师,作为即将步入青春期的孩子的家长,您在和孩子沟通对话时,会有这些焦虑吗?

徐　超　主持人好!刚才听了校园采访中孩子们的心里话,我想到了儿子刚入学时的情景。每天放学回家,他有说不完的话,我说什么他都爱听,他会认为,妈妈说的一定是对的。但是现在,他放学回来后,我问他他才肯回应我,有时候甚至嫌我烦。特别是前段时间,他的性格变得难以捉摸——好像总有发脾气的理由:嫌弃我给他买的衣服难看,说我审美有问题;让他认真学习,少碰平板,他会举出很多反驳我的例子……我们还把他当小孩一样看待,可是他却慢慢地在发生变化了,渴望独立。我感觉,我和孩子之间失去了往日的亲密感,我失去了被需要的感觉。面对这些突如其来的变化，作为即将步入青春期的孩子的妈妈，我也是焦虑的。

王赛金 孩子长大了，他们的自我意识有了第二次飞跃。孩子们会尝试对抗权威，追求成人享有的独立。他们的这一转变让家长非常焦虑。张老师，您在初中任教多年，接触的都是青春期的孩子和他们的家长。您碰到的情况也是这样的吗？

张　亮 刚刚出现在校园采访中的都是我们班的孩子。我很了解他们。其实，绝大部分孩子反感的并不是与家长对话这件事，而是与家长对话时，家长经常会把天聊"死"。相比于疾风暴雨式的沟通，这种因为把天聊"死"而导致孩子"非暴力不合作"的状态才更令人窒息。所以，在采访中我看到一个男孩很真实地说，他最喜欢的与父母对话的方式是不与父母对话。

造成这种现象的原因是家长聊天的目的性太强。我的好多学生跟我抱怨，家长都有一种共同的倾向，就是无论聊什么，都能聊到学习。比如说，他们兴高采烈地回家跟父母分享在学校交了一个新朋友，家长就来一句："交朋友可以，但别就想着玩，一起好好学习。"当学校文艺汇演排练时，家长看着忙碌的孩子，又不高兴了，说："搞这些又没用，浪费学习时间。"

本来，孩子兴致勃勃地想跟你分享，到最后往往以无语收场。再比如，家长总喜欢指导孩子，习惯性审问孩子，让孩子汇报学校生活；家长总想让孩子承认错误，过于较真，总是翻旧账；家长还会还有很有压迫感地说"我们好好谈谈""这都是为你好"……

我想，这也让我们能更好地理解视频里孩子说的，喜欢在饭桌上跟父母聊天，喜欢边散步边聊天。我想大抵是因为，这些时间节点的聊天很少带有目的性,反而更能让孩子们跟家长"同频共振"。家长在与青春期孩子沟通的过程中确实存在一些问题。在教学的过程中,我也遇到过许多因为沟通方式不良、沟通内容单一而导致亲子关系紧张的案例。

有些孩子时常会跟我抱怨,父母只关心他们的成绩,对他们的交友特别敏感。明明只是普通的朋友关系,并且已经跟家长解释了很多次,可是父母依然不信任。他们带着怀疑的态度来看待同学之间的友谊。这让处于青春期的孩子很困扰。也有些孩子跟我反馈,与父母的沟通更像是聆听他们的一次唠叨。父母每次说的话都很雷同。可见,家长这种毫不考虑孩子的真实感受的唠叨只会引起孩子的反感和抵触。

除了孩子的诉苦,我也时常听到家长来跟我倾诉。他们说,孩子在与同伴电话聊天、微信语音的时候,能够聊上一个小时,而面对他们,却只愿用"嗯,我知道了""哦,好的"等只言片语来应付,甚至完全拒绝与他们沟通。这些表现都足以证明亲子沟通的效果不佳。

王赛金 家长和青春期孩子对话的时候,确实存在不少问题。沟通的内容过于单一,三两句后总能关联上学习,确实让在校学习了一天的孩子有些反感。沟通中对孩子的不信任、不了解,也会造成沟通的不顺畅。王教授,您能谈谈您的看法吗?

王雁茹 青少年期是亲子关系的"多事之秋"。刚刚,我们几位老师从自己的经历谈到了青春期孩子及其父母在沟通中存在的一些问题。沟通是一个双向的过程,沟通效果不佳,肯定也不会是单方面的原因。

第一,沟通内容。有数据显示,孩子的学业、交友、身体健康、业余爱好等各类问题中,父母最关心的毋庸置疑是学业;其次是身体健康和交友,但对学业的关注远远超过对其他问题的关注。孩子在青少年时期本身就有沉重的学业负担,在学业方面过分地关心对他们来讲是一种负担。

第二,沟通方式。不少父母在沟通时比较追求权威、专断,喜欢使用强制性的语言,比如"你应该……""你必须……""你最好……,否则……"等,比较霸道、专制,丝毫没有商量的余地。因此,青少年对于父母的这种沟通方式是不服气的。面对这种情况,一部分青少年会选择跟父母摆事实、讲道理,努力跟父母抗争到底。但是,大部分青少年表示,对父母的这种说话方式很不满意,不愿意再跟父母多说一句话,所以亲子矛盾也在不断激化。

第三,信息传递存在障碍。不少家长表示,自己经常被孩子误会。自己明明是好意,可是孩子就是不能理解,经常会好心办坏事。家长在沟通中传递出来的真正意思经常无法被孩子准确接收。

为什么会出现亲子沟通的危机

王赛金 在和家长对话的过程中,孩子们认为遇到的最大的困难是什么呢?(采访:你跟家长对话时,遇到的最大困难是什么?你跟孩子对话时,遇到的最大困难是什么?)在采访的视频中,孩子各抒己见，说了自己认为最大的困难。邵老师，您认为产生这些困难的原因是什么？

邵　洁　大部分孩子觉得，到了青春期，跟家长没有那么好沟通了。这与他们生理、心理的特点有一定的关系，主要是生理的变化、情绪的变化、环境的变化，还有自主要求的变化。

青春期孩子更加关注自己的外形，如高矮胖瘦。当然，他们同样面临着巨大的情绪变化。牛津大学一项研究表明，人在平均 22 岁左右，他的前额叶才开发出 80% 的功能。因此，青春期孩子的大脑和成人的大脑是不一样的。因为前额叶没有发育完全，很多青春期孩子表现出做事不专注、缺乏自控力等特点。同时，负责孩子情绪体验的杏仁核已经发展成熟。通俗来讲，就是孩子们的情绪脑已经达到了成人水平，而理智脑还没有达到这个水平。可见，孩子的情绪体验已经与成人一样丰富，而控制情绪的能力又比较弱。这就是导致孩子情绪化的主要原因。

环境的变化也时刻影响着孩子。孩子们有了独立追求成人感的需求，但是由于受到认知和情绪的影响，他们有时候又不得不依赖于成人。这对于青春期孩子是一大挑战。处于这段时期的孩子更需要得到家长的肯定。但是有些家长恰恰没有给予孩子足够的耐心，也缺乏有效的沟通技巧，导致了亲子关系的破裂。

王赛金　叛逆也是他们成长的标志，象征着他们向成人迈进一步。我觉得，家长们要淡然处之。张老师，您在一线经常跟家长打交道，您能帮我们分析一下，造成亲子对话困难的原因是什么吗？

张　亮　在这个视频的采访过程中，两个男孩给我留下了深刻的印象，其中一个是我们班个子最小的男孩。他提的意见是："爸妈,我很爱你们,但能不能以后进我的房间前先敲门呢?"另一个大男孩说:"我已经长大了,有些事情能不能让我自己来做决定?"不管是小男孩,还是大男孩,他们的内心都渴望被尊重,渴望被平等地对待。然而,很多家长并没有意识到这一点,依然认为这个十三四岁的少年还是从前那个听话的小孩。孩子在长大,家长的意识却没有与时俱进,这是第一个原因。

另一个原因是家长太较真,不信任孩子。我遇到过一个男生,他初二时开始叛逆,有段时间经常上课、下课都要打瞌睡。我建议家长,重点关注他晚上的睡眠。结果发现,孩子经常半夜三更起床打游戏,被家长查出后,便是一顿疾风暴雨般的教育。孩子的手机是他自己偷偷在网上买的二手手机。父母也许是怕了,不仅注销了孩子所有的网络支付,还撬开了孩子房间的锁芯,从此不允许他锁房门,甚至还当着他的面摔了手机。这还不算,妈妈还设置了凌晨两点的闹钟,像防贼一样防着他。每天到点起床后,她都会去查看一下。那件事后,家长三天两头地翻旧账,拿这件事情数落他,甚至还当着亲朋好友的面揭他的短。后来,孩子的学习成绩一落千丈。他从此变得沉默不语,到了初三就彻底变了。家长悔恨不已。其实,孩子会沉迷手机、沉迷游戏,很大一部分原因是现实生活中的爱与关注等需求没有得到满足。再加上父母太过相信自己,却不相信孩子,从而使孩子关上了沟通的大门。这会酿成很严重的后果。

在小学高段,类似的情况我也有发现。在批改学生心情日记的时候,我看到有的孩子抱怨父母常拿自己跟他人比较,特别讨厌父母在大庭广众之下夸别人的娃如何优秀,感觉很伤面子。甚至有的孩子在日记里提道:"父母凭什么啥都要管?我明明够热了,非要我穿条秋裤;我明明吃饱了,非逼着我再吃一点;我明明学习尽力了,就这点水平,非要我考全班前三。"

此外,青春期孩子与父母沟通不畅,除了孩子和父母自身的原因,还受到社会因素的影响。比如,媒体不恰当的引导也会导致青少年产生叛逆心理。一些小视频或影视作品极力美化叛逆者的个人行为,夸大叛逆者的能力,鼓吹个人主义,会让孩子欣赏"叛逆"的形象。其实,在坦然面对孩子叛逆的出现外,我们更应该主动地去改进与孩子沟通的方式。尊重、倾听和少说多做才是家长该有的姿态。家长和自己和解,不仅能让自己得到治愈,也能给孩子更广阔的成长空间。

王赛金 三位班主任结合自己的经验,分析了家长和青春期孩子对话困难的原因。其中,有青春期孩子自身的生理因素和心理因素,还有家长方面的原因,比如家长对孩子的不信任、家长的态度、命令式的语言,更受到社会大环境下一些媒体不恰当的引导等因素的影响。王教授,您做了不少研究,您能不能和我们分享一下您的观点?

王雁茹 确实,引起青少年与家长沟通不畅的原因是多方面的。大体来说,影响因素有这几方面:

第一,父母因素。

1. 父母的性别。大量研究发现,青少年与母亲沟通的质量要显著高于父亲。这与在中国家庭中,母亲是子女生活起居的主要照顾者有关。与母亲接触时间多,交流多,理解程度自然提高。

2.父母的文化程度。父母的文化程度也会影响沟通质量。研究显示,母亲的文化程度与亲子沟通质量呈正比。

第二,青少年自身因素。

1.年龄差别。在青春期的不同阶段,亲子关系也会有变化。青春期的困惑与问题在初二时会集中出现。许多心理学家也因此称初二是"事故多发的危险阶段"。此时的青少年对父母开始"去理想化",试图摆脱家长的束缚,也把情感悄悄藏在内心,难以打开心扉与父母沟通。但是,初二阶段也是青少年心灵成长的关键期。因此,我们应该把握他们的自主需求心理,使他们的尊重、信任、友谊、个人活动空间、兴趣等心理需要得到满足,从而顺利度过这一"危险时期"。

2.人格因素。外向的青少年比内向的青少年在沟通中表现出的问题更少。

第三,家庭因素。

1.家庭结构的影响。与来自完整家庭的青少年相比,离异或收养家庭中,儿童与父母的沟通比与其同伴的沟通更困难。

2.家庭环境的影响。温暖、和谐的家庭环境中的亲子沟通会比敌意、强制的家庭环境中的更为顺畅。

3.父母的教养方式。权威型教养方式背景下的亲子冲突较少,冲突强度也较弱,而专制型教养方式会使亲子冲突更加激烈。

第四,文化因素。

文化背景的不同会影响到亲子沟通的形式。与欧洲裔母亲相比，亚裔母亲在与子女沟通中，支配性较强，反应性较弱。

影响青少年亲子沟通的几大因素是同时发生作用的，每个因素都起到很重要的作用。在分析亲子沟通问题时，我们要将几个因素综合起来。

家长与青春期孩子沟通的妙招

王赛金 谢谢王教授如此专业的解读。接下来，我们继续来聊聊，家长该如何与青春期孩子对话？

我先和大家分享一个小妙招。我有一位家长朋友，和孩子相处的时候，她会通过孩子进家门的反应来判断孩子今天的心情怎么样。孩子读小学高年级的时候，如果回家嘻嘻哈哈的，还没进家门就能听到声音，那今天在学校一定很开心。如果孩子到家一句话都不说，那一定是受挫了。到了初中，如果孩子喜欢分享一些小事，那他今天在学校一定很顺利。这位家长就是通过孩子的微表情来猜测他今天的心情。每天的晚餐时间，或者晚自习后的加餐时间，就是全家的沟通时间。如果孩子想聊学习，爸爸妈妈就陪他一起聊聊学习。如果孩子聊到了学校里的一些小趣事、小八卦，爸爸妈妈也会像朋友一样和他一起聊聊这些八卦。如果孩子什么都不想说，那家长也不会主动聊起学校的话题，给孩子足够的空间进行自我调节。这对父母在沟通中更多的是扮演着倾听者的角色。家长朋友们,学会倾听,也是非常重要的。

邵　洁　是的,倾听的核心能力是共情。那什么是共情呢?共情就是设身处地地站在孩子的角度,理解孩子当下的情绪,并给到准确的反馈。

最近,我们学校刚结束期中考试,不少家长来找我私聊。我就遇到了这样一个案例。到了初三之后,理科难度增大了。孩子遇到理科难题,就不愿意动脑筋,在家不停地抱怨。家长很头疼。让我们还原一下场景。这个时候,家长的回答可以有两种:一种是"肯定是你自己没动脑筋,再去好好想想!";另一种是"是的,这些题目确实不容易,你已经试了哪些方法?需要爸爸或者妈妈的帮助吗?"。前一种回答中,父母完全站在孩子的对立面;而后者,则是站在孩子的立场,理解孩子的困难,安慰并鼓励他们再次进行思考。可见,家长的回应不同,孩子内心的感受自然也不同。我之前还遇到过一位家长,她也处理得非常好。她的孩子理科也很薄弱。她是怎么做的呢?首先,她跟孩子表明自己小时候理科也不好,也觉得理科不容易学。她先是鼓励孩子把错题整理好,然后再回家讲给她听。孩子讲解时,她还会时不时向孩子投去赞许的目光。这样一来,孩子的内心获得了满足,亲子关系也因此拉近了。

张　亮　对的。邵老师提到的让孩子讲题给家长听,是一种非常有效的陪伴方式。高效的陪伴就需要家长躬身入局,如"共同做一件事",包括亲子共读、亲子旅行,还可以是同看一部电影,同看一场球赛,同看一本书等。有些学校的科学组会开展"亲子实验"课程,邀请家长参与,尤其是请爸爸参与,与孩子一同完成"亲子实验"。其实,"共同做一件事"最主要的目的是能形成"共同话题",形成亲子情感的连接。这些具体的话题比那些枯燥乏味的说教更利于沟通,从而增进家长与青春期孩子的关系。

除了同做一件事,我经常建议家长做一些积极的改变,以下五点建议可以供家长朋友们参考:

从"我说,你听"变为"你说,我听";

从"单方说和听"变为"我们一起商量、研究";

从"我告诉你该怎么做"变为"你认为怎么做更合适";

从"你必须"变为"我建议";

从"我来帮你做"变为"你希望我能为你做点什么"。

和孩子沟通不是为了"说服",而是为了"理解"。和青春期孩子谈话的目标,不是让孩子听从父母,而是让孩子知道"我理解你"。如果遇到"可说可不说"的情况,我建议家长朋友们能不说就不说。如果非得说,家长也要知道,写比说好,做比写好。说些有效的、做些具体的,言辞肯定、身体接触、精心设计一些时刻、馈赠礼物等细节的行动都会比说要更好。

徐　超　一个星期六的晚上,为了犒劳小A一周的辛苦学习,小A父亲特意下厨,做了一桌子孩子喜欢吃的菜。孩子却手机不离手,对父母的询问爱搭不理、敷衍了事,甚至还和父亲顶嘴,最后引爆了一场父子冲突,闹得一家人不欢而散。

看到小A吃饭时还戴着耳机听歌,父亲很生气地说:"你吃饭就好好吃饭,把耳机摘了,关掉手机!"这是对孩子发出了"命令"信息。当看到小 A 对自己的话充耳不闻时,父亲进一步发出"警告、威胁"信息——"如果你还玩手机,我就没收你的手机。"在批评儿子不抓紧时间学习时,小 A 父亲得意地对儿子说教:"老爸以前有时间都会用来学习,要不怎么能够考上大学?"小 A 父亲还给孩子提供建议:"吃饭就专心吃饭,学习就勤奋学习!""不吃拉倒!学习去!"这些"挺在理"的教诲却无法抵达孩子的心灵,反而一步步地激化了亲子冲突。

我们可以试着运用"'我信息'表达法"来与孩子沟通。父母首先要对孩子不可接纳的行为进行不带指责的行为描述:"爸爸妈妈知道你学习辛苦,周末特意做了你喜欢吃的菜,而你却手机不离手,对爸妈询问情况不予回答。我感到很伤心,也很郁闷。""'我信息'表达法"让孩子担负起改变自己行为的责任,孩子才有可能满足家长的需求,用自己的方法处理当前情况,做出建设性的行动。所以,家长在和孩子沟通时候,第一句话特别重要。如果一开始谈得好,就能谈下去;谈不好,孩子就容易关上心门。

确实,家长在与孩子沟通的过程中扮演着重要的角色。那么,家长还可以做些什么呢?少给建议,多给信息。我身边就有这样一位家长。她认为,家长作为过来人,拥有更多的资源,可以帮助孩子更好地分析事物的利弊,可以告诉孩子你这样做的结果可能是什么样的。但是,家长绝不能替孩子做决定,要让孩子自己选择。如果她的孩子还是不听,她也不会强迫孩子一定要顺从她,而是给孩子试错的机会。我觉得这位家长的做法让我深受启发。有的时候,失败就是对孩子最好的教育。不妨让孩子先体验,再去询问孩子的感受,慢慢地让他们自己从失败中去总结教训。这可能比家长说上一百次更有效。

张 亮　通情方能达理。能接得住孩子的情绪,并能控制好自己的情绪是亲子良好沟通的先决条件。心理学中有一个重要概念叫作"重要他人"。它指的是个体在社会化以及心理人格形成的过程中对其产生过重要影响的人物。学前阶段,孩子的重要他人主要是父母。家长朋友们可以仔细回想一下,孩子在幼儿阶段是不是经常把"我妈妈说""我爸爸说"挂在嘴边。到了小学,重要他人变成了老师。所以,小学生回家后特别喜欢对父母说:"我们老师说了……"从这个时候开始,父母对孩子的影响将会发生变化。"我们家孩子最听老师的话了。"这句话适用于描述小学生,但并不一定适用于初中生。到了初中,重要他人就变成了同学、朋友等朋辈群体。也就是说,孩子受同伴影响最大,最看重同伴友情,也最听同伴的话。因此,这就很好理解在我们校园采访中有一个孩子提到的,他最反感父母以大人的身份去教育他、命令他和唠叨他,他更希望家长能够跟他像朋友一样,耐心地去倾听他内心真实的声音,理解他在成长中遇到的困惑,给予他更多的陪伴和支持。知道了这些,家长朋友们大可摆正心态。遇到问题时,家长朋友们要深呼吸,告诉自己不生气、不失控、不较劲,心平气和地跟青春期孩子交流。

徐 超　我还想送上一个小锦囊——父母要与时俱进,比如可以了解一些当下孩子喜欢使用的网络用语。

越来越多的家长发现,孩子嘴里不时吐出的字眼让自己搞不懂。他们担心,孩子动不动就"今晚吃鸡""厉害了我的哥""你的良心不会痛吗"……这些会不会影响正常交往?要是把这些词汇用在作文里,老师看不懂怎么办?其实,家长们更多的是担心无法与孩子好好交流。

家长朋友应该用宽容和理解的心态看待这种现象,这种"语言"是属于孩子的真实语言,能增加沟通的乐趣。当孩子发现父母也在有意识地学习时,孩子就会觉得自己和父母的距离缩短了。"你懂我的梗!""你有没有 get 到老妈的意思?"这样的网络用语会让父母和处于青春期的孩子的沟通顺畅很多。

王雁茹 要想保持良好的亲子沟通,我认为父母要遵循几条原则。

第一,彼此尊重。如果作为父母的你总是高高在上,使用教训式的、质问的口气,那孩子就不可能心平气和地跟你交流,有可能会直接反驳、顶撞,或干脆不理你。想要达到良好的沟通效果,父母先要学会尊重孩子的想法,也尊重孩子的选择。只要这个选择不会给他带来身体或心理的伤害,父母就应该给孩子这个权利。父母也要尊重孩子的空间,就算是小动物也有自己的领地空间,所以,孩子也会有自己的小秘密,父母不要总是要求他和盘托出。

第二,关心孩子。可能很多人会说:"这还用说吗?我怎么会不关心他呢?"父母关心孩子,这一点毋庸置疑,但关键是孩子感受到了吗?他感受到的是你关心他、爱他,还是你关心他的成绩,爱那个成绩好的他?所以,父母还应该让孩子感受到你真正地关心他这个人,他的喜好、他的情绪、他的感受,当然也包括他的学习。如果孩子有了这样的认知,在与父母沟通中就更能敞开心扉,更愿意诉说自己的想法。

第三,保持学习、自我更新。刚才两位老师也说到了,家长要学习网络用语,学习如何沟通。家长要与时俱进,保持学习的态度与热情,让孩子感受到父母也在努力适应环境,而不仅仅是只要求自己改变。这将为良好的沟通奠定基础。

王赛金　谢谢王教授,谢谢三位班主任的精彩分享。为家赋能,共享成长。面对青春期亲子沟通中父母的困惑、焦虑,我们希望这期节目能给家长带来帮助。在育儿道路上,希望家长可以心中有理想,行动有方向,脚下有力量。

家校沟通小贴士

如何与青春期孩子对话

1. 学会倾听,平等对话。先通情,再达理,尝试共同做一些事。
2. 少给建议,多给信息,用"'我信息'表达",说孩子想听的话。

五

与焦虑和解，安心应考

主持人

  胡　波　　小学教师，宁波市首届骨干班主任，镇海区名班主任。

      教育，是教师和学生相互遇见的生活。彼此成全，共同成长！

茶座嘉宾

  王　飞　　初中校长，宁波市首届名班主任，宁波市名班主任工作室领衔人。

      给学生温暖的教育，培养阳光少年。

  周金中　　高中教师，宁波市物理名教师，宁波市名班主任工作室领衔人。

      秉师爱仁心，持知情意行，和学生一起生长。

  徐春香　　初中教师，宁波市首届骨干班主任，国家二级心理咨询师。

      教着，感受着；走着，快乐着！

点评专家

  徐晓虹　　高校教授，宁波市领军和拔尖人才工程第一层次人才，优秀心理咨询师。

      基于积极心理学，家校社协同，构筑学生成长的支持系统。

阳光五月，焦虑频现

胡 波

五月，阳光灿烂，气候宜人，是一个充满生机和活力的月份。同时，因为即将到来的高考、中考、小升初毕业考等，五月是一个"迎考"月，也是"焦虑"月。这些大大小小的考试成了学生、家长和老师们的本月热门话题。有调查显示，考试——尤其是大型考试——给超过80%的学生造成了不同程度的焦虑情绪，不同学业水平的学生都一样。有些严重的焦虑情绪还会影响学生的考试水平和生活状态。

案例出示：

最近，我接到悦悦妈妈的电话。他们家现在正处于这样一个焦灼的状态。悦悦正值初三，学习异常紧张，一模、二模、区模、校模、实验考、体能考、人机考……可以说大考小考天天不断。为了帮悦悦冲刺中考，妈妈也是煞费苦心，早餐、夜宵的花样不断，营养丰富。早晚接送，半夜陪读，加油打气，耳提面命，一刻不松。可是进入五月以来，妈妈发现悦悦的状态越来越差，早上叫不起，晚上睡不着。她常常头脑昏沉，情绪敏感，做题时效率低，常常盯着一道题半天反应不过来。悦悦自己也说，上课时越是提醒自己认真听讲，越是容易走神。明明是很熟悉的题型，她却经常脑中一片空白。为此，她异常焦虑，不知如何是好。妈妈反映，她每天都在安慰悦悦，"别紧张，别有压力""考差也没关系"，等等，可是丝毫不起作用。因此，悦悦妈妈也感觉无计可施，变得焦虑了。

趁着今天这样一个好机会,我也想跟各位老师一起探讨一下,悦悦的问题出在哪里。

焦虑"雷区",谨防踩踏

胡　波　心理研究表明,适度的紧张情绪可以激发考生的兴奋性,增强学习的积极性和自觉性,提高注意力和反应速度,促使考生发挥出好的水平。但是,过度紧张不仅不能使学生发挥正常的水平,还会使其注意力和记忆力衰退,影响复习和考试。就像案例中悦悦所出现的失眠、头晕、走神、情绪低落、注意力不集中等,都是考前焦虑的表现形式。这个时候,家长应该起到稳军心、保后勤、调情绪的作用。但是,很多家长由于用力过猛,或者不该出手时乱出手,该出手时不出手,不但没有发挥良好的作用,反而好心办坏事,加重了孩子的焦虑情绪。

所以,从某种程度来说,升学考,考学生也考家长。作为家有考生的家长,我们有哪些"雷区"不能去踩呢?王老师是初中资深班主任,在这方面有一定的研究,请您来帮我们分析一下。

王　飞　第一,要避免家长过度焦虑。有研究表明,很多学生在参加升学考时,最大的心理压力不是来自自身的知识储备不足,而是来自他们的家长。面对即将到来的升学考,有些家长想帮帮不上,想问不敢问,比孩子更紧张和焦虑。家长的种种考前焦虑会不自觉地投射到孩子身上,催生孩子的焦虑情绪,影响到孩子的正常发挥。

第二，要减少过分唠叨。孩子考试，有的父母自己首先沉不住气，总是唠叨个没完没了。"只差几天了，复习得怎么样了？""你要注意提高效率。""你应当再勤奋一点。""这次考不好会影响你一辈子的。"……这些唠叨无意中在家庭中制造了紧张气氛，让孩子时时刻刻绷紧思想的弦。那么怎么会不焦虑呢？

比如，有一个女孩，让我看她妈妈考前写给孩子的信，题目就是"临考前妈妈的唠叨——写给女儿的第三封信"。信的开头说："亲爱的孩子，当我敲击键盘给你写这封信的时候，你可能在家认真复习功课。过几天，你就要上'战场'了。常言说得好，'临阵磨枪，不快也光'。妈妈还是想在你复习考试前再唠叨唠叨。你不要嫌妈妈唠叨。"接下来，我们看看这位妈妈唠叨出哪些锦囊妙计呢？那还是三点老生常谈：一是认真读题，二是认真做题，三是认真检查。这样的唠叨，是不是让你感到很好笑？可那个女孩却笑不出来。女孩告诉我："妈妈就是这样，天天唠叨个没完，烦透了。她就跟唐僧念经一样，我听了头都炸了。"

第三，不要有过高期望。很多家长会在考前对孩子说："我对你要求不高，你只要考上某某高中（某某大学）就可以了！""你只要像某某一样就行了！"其实，越是这样的语言，越会在无形中给孩子增加压力。孩子心想："你这样的要求还不算高，那怎样才叫高呢？我根本不可能达到你们的要求啊。"当家长的期望过高，超出了孩子的能力，就会给孩子造成压力。很多孩子因此感到考试压力很大，对自己失去了信心。

第四，避免过度关心。案例中，悦悦妈妈做的早餐、夜宵花样百出，早晚接送孩子，甚至半夜陪读，一刻不放松。有些父母把自己的活动减到最少，以孩子的升学考为中心，其他一切无关事务都靠边。电视不看了，有噪声；手机不刷了，有影响；散步不去了，怕服务不及时；客人不接待了，怕分心……每次做饭，她总是问："想吃什么？""饭菜可不可口？""身体状况怎么样？"有些家长变得比平时更亲切，天天赔笑脸，唯恐惹到孩子，根本不敢将自己的真实情绪流露出来。家长以上种种表现，也会让孩子更紧张，给孩子施加了压力，加重孩子的焦虑感，给孩子帮了倒忙。所以，这种过度关心也是造成考试焦虑的因素之一。

胡　波　的确如此。我们家长群体往往会出现两种极端：一种是过度紧张、焦虑，家长自己的情绪影响到了孩子；一种是家长极力掩饰焦虑，嘴上不说，但是各种表现出来的行为让孩子压力倍增。这些都是无形中的雷区，家长们可要尽量避免去踩。徐教授对这一方面有非常深入的研究，能给我们全面的指导。请您为我们作点评。

徐晓虹　考试焦虑是普遍存在于考生和家长身上的情绪状态。关于考试焦虑的研究在国外已有多年历史。考试焦虑的影响因素之一是孩子考试时的心理素质。第二个是家长因素。有时候，家长的确增加了孩子的焦虑。第三个，学校老师也有一定的影响。第四个是社会环境。这四个因素又互为媒介，对孩子直接或间接地产生影响。考试焦虑是正常的。孩子的考试焦虑分三种程度，严重的会出现躯体症状，比如头晕、抽搐等，需要向专业机构寻求干预。有的轻度焦虑,表现为情绪上的紧张、没有自信等,而有的则反而需要增加焦虑。我们现在要探讨的是对于那些轻度焦虑的学生和家长来说,该如何缓解焦虑对孩子的影响。

考前焦虑,家长如何应援

胡　波　感谢徐教授,让我们对考试焦虑的背景有了一个了解。的确如此,作为孩子们求学路上的同盟军,我们可不能当这个"绊脚石"。家长要适当分散一下自己的注意力,给孩子一点空间,也许对彼此都会更好。周老师,您在预防考前焦虑方面,可以给家长们哪些建议?

周金中　关于考前焦虑,我想到的是往届我遇到的一个焦虑学生和他的家长的故事。该学生来自外市,初中在某初中就读,后来顺利考上了重点中学。孩子学习认真,有良好的学习习惯。从高三上学期开始,学生成绩始终维持在500名左右。她母亲十分焦虑,每次收到成绩,她就打电话来问孩子的学习情况,谈着谈着就会哭起来。孩子也经不住母亲的过度关心、指导,对母亲不是沉默,就是发火和大哭。最后经家庭会议协商,高考前一个多月,母亲参加了疗养的旅行,与孩子分开一段时间,最后孩子如愿考入重点大学。前不久母亲谈及此事,说很幸运孩子在那个阶段有老师的陪伴,有自己的离场。所以,父母假如不能控制自己的情绪,不妨保持适度的距离,以减少负面情绪对孩子的影响。

结合这个故事,我觉得至少有三个方面的工作可以做:

第一,家长多陪伴沟通。焦虑的家长要想办法减少自己的焦虑情绪造成对孩子的不利影响。多年的班主任工作中,我们可以看到,很多焦虑学生的背后都有焦虑的家长。实在克制不住自己焦虑情绪的家长,在关键的阶段采用回避的方式未尝不是一个合适的选择。尤其是高中生,他们绝大多数都能解决好自己的焦虑问题,家长的"安慰"往往起到的是负面作用。

第二,家长要关注孩子的心理状态,并及时反馈给班主任和任课教师。帮助孩子缓解考前焦虑要学会用合力。班主任解压谈话、学情分析,任课老师的个性化疏解,都会起到一定的作用。我带的2017届学生中有一个考前比较焦虑的学生,高三下学期她要求我每次活动课陪她到操场跑步。2020届学生中,有个学生每次大考前都要找心理辅导王老师倾诉,高考前也不例外。他们都平安地度过了考前焦虑危险期。

第三,家长和老师都不能缓解症状时,还是要求助专业医生,千万不能讳疾忌医。很多时候,医生开的"中药"、心理医生的"安慰剂"都能派上大用场。任何时候,我们都不能断了孩子"求助"的路。

胡　波　是的,我们要学会正视焦虑、接纳焦虑。有时候,适度焦虑也是有益的。它能使我们保持警觉、激发潜能,调整至积极的身心状态,让注意力更加集中。徐老师也是高中老师,恰好是高三毕业班班主任,请您给我们一些好的建议。

徐春香　我觉得,家长要做到的是,避免自己孩子的学习节奏被"别人家的孩子"打乱。优秀从来就没有一个普世的标准。中国的孩子多数都会被与"别人家孩子"相比较。父母们不能看着某些同学特别努力,就催促自己的孩子赶上人家的节奏。就如风靡世界的NBA(美国职业篮球联赛)一样,每支队伍都有自己的比赛节奏。关键时刻,如果节奏被对手打乱,那离崩盘也就不远了。每个孩子的特点不同,所选的学科也不一样,学习节奏自然不会整齐划一。进入五月,孩子的知识结构已基本形成,此时要做的是如何以稳定的心态发挥自己的实际水平。最不可取的做法是,看着别人努力,自己异常焦虑却无法付诸行动。

胡 波 让孩子们看到自己,明确自己的方向,这样才能端正自己的学习态度,放平自己的心态,更从容地去面对考试。感谢徐老师的建议。王老师,很想听听您建议家长怎么做。

王 飞 作为家长,心中有焦虑情绪是可以理解的,但无论如何不能在孩子面前表现出来。我们要做到内紧外松,在言行上保持常态,做好稳定孩子情绪的压舱石。

如果把升学考比作将要驾车驶过崎岖不平的山路,这时,副驾驶座上的人不停地说:"慢点!刹车!你这样开不行!"那驾驶员开车的时候还能安心吗?不如告诉他:"你放心开吧,我在看着路呢。"家有考生的家长,不要用力过猛,不要总是把"不要紧张,别有压力,考不好也没关系"等话挂在嘴上。就像一个第一次开山路的驾驶员,你越是强调,他越是紧张,还不如做一个安静的、平和的副驾驶。同时,你也告诉孩子,不管发生什么事情,家长在支持你,在陪伴着你,给你力量。

胡　波　是的。静静地陪伴、保持适度的距离是我们跟孩子比较好的相处模式。这也是安心的《在远远的背后带领》这本书带给我们的启示。焦虑是一种情绪，一种心理现象，徐老师是国家二级心理咨询师，您能从这方面给我们一点启示吗？

徐春香　的确是这么回事。无论是耶克斯－多德森的焦虑曲线，还是我们的中庸之道，都在提醒我们，凡事都得寻找一个平衡点，不足和太多都不可取。孩子面临大考，大多数家长们都很关注。在哪方面关注呢？学习管不上，只好关注饮食和睡眠。我们班上的一位妈妈每天琢磨给孩子增加营养，人参蜜、虫草、燕窝、海参……她就像电视剧《小欢喜》里的英子妈妈一样，还给孩子食用各种抗疲劳的保健品。孩子不仅在家里吃，还得带到学校来吃，甚至每天给我打电话让我盯着孩子吃营养品，生怕孩子营养跟不上，影响学习。睡眠也是。孩子稍微晚睡一点，她就一遍一遍地提醒孩子该睡觉了，第二天必定给我打电话，让我关注孩子的听课状态。其实，正常情况下，青春期孩子的精力和体力都非常充沛，完全能够应对这样的考试强度。特意加强营养本身就是对考试重要性的暗示，容易加重孩子的考试焦虑情绪。另外，短时间内突然加强营养也容易扰乱孩子的内分泌系统，进而影响孩子的植物神经系统，引发过度的焦虑情绪。睡眠方面，以青春期孩子的精力和体力，偶尔晚睡不大会影响考试水平。其实，影响孩子考试水平的不是晚睡本身，而是认为自己晚睡而必定考不好的想法。

胡　波　感谢徐老师的温馨建议，今天太有收获了。我们如果太过关注，

	有时反而会影响孩子的状态,给他造成一定的心理负担。徐教授在心理健康这一方面也是很有研究的。有请徐老师给我们做指导。
徐晓虹	首先,非常赞同徐老师提出的耶克斯－多德森定律,也叫倒 U 字形定律。它向我们显示,适度的考试焦虑会使学生发挥出最佳的水平。所以,不要谈焦虑色变。第二个理论,考试焦虑影响认知反应。这种认知反应在一定程度上唤醒了一些躯体的生理反应。这三个维度是互相影响的。第三个理论是考试焦虑最重要的因素,即家长的期望水平。考试成绩下降,就会因没有达到期望水平而产生焦虑。所以,我们要对家长做一些心理辅导,让家长做好预防考前焦虑的准备。这是非常有必要的。

学生如何缓解考试焦虑

胡　波	刚才,我们都是从家长的角度谈了哪些事情不要做,哪些事情可以做。但是我们别忘了,考试真正的主角是孩子。作为主体,学生该如何调节自己的焦虑情绪呢?首先,请徐老师来谈谈,您在帮助学生缓解考试焦虑情绪上的心得和体会。
徐春香	孩子考前过度焦虑往往是因为觉得考试太重要,自己无法胜任。更焦虑的是,别人都在如火如荼地复习迎考,只有自己根本不在状态。想学学不进,想放放不了,异常着急,却不知如何是好,情绪很难控制。其实,缓解焦虑的办法很多,比较简单好用的办法

是倾诉。很多问题并不需要解决方法。只要说出来,孩子就会轻松很多。首先,孩子要学会寻找自己的支持系统,比如父母。有些孩子很懂事,怕家长担心,或者怕父母不理解,所以不愿意把自己的焦虑和不安跟家长讲。同样,重视孩子的家长又会时不时地向孩子向强调考试的重要性、复习的重要性,从而加重孩子的焦虑情绪。这时候,如果孩子选择跟父母倾诉自己的压力与烦恼,父母不仅会安慰孩子,同时也会改变自己的行为,减少对孩子施加压力。

中学生的"重要他人"并不是父母,而是同学。所以,孩子可以选择向同学倾诉。它最大的好处是,孩子会发现其实大家都一样,别人并没比自己好多少。焦虑情绪的形成,多数源于自我与他人的差异不能被自己接受。当学生发现,自己的焦虑情绪具有普遍性时,就更容易接受自己的情绪状态。而一旦焦虑情绪被自我接纳,那其产生的负面影响就会降低很多。

另外,孩子也可以向老师倾诉。老师面对的都是这个年龄段的孩子,大多数老师对考前焦虑的表现比较熟悉。他们不仅可以做一个很好的倾听者,也会给出比较合理的调整建议。尤其是班主任,在跟孩子朝夕相处时,对孩子的了解程度可能比父母还要深入。所以,老师在帮助孩子找寻对策的时候,也许会更具有针对性。如果孩子觉得实在没法开口,也可以向学校的心理老师求助。他们可以提供更专业的帮助。另外,如果孩子在熟人面前有顾虑,还可以求助各区的心理热线。有时候,同样一种方法,不同的人说出来,所起的效果就是不一样。

此外，适度的情绪宣泄也是缓解焦虑、保持心理平衡的重要方法。如果孩子的内心憋得难受，又无法与人倾诉，可以来一场安全而酣畅的运动。大汗淋漓后，多巴胺大量分泌，人会变得开心愉悦，焦虑情绪会得到很好的释放。孩子也可以弹琴、唱歌、画画，或者找一个适宜的地方，放声大哭或大笑，以宣泄自己内心的不平。当然，孩子也可以选择大吃一顿，买件心仪的物品，到心理教室打打沙袋等。需要注意的是，在孩子宣泄情绪的过程中，老师或家长必须确保其安全。不要担心这样的活动会影响学习时间。只要保持稳定的情绪，孩子基本都能发挥出自己的水平。

胡 波 说得没错！我觉得，无论是考试前，还是考试时，尤其是在考场上，如果孩子出现过度焦虑情绪，我们还是需要通过专业的心理放松术来帮助其平稳情绪。今天，徐老师要现场来教我们做一些简单易行的心理放松操。我们一起来跟着学学吧。

徐春香 如果是临场焦虑，限于场地与时间，建议采用健脑操、想象放松术、深呼吸放松术、肌肉放松术等方式。健脑操包括鸣天鼓、耳部按摩、提腿摸膝等动作，适合考试开始前重复练习。

想象放松术指的是轻闭双眼，想象最能让自己感到舒适、惬意和放松的情境，通常是在海边。深呼吸放松术也就是瑜伽呼吸术，要求身体尽量放松，用鼻吸气，用嘴吐气，连续做几次平静而深邃的呼吸。如果在考场，可以选择肌肉放松术。具体的办法是，一般可以先让双手紧紧握拳20秒，然后缓慢放开，重复几次。如果不在考场，也可以尝试其他部位的肌肉放松练习。

胡　波　感谢徐老师！我们学到了非常实用的放松操。不仅学生可以用它,我觉得有时候我们家长紧张焦虑了也能试试。周老师对此也有自己的研究,请您跟我们分享一下。

周金中　我班的一个孩子在中考科学考试结束后,跟我说:"我一拿到科学试卷,手就一直抖。我越是克制,就抖得越厉害。我心想,科学是我的强项啊,我还指望着科学能够给我的总分添砖加瓦呢!这时,我突然想到考前班会课的时候您说过的几个方法。于是,我干脆闭上眼睛,想象大草原上美好的风景——碧空如洗,绿草丰茂,牛羊成群,河流蜿蜒曲折……几分钟后,我的手不抖了。于是,我开始做题。我从最简单的题目开始,一边做一边对自己说:'这题目那么简单!'后来,我就得心应手了,我感觉我发挥得挺好的。"

这名同学采用了"翱翔法"让自己的情绪快速平复后,又用"化简法",让自己的思维活跃起来,迅速地适应了考试节奏。

另一名学生用了一招:把舌头顶在上颚这里,它可以缓解焦虑。我特别要指出的是,我们在考试的时候,有时会遇到卡题时的情况,该怎么办? 不要因为这一题而影响后面的题目,先做会做的题。或者进行自我安慰:我做不出来,别人也做不出来的。家长在这个时候要有边界感,不要瞎指挥,不然反而会让孩子不知所措,从而导致考试焦虑情绪无法得到缓解。

胡　波　其实,当我们把担忧转变为行动,增加掌控力,改变认知,调整好心态,做好充分的准备,设定合适的目标,掌握一些基础的应对方法,孩子们一定能顺利地度过充实的应考季。徐教授作为省、

	市两级的家庭教育指导中心成员、省优秀心理健康教育工作者,考虑非常周到。她想利用多米诺骨牌效应,和孩子们谈谈考后如何缓解焦虑情绪。
徐晓虹	经过调查发现,面临中考、高考时,有的孩子在强项学科失手后,就会引发多米诺骨牌效应:一门考差,后面全部失手。那么,如何消除这个隐患呢?第一,要防患于未然。在考试之前先喝杯水,因为适量的喝水可以平复心情,有效缓解焦虑。第二,就是适度遗忘。考完一门,扔掉一门,不对答案、不回忆、不反思,尽量不影响后面考试的情绪。第三,自我安慰法。假如没发挥好,你就对自己说:"我考砸,别人也会考砸。我不会,人家也不会,我们是一样的。"第四,就是心理暗示,利用期望效应告诉自己,失手只是偶然。没关系,相信自己在接下来的考试中能超常发挥。
胡 波	各位家长,孩子的人生是一场马拉松。马拉松比赛向来没人抢跑,因为绝不会"输在起跑线上"。所以,家长在和孩子一起应对考试焦虑的过程中,要给孩子积极应援,教孩子同焦虑和解。这样才能让他们以最好的状态迎接各种考验。所谓"育分",先要"育人"。拥有良好稳定的心理素质、积极乐观的心态、平和淡然的处世态度,这是孩子最重要的"分数"。当拥有了这样的素养之后,学生的考试焦虑情绪自然就得到缓解了。那么,最后我们一起来听听周老师2020届的毕业生,目前就读于北京大学的姚同学:请她学弟学妹们来鼓劲加油。
姚同学	大家好。我觉得考前焦虑很多人都会有。我以前也有,遇到考试满头大汗,十分急躁。后来与老师、家长一起调整,遇到问题先让

自己冷静下来,深呼吸、调整心态,情绪就慢慢趋于稳定了。所以想跟学弟学妹们说,遇上重要考试,保持良好的心态,不急不躁,一切都是我们最宝贵的经历和财富!祝愿大家考试顺利!

胡　波　感谢姚同学的云端祝福,希望今天我们的"班主任茶座"能带给正在如火如荼地备考的家长和孩子们一种拨云见日的感觉。希望我们每个家庭,都能顺利地度过这一个个重要的关卡,积极迎接属于大家的崭新的人生阶段。

家校沟通小贴士

面对考前焦虑,家长可以这样做

1. 面对考试,家长自己首先要调整心态,不可自乱阵脚。过度焦虑、不停唠叨、过分关心、过高期待都是我们要避免的雷区。

2. 对待孩子的焦虑情绪,家长要外松内紧,必要时给予孩子帮助。家长多陪伴沟通,关注孩子的心理状态,有需要时及时反馈给老师。如果家长和老师都不能缓解症状时,还是要求助专业医生。

3. 可以通过引导,让孩子学习一些缓解焦虑的方法,给孩子提供一些倾诉和宣泄的合理渠道,有必要时让孩子学习一些心理放松操等。

4. 从长远来看,拥有良好稳定的心理素质、积极乐观的心态、平和淡然的处世态度,是孩子最重要的"分数"。

六

家长如何与孩子谈"情"说"爱"

主持人

陈家晶 初中教师,高级教师,浙江省教坛新秀,宁波市名师,宁波市王宽诚育才教师。

孩子学习"爱"的最早场所是家庭。

茶座嘉宾

石晓为 初中教师,高级教师,宁波市首届名班主任,宁波市首批名班主任工作室领衔人,浙江省中小学师德楷模,全国优秀教师。

了解变化,尊重规律,更懂孩子的心。

林琼媛 初中教师,宁波市名班主任,宁波市王宽诚育才教师,鄞州区优秀德育导师、鄞州"四有"好老师。

感性的情感冲动,理性的行为克制。

点评专家

程志国 高校教研室主任,思想政治教育博士,宁波市家庭教育智库专家。

青春萌动,健康成长,顺势而为。

❶ 孩子们的"恋爱观"

陈家晶   家庭是孩子们学习"爱"的场所。家长如何给孩子正确的示范，让孩子学会爱，正确地表达爱呢？

前几天，我看到一个初一学生发了个朋友圈，大意就是班里的一个男孩子公开向一个女孩子表达了好感。女孩很优秀，男孩很大胆，同学很关注。我突然意识到，这些看着憨憨的孩子们已经长大了。

今天，我们邀请到了几位嘉宾。大家在日常的工作、生活中都会接触到许多刚刚步入青春期的孩子。相信大家对这样的情况应该不陌生吧！你们怎么看呢？

林琼媛   小学高年级到初中，孩子们逐渐进入了青春期。青春期孩子似乎不可避免地会碰到一些情感上的问题。这类问题已经成为孩子们在青春期人际关系中最主要的问题。

陈家晶   在您任教过程中，有没有哪个孩子给您留下了比较深刻的印象？

林琼媛   上届有个比较稚嫩的男孩比较贪玩，他的父母平时操心最多的是手机管控。可有一次，男孩买了一大堆零食当众送给一个女生表达好感，吓得女生掉头逃走了。男孩觉得很没面子，结果当晚离家出走，过了好几天才回家。为什么印象会比较深刻呢？因为这个男孩给我们的感觉不太成熟，比如沉迷手机、上课不认真，平时也有一起玩的男生小团体，没有任何这方面的征兆。他父母都觉得儿子还很幼稚，不可能会有这个念头。

石晓为   是的。很多时候，我们觉得不可能发生的情感萌动其实在小学高段孩子中已经初露端倪。初中生中,青春期情感的变化更是普遍。于我而言,印象最深的不是孩子们的某个情感问题,而是他们对谁和谁密切交往的关注。基于我近三十年和初中生打交道的经历,进入初中的孩子,不管成不成熟,他们都比较关注这个问题,甚至远远超过对哪项活动或哪场比赛的关心程度。他们在遇到情感问题时引起的情绪影响程度,也远远高于某次考试没考好或哪一道题目不会做引起的心理波动。我不能把他们这个阶段对异性的情感称之为爱情,多数孩子想的和我们成年人脑中想着的爱情不是一回事。但在这些十几岁的孩子的心中,这是和之前男女生之间的友谊不一样的感情。他们也不常用"爱"这个字,他们会说"喜欢"。

陈家晶 从两位老师的分享中,我们看到无论是幼稚的孩子,还是懂事的孩子,都会遇到情感困惑,甚至懂事的孩子会在受挫后有更大的情绪波动。程博士,您对这些现象和案例有什么看法呢?

程志国 几位老师分享的案例都展示了青春期学生的典型特点。

首先,学生的这些表现是普遍的。这时的学生处于"青春期前期",生理发育,心理成长,荷尔蒙开始发挥作用。从发展心理学的角度来说,在孩子的心理发展过程中,有两个阶段是特殊的,分别是 2~5 岁和 12~15 岁。这两个阶段有共同的表现,就是性情急躁、不听话、不愿让别人干涉他们的事。比如在 2~5 岁时,孩子的主要表现是什么事都要自己做。比如孩子吃饭,大人想帮助他,但孩子硬是要自己吃,否则会大哭大闹。本来很听话的孩子也常常哭闹反抗,执拗得很。同样,青春期的孩子也比较敏感,他们逐渐具有自主的意识。他们总认为自己长大了,不需要家长或老师的帮助和教育,认为大人的提醒是多余的,在思想、情绪上变得躁动不安。有时候,孩子还向大人们大发脾气,听不进别人的忠告、劝谏,有事也不和父母、老师商量,而且还感情用事。如果这时我们采取简单粗暴的方式,便会加剧学生的情感反应。

其次,学生的这些表现也是正常的。青春期一共分为三个阶段,分别是青春期前期、中期和后期。这个阶段最突出的表现就是在人际关系上开始关注异性交往。面对这种变化,家长首先要接受,这是孩子成长的必经阶段,家长也不用过于紧张和担心。但是,要注意学生异性交往的两种不良现象:一是惧怕与异性交往,把异性交往视为病态;二是异性之间交往过于亲密,陷入青春期恋情,忽视更大范围的同伴交往、师生交往和亲子交往。这两种现象都可能带来比较消极的影响。这个阶段的学生必须学会处理友情、爱情的关系,才能顺利度过青春期,确保身心健康发展。

家长如何与孩子沟通情感问题

陈家晶 父母与孩子关于"谈情说爱"的话题交流并不是要等到孩子进入青春期后才开始。其实,我们可以从娃娃时就开始。帮助孩子从小建立性别意识。每个年龄段的孩子都有可以理解的内容。越早大大方方地谈论这个话题,越容易在孩子心中建立健康的友情观、爱情观。我们也会发现,很多家长在孩子小的时候会和孩子说:"你在幼儿园里有没有女朋友啊?""小学里,你最喜欢哪个男孩啊?"到了初中,家长们反而不知道该怎么和孩子聊这个话题了。这是怎么回事呢?

程志国 处于青春期的学生,个人意识凸显,他们有两个特点,家长与孩子交往中要特别重视。

第一,学生的心理发展表现为自我意识的觉醒,在思想意识上容易形成几种矛盾心理和心结,比如独立性与依赖性的矛盾、成人感与幼稚感的矛盾、开放性与封闭性的矛盾、自制性与冲动性的矛盾等。这个时期,孩子是矛盾的,需要家长的引导和帮助,不能置之不理,要积极调整跟孩子互动的方式,否则就会造成孩子产生认知或行为方面的偏差,严重的还会引发青少年问题。

第二,这个阶段的学生在社会交往中,开始关注个人和群体的关系,寻求认同和自我价值。他们在小学时,追求理想可能只是一种概念,但这个阶段的学生开始探索自己的优势和价值。有时,学生得不到家长的认同,就容易激化这种矛盾。有些学生为了表明自己有价值、有优势,就会以"炫富"的方式来营造自我优越感,或者以故意"炫坏"、表现"另类"的方式来寻求关注,获得满足感。这个阶段的学生总觉得父母不爱自己,其他人也不关心自己。

陈家晶 情感话题的打开确实是需要氛围和铺垫的。随着孩子自我意识的觉醒、隐私意识的增强,家长不能再"口无遮拦"了。而原来与孩子沟通少的家长,就可能更加尴尬了。孩子一回家,就把门一关,毫无交流。怎么破解呢?

林琼媛 进入青春期的孩子,正经历着情感上的变化,这是规律,我们不能违背。而新一代比我们这一代更崇尚彰显个性,更清楚明确地表达自己的喜恶,这是事实,我们要尊重。情感的需求是孩子成长的一种标志,我们要正视孩子们的情感需求,并及时在沟通交流中给出引导。这样做才能更好地帮助孩子们的身心得到发展。当我们本着严肃、认真、活泼、团结的态度,和孩子们一起把它当作一门学科去科学地对待时,孩子们才更有可能越来越愿意同我们讨论、交流。

石晓为 这个我很认同。亲子之间交流,特别是青春期话题的交流,是否顺畅,关键还在于家长。我曾经的学生远远,他的家长与孩子沟通的难度在于家长有强烈的心理暗示,觉得自己不善沟通。孩子从小到大也一直更喜欢独处。他们觉得和父母一样,孩子不算太外向,但在小范围的朋友圈里也足够坦诚。当我和家长说孩子与班级里一女生有相对明显的恋爱状况时,父母大吃一惊。他们的反应是,他们自己都特别晚熟,属于不会找对象那一类,所以亲子之间几乎没有就情感话题有过任何交流。按他妈妈的话来说:"我们从来没担心过他会早早出现恋爱倾向。我们一直担心他也和我们一样晚熟,大学毕业还不知道怎么找对象。"

我想,很可能正是因为家里几乎没有任何情感话题的交流,看似情商不在线的他反而更渴望有比较亲密的情感分享对象,弥补家里情感交流方面的不足。家长不可以根据自己的经历和经验来预设孩子的成长。

陈家晶　　那石老师，刚才您也说了，远远的父母说自己不善言辞，不知道怎么沟通。你当时给他们提了什么好的建议吗？

石晓为　　说实话，家长的个性、习惯根深蒂固，要一下子改变是非常困难的。所以，我也是借这个案例想给收看这个节目的家长说，不要太放大自己的不擅长。比如远远父母，一再强调了自己不善言辞，在与孩子沟通方面采取了比较"鸵鸟"的策略。到了不得不说时，就不知道如何和孩子交流，甚至害怕和孩子开口谈情感。当时，我还是鼓励他们，如果真想和孩子交流，就要勇敢迈出第一步。如果觉得非常困难，那是不是可以发挥自己的教育背景优势，以写代说？即便孩子嘴上可能没有回应，心里多少会有触动的。作为一种间接沟通的方式，写信可以成为一种不错的补充沟通方式。

陈家晶　　那两位班主任，如果家长既不善言辞，又不擅长写信，怎么办？

石晓为　　首先是不要焦虑。因为我们都是第一次做父母，并且每个孩子的情况各不一样，不见得都能照搬照抄。但至少有一点可以共享：带着"吾家有儿（女）初长成"的欣喜去看待孩子在儿女情长上出现的变化，给孩子足够的安全感。

就像你刚才谈到的，我们很多家长在孩子小的时候，还会和孩子说说"你在幼儿园里有没有女朋友啊？""小学里你最喜欢哪个男孩子啊？"，基本是逗娃玩。孩子那时并没有这个意识，家长也觉得很安全。但是到了初中，家长心里忐忑了：这一问问出个真实答案怎么办？孩子有答案了，不告诉你怎么办？说到底，家长还没有做好应对孩子成长的心理准备呐。

很多家长总抱着侥幸心理，觉得或者希望自己孩子会做到"读书的时候就一门心思读书，读完书了就好好工作，工作了就该考虑结婚生娃"。事实上，孩子的情感成长哪有这么按部就班？

家长心里没底，不安全感就产生了，内心也会不由自主地放大由初中学生情感问题带来的负面效果，容易用成人的眼光去判断、衡量初中生懵懂的感情。这样也很难给孩子安全感。如果能带着"我家宝贝长大了"的心态和孩子好好沟通，对孩子和自己来说都是一个学习的过程。

陈家晶　能具体展开说说吗？

石晓为　某一天，一名品学兼优的初一男生小田情绪特别不好，上课无精打采，下课在教室里的过道来回走动，唉声叹气说自己"自闭"了。班上同学告诉我："老师，你别说他，他这么不高兴是因为他失恋了。"说实话，我那时心里既有点吃惊，又觉得有些好笑：这新班级组建也才一个月多，他就经历了从"恋上"到"失恋"的过程了？但是，我依然很高兴，孩子能开口把情绪糟糕的前因后果讲出来——一方面当然是因为他太难受了，需要一个情绪宣泄的出口；另一方面也是他觉得一个多月接触下来，老师是安全的。他对老师和学校有信任感。也正是基于这样的信任，以及我对他父母的了解，我鼓励他和家长主动交流。当然，最后这件事情得到良好沟通的关键还在于小田父母的重视。在与我沟通之后，其父母主观上都很积极地去跟进。

这对父母在孩子出现情感问题时的应对积极又包容。即使以前从没谈论，也能及时跟进孩子的需求，并提供情绪上的支持。他们把本来已经很被动的局面积极主动地转成了水到渠成的、合适的教育时机了，也说明他们之前的亲子交流基础打得很好。

林琼媛 小学的时候，大家都比较单纯，像小田这样的孩子之前完全没有男女生交往的情况，也不是那种回家就叽叽喳喳的孩子，啥都和家长说。家长即使想早点聊起这个话题，也很难有个开场白。其实，这也很正常，家长不用太自责。世上没有完美的父母。但只要有心，我们总是能找到和孩子沟通的契机。

陈家晶 如果两位班主任掌握相关"恋情"的情况以后，是不是都会和家长反映，让家长来干预呢？

林琼媛 也不尽然，要分情况。遇到思想较开明和宽容的家长，尤其是他们一观察到孩子的变化就主动与我联系的，我会和他统一战线、共同配合、及时沟通，把工作开展得更好。学生中出现的情感问题，许多是和家庭中存在的问题有关的。知道症结所在，可以共同努力，容易对症下药。但如果家长在面对自己孩子的问题时，无法冷静从容，很容易急躁粗暴，又缺乏相关的心理学、教育学知识，我还是会慎重考虑是否与家长马上联系。

当然也得看孩子的情况。有些孩子比较内敛、成熟，自己很有主张，总体也有分寸，非常抗拒老师和家长的干涉。这种情况下，我们会建议家长哪怕已有所察觉，也要"懂装不懂"，多关心孩子的心理需要，必要时再出场。

其实，我们要从孩子小时候就有意识地加以引导。当青春期孩子抗拒交流的时候，我们更多能做的是默默观察、远远守望。只要心里知道孩子是安全的，就给他们一些空间。孩子成长过程中，很重要的是自我成长，需要有自己的秘密。没有秘密的孩子也是长不大的。

程志国 我认为，教师和家长不能忽视对学生学习和情绪的关注，不能单做"侦察兵"。要有意识地去关注学生的言行举止，以此来分析他们的心理活动。对于情绪调控不佳的学生，教师和家长应当及时沟通、相互配合，给予他们更多情感上的关怀，弥补他们心理关怀中的空缺，并告知调控情绪的有效方法，帮助他们提高自我调适的能力。在这种心理关怀的形式下，学生往往能够从教师和家长身上接收到更多的尊重和关怀。这不仅能够让他们主动敞开心扉，也能使他们逐渐走出心理情绪的困境，更好地融入集体大家庭，顺利完成社会化。

人生必修课 —— 恋爱课

陈家晶 男女生交往，关键还是一个"度"的问题。当然，我对中学男女生的交往持有更加乐观的态度。因为，大部分孩子的异性交往属于正常交往。在我们的物质生活得到满足之后，人们的需求自然而然地就往精神和情感等高层次的需求上发展了。特别是青春期，出于纯粹地对异性同学的欣赏而发展的情感萌动可能也是很多家长美好的青春记忆。因此，我觉得，我们不必急着去表态和干涉。有时候这正是个契机。特别是从小到大都没有怎么做好这方面教育的家长，更要把握好这个与孩子探讨爱情观、进行性教育的最佳机会。恋爱是一堂人生的必修课,家长是最适合和孩子"谈情说爱"的人。

石晓为 是的。因为文化习俗,也因为孩子个体身心发育的差异,家庭是比学校更容易开展个性化教育引导的地方。男女生理、性格、社会角色的差异,男生、女生交往的分寸感,"男女有别"的意识及"男女搭配"的意义……很多话题因为孩子的成熟度不一样,在学校群体中很难有针对性开展教育。家才是孩子更放松、更能大大方方说敏感话题的地方。

初中生口里的"他们很要好",很可能只是做值日后两个人蹦蹦跳跳地一起去食堂吃饭;他们嘴里说的前男友很可能是前同桌,只不过同桌时多说了几句话。但初中生中也确实存在恋爱的情况,有些甚至比较"社会",在公众场合出双入对等,所以具体问题,还得具体分析。学校教育能很大程度上解决共性的问题。但作为家长,对自己家的孩子还是要因材施教,让家成为经常讨论、面对问题、解决问题的地方。

林琼媛 如果他们愿意问父母任何有关于爱情或性的话题,不要避重就轻,要认真回答孩子的问题。这么好的了解孩子、引导孩子、给予青春前期孩子了解有关爱情和性的教育机会不要错过。这个时期你对孩子越是坦然,孩子在今后遇到问题时也能更坦然地去面对。即使你无法解决,他也能学会坦然求助于你。让孩子有安全感,对他们的健康成长意义重大。

陈家晶 分享一个我同事和他儿子的故事。这位爸爸当时从班主任处得知儿子有情况的时候,也表示有点担忧的。但是他一回到家,没急着找儿子,而是和老婆先达成共识,然后两个人决定由老爸出面和孩子谈。而另一边,儿子也知道爸爸妈妈已经知道了,心理防线很牢固。这位爸爸当时的开场白特别生动:"喂!小子,听说你有女朋友了?谈恋爱可以,但这个彩礼钱你老爸我还没给你准备呢。你要靠自己的努力挣钱哟。不过,你这眼光到底行不行啊?要不啥时候请回家给老爸我看看?"爸爸一调侃,孩子的心理压力就小了。

其实,这段开场白虽然带有戏谑的成分,但传递出了两个很关键的信息:我认可,你放心;我很爱你,只是担心你。

爸爸的态度让孩子感到意外,因为在他的预想里,父母得知此事一定会极力反对。家长的态度变了,孩子的心扉就打开了,反而有利于父子之间展开更深入的交流。程博士,同样作为孩子的父亲,你会怎么处理呢?

程志国 家庭是一个整体,每个角色都要发挥作用。我不但需要孩子参与到家庭生活,孩子的感情发展、异性交往也是家庭关注的重要部分。在平时的家庭活动中,要接纳孩子的同伴、异性朋友,把孩子的生活纳入家庭生活。家庭活动不能都是家长的内容。比如与孩子沟通后,邀请同伴或异性同学到家里过生日,鼓励正常交往。家长对于孩子的情况不能过于敏感,更不能夸大。孩子有自己的朋友关系、师生关系、亲子关系,扮演好各种角色、行为得体,这是底线。家长们只要守住底线,即使孩子有一点困惑,也不用过于担心。在成长中,孩子要学会坚韧、克制,更需要具备独立解决问题的能力。

陈家晶	我听出来了。无论家长支不支持孩子的交往,都需要守住一些底线,和孩子们"约法三章"的。
石晓为	有些家长看到孩子学习成绩好,就算知道孩子有恋爱倾向或行动,也觉得没有什么问题,甚至窃喜:看来是找了个学霸,起促进作用了,挺好啊!而一旦学习差了,他们的内心又鄙夷:心思野了,小孩子书不好好读,这么早就想着找对象。对孩子各方面的引导缺少连贯性。这会让孩子觉得你的教育引少了可信度,这样就容易治标不治本,甚至"标"都治不了。如果大家达成一致,哪些事情可以做,哪些事情不可以做,那么就不能因为成绩好或不好随意去更改这些规则。我们要尊重原则,也要敬畏原则。
林琼嫒	那我再补充一条:教会孩子保护自己,尤其是在网络时代。不要在网络上发布一些涉及隐私的照片,比如说 QQ 空间、微信朋友圈等,一旦发布,可能后果不堪设想。互联网是有记忆的,容易被转发,即使删除了信息,也会有截图。它们就像一个个烙印一样,会导致很多网络暴力席卷而来,甚至让孩子为此付出惨重的代价。
石晓为	同样重要的是,性教育一定要跟上。我们的文化、我们的习俗决定了目前对青少年的性教育依然是滞后的。面对现实,我们能做的是,让家庭成为孩子性教育的第一所学校,让父母成为孩子性教育的第一任老师。孩子能够与父母或其他可信赖的成年人讨论性问题,了解一定的性知识,他们被诱惑甚至性侵犯的风险就小得多。有些男生的家长依然会有"我们是男孩子,反正不吃亏"的想法,这不光思想落伍而且是错误的。在性教育上,男女

一样重要。事实上,权威数据表明:男孩更容易受到性侵伤害。

程志国 恋爱辅导属于心理健康教育。要引导学生正确认识自我、发展自我和完善自我,从而使学生避免产生自我混乱与角色错位。首先,要正确面对孩子的变化,科学应对。以异性交往为抓手,引导孩子关注更广泛的人际交往,处理好学习、休闲、感情发展的关系。其次,是教会孩子明确自我意识,正确处理自我意识、人际交往、情绪管理、学习心理等,引导孩子积极参与社团活动。最后,要从孩子的成长需要出发,依据青春期心理特点,巧妙利用日常生活中的机会加以教育。所谓"亲其师,信其道",只有这样,才能让学生从"他知道"到"他相信",将积极的成长理念、学习知识、交往知识内化为正确的价值观,并外化为正确言行,让孩子成长为有责任、有担当的合格公民。

陈家晶 充满爱的原生家庭,就是给孩子最好的教育土壤。爱是天赋,但也需要学习。爱情是一门我们毕生都要研习的功课。我们常常说,最好的爱是适合的爱,而适合的前提是了解。我们的父母同样需要了解自己的孩子,并潜移默化地传递给孩子们健康的爱情观,一同去学习爱与被爱,去掌握获取幸福的密码。

家校沟通小贴士

如何与孩子"谈情说爱"

1. 无论孩子成熟或是幼稚,产生情感困惑是一种普遍现象。要用坦然的心态去看待、接纳孩子成长中必经的情感需求。

2. 无论是什么样的沟通,轻松安全的家庭氛围是沟通的前提。如果父母不善沟通,仔细地观察、远远地守望,确认孩子处于安全的位置,给孩子成长的空间,也是一种方式。

3. 明确底线原则、约法三章、学习必备的性知识……让孩子在"谈情说爱"中懂得承担责任,学会健康交往。

七

好习惯 好人生
——小学生学习习惯的养成

主持人

任　洁　　小学教师,宁波市首届新秀班主任,鄞州区首届名班主任,鄞州区骨干班主任。

纳百川,容学问,立德行,善人品。

茶座嘉宾

邬敏敏　　小学教师,浙江省教改之星,宁波市第二届名班主任。

真正的教育就是唤醒孩子内心真善美的种子。

李建军　　初中教师,宁波市第二届名班主任。

处无为之事,行不言之教。

点评专家

林　雯　　高校心理学讲师,教育学博士,心理学硕士。

有教无类。

理解学习习惯

任　洁　随着家长对孩子学习关注度的提升,家长不再一味关注孩子的成绩,而是更关注孩子的学习习惯。让我们听听各位嘉宾对学习习惯有着怎样的理解。

邬敏敏　学习习惯是在学习过程中经过反复练习形成,并发展成为一种个体需要的自动化学习的行为方式。小学阶段,孩子要养成多种学习习惯,比如上课倾听习惯、书写习惯、阅读习惯、时间规划习惯等。这些习惯的养成,会为孩子以后的学习打下良好的基础。只有养成了良好的学习习惯,孩子在学习的道路上才能更加自主和独立,家长也会更加轻松。

我有个学生。低段时,他学习成绩不是特别理想,但家长特别重视学习习惯的养成,基础打得特别扎实。到了中高段,他的学习成绩呈上升趋势,而且后劲很足,学得越来越轻松,每天还能抽出时间坚持运动。我也遇到过这样的学生,他低段时成绩不错,但比较贪玩,上课坐不住,作业也是敷衍了事。期末快到了才开始奋起直追,总算勉强达到"优秀"。但到了中高段,他学习上就越来越跟不上节奏了。特别是到了周末,他不是这个作业忘做,就是那个作业忘带,成绩也呈下降趋势。看到这样的学生,我感到有点惋惜。如果他能养成好的学习习惯,到了高段或许就不会这样了。

任　洁　小学阶段学习习惯的养成,对于学生初中时期的学习有着十分重要的作用,那它们之间有什么必然的联系呢?李老师曾经教过六年级学生,现在担任初中语文教师,请李老师来谈谈。

李建军 著名教育家叶圣陶提出,教育就是培养习惯。习惯是人的第二天性,悄悄控制着人的命运。

从初中老师的角度来看,如果小学学习习惯培养得好,孩子读中学就比较轻松,父母也不用那么操心。孩子的学习会较快进入一个良性循环中,否则,孩子进入初中后会比较吃力。再以书写习惯为例,刚毕业的一个学生平时语文成绩并不理想,及格分却很难考到。但他的书写习惯非常好,每次考试卷面都是整整齐齐,还常常模仿我的字,结果中考考了128分。我心想,书写肯定帮了他的忙。中考语文试卷上,虽然显性的卷面分只有5分,但隐性的印象分也十分重要。

我再以作业习惯为例,几乎每一届学生中都会出现几个特别做事拖拉的学生。如果小学时就比较拖拉,那么到了初中,严重拖拉者会出现作业写到凌晨的现象。有的时候父母还以为是学校作业太多了,其实大部分习惯好的同学只需要做到八点半就完成了。我们知道,初中是孩子长身体的黄金年段。如果习惯不好,长期睡眠不足,对孩子的身体发育定会产生很大的负面影响。

一正一反两个例子,相信我们能感受到习惯的重要性。从小养成好的习惯,对孩子而言,将受益终身。

任　洁 是的,习惯的力量是惊人的。它通过每天的点滴累积影响着孩子一生的发展。林老师,您作为一名大学老师,学过很多教育学、心理学的专业知识,请您和家长们来谈谈小学生学习习惯的重要性吧!

林　雯 何为习惯?习惯是生物学家巴甫洛夫眼里的条件反射,是心理学家斯金纳所重视的强化过程的产物,是生理学家所认为的自动化的行为。我们可以看到,习惯的养成是多元的,它受到学生的学习态度、学习动机、学习兴趣等主观因素的影响,也受制于家庭、学校和社会环境等客观因素。所以,习惯的养成并不是一蹴而就的,是需要后天多次强化练习而形成的自动化的过程。著名教育学家洛克曾说:"一切教育都归结成为养成儿童的良好习惯,往往自己幸福都归于自己的习惯。"良好的学习习惯对小学生而言是至关重要的。国内外有不少的研究表明,学习习惯对学业成绩有重要的影响,早期良好学习习惯的养成,可以让人终身受益。不论孩子是否有天赋,只要以他们自己的方式养成良好的学习习惯,他们就可以取得对自身而言更好的学业。

任　洁　学习习惯的培养十分重要,因为学习习惯会贯穿孩子整个学习过程的始终。习惯之间是彼此关联的。听了各位专家对学习习惯的理解,相信各位家长对学习习惯已经有了一个初步的认知,一定很想知道习惯该如何培养吧!

在活动策划前期,我们就"家长所面临的关于小学生学习习惯的困惑"发起了一个问卷调查。调查结果显示,家长对孩子良好的学习习惯的养成充满了焦虑。一年级家长对孩子如何养成学习习惯十分困惑,不知从何下手。有些家长说,孩子的学习习惯总是反复,让人头疼不已。还有的家长,在孩子到了高年级之后,对孩子不愿家长参与到学习活动感到束手无策。该如何把握好小学生学习习惯的起始阶段养成、过渡阶段习惯的反复巩固以及学习习惯的进阶性提升呢?

培养一年级小学生学习习惯的策略

任　洁　小学一年级是整个小学阶段习惯的奠基期,抓好一年级学生的学习习惯非常重要。刚进入一年级的学生在校的生活环境、生活内容、生活节奏以及生活习惯都将和以往有较大的差别。我们的孩子就如同一张白纸,在这一阶段可以好好地培养他们养成良好的习惯。当然,孩子的教育光靠老师的努力是远远不够的。家长要在这关键时刻助孩子一臂之力,督促他们养成良好的学习习惯,培养他们的学习兴趣,为后面的学习打好基础。我知道,邬老师担任过多年一年级学生的班主任。邬老师,您能和家长们说说可以怎么做吗?

邬敏敏　一年级的家长特别焦虑,有家长不停地来咨询:"我的孩子没学过拼音,不会写字,是否会跟不上?"这些问题表面上是对孩子学业方面的担忧,其实最终考验的是孩子的书写、倾听等学习习惯。

我们要做好一年级孩子的心理建设,让他们提早有学习的准备。学习原本就是一件辛苦的事。家长要舍得孩子吃苦,不要因为孩子不想坚持了,就让他放弃。学习只要挨过最艰苦的时候,就会苦尽甘来。

比如说,养成良好的书写习惯。书写习惯是比较显性的一种习惯,包括书写姿势、坐姿、握笔姿势等。一年级的孩子喜欢模仿。我们可以在教给他们一些正确的方法之后,找一找身边的小老师,进行模仿。在家里的时候,家长可以和孩子比一比,也可用儿歌的形式,一边念儿歌,一边做一做,进一步地进行强化。

坐姿:头正,身直,脚放平。

握笔:一指二指捏着,三指四指抵着,小小手指靠着。

写字:胸一拳,眼一尺,笔一寸。

建议您多提醒、多鼓励孩子,姿势要正确,笔画要规范。这样一来,到了二年级时,您就可以欣赏到孩子工整、美观的字迹了。不过,少量常用的字,比如自己的姓名、班名等,还是需要入学前就会写。家长一定要先把习惯养成放在首位,再慢慢地鼓励他把字写端正。

一年级时,我们建议家长陪伴孩子做作业。我们可以陪在孩子身边,自己看看书,静下心来,坚持一学期或一年,会有意想不到的收获。或许有时候我们也会情绪崩溃,但一定要控制住,在心里默念:"亲生的,亲生的。"或者你可以找个地方冷静一下,等心情平静之后,再去和孩子聊聊。但你绝对不能妥协。此时,你就是与孩子在比赛,看谁能顶住压力。好习惯就是这样被"磨"出来的。到最后,孩子才是最大的赢家。心理学博士林文采在《心理营养》一书中强调的"温柔的坚持"就是这个意思。

李建军 是的,其实书写还是一种运动,能锻炼孩子的精细运动能力。同时,写字习惯的养成过程也在潜移默化地培养孩子的规则意识和观察能力。我自己从小就喜欢写字。练字临帖过程中,我会拿自己的字与字帖上的字对比观察,安排空间结构,考验眼力。我平时写字平心静气,能锻炼自己平和的心态。所以,养成良好的书写习惯,孩子获得的不仅仅是好字、好习惯,更是好人生。

任 洁	书写习惯的养成的确十分重要。除此之外,我觉得阅读习惯的养成也十分重要。低年级的孩子主要是培养他们的阅读兴趣。记得我小时候,最爱躺在妈妈怀里听故事,听着听着就甜甜地睡去。对于大多数一年级的孩子来说,父母给孩子读书是很有必要的。当然,现在也有很多父母认为自己读得不好,不如拿个手机播放播音员、主持人所讲的故事给孩子听。但是手机里播放的仅仅是声音,而父母给孩子讲的过程中会让孩子感知表情、动作,真切感受故事带来的喜怒哀乐。这种感觉是手机他不能达到的。所以,我建议家长朋友们要陪孩子阅读,这样更利于孩子养成持续阅读的习惯。
林 雯	这里我想补充的一个点是,现在网络上有很多制作精良的学习视频,孩子们很喜欢看。但我希望各位家长,不要忽略纸质阅读的益处,众多教育学家和育儿专家依旧推崇纸质阅读。从心理学角度分析,孩子听播音、看视频是被动吸引、被动思考,被动地跟随音视频节奏,很难在音视频间隙思考。而纸质阅读是孩子主动将注意力聚焦到文字上,主动选择自己的阅读节奏,对于自己不明白之处可以反复阅读,慢慢体会与思考。孩子们在阅读时,会在脑海里想象书本里的世界,会在故事中体会各式各样的情感。这在无形中培养了他们的想象力,让他们开动了脑筋,拓展了他们的思维,丰富了他们的情感。另外有一项调查研究发现,孩子的阅读时长是与他们的学业成绩呈正相关的。越长时间阅读纸质书本的孩子,他们处理和分析长段文字的能力会越强。

邬敏敏　　阅读是需要我们坚持一生的习惯。所以在一年级时,我们就要在孩子心中播种阅读的种子。这将对他的一生都会产生重大的影响。还有一个习惯,我觉得也很有必要来谈一谈,那就是良好的倾听习惯。

其实,倾听和表达是相互联系的。有了好的输入,才能更好地输出。像一年级的小学生先以学拼音为主。如果上课认真听讲、多多练习,即使没学过拼音,也能跟得上学习的节奏。

可有些孩子因学过拼音,凭着先学的优势,不认真听老师上课,同学还没说完,就打断同学的话,久而久之,他们偏偏成了学习困难户。

所以,我建议一年级的家长,从现在开始要重视孩子倾听习惯的培养,和孩子相处时要创设一个倾听的情境。放学去接孩子时,你可以拉着他的手,边走边和他聊一聊他今天最开心的事和学校里新奇的事。如果下班比较晚,到家后,给孩子一个拥抱,恭喜他完成了一天的学习,再花几分钟和他聊聊天。作为父母,你也要反思自己:在与孩子交流时,有没有时常打断孩子的话。

李建军　　关于倾听,我深有感触。有的家长向我抱怨,说每天上学路上不停地提醒孩子要好好听课,放学后不停地提醒孩子要好好写作业,但是孩子就是不好好听课、不好好写作业。一只耳朵进、一只耳朵出。这位家长自己就不善于倾听,没有做好孩子倾听的榜样,只是单方面把自己对孩子的焦虑灌输给孩子。所以,这个孩子在课堂上很爱发言,但其发言内容没有思维含量,成绩也一塌糊涂。因此,我建议,我们家长要培养孩子的倾听习惯,先从家长开始转变,做一个会倾听的人。

邬敏敏 家长先要从意识上改变自己,同时还要注意方法。家长与孩子交流时,要百分百地投入,要放下手头的工作,端正自己的身姿,微笑着、专注地看着孩子,静下心来倾听,用眼神告诉他们:"你说,我在听呢。"要鼓励孩子完整地表达自己的真实想法和感受。等孩子讲完之后,家长可以问一问:"现在,我可以说说我的想法了吗?"家长说完之后,再让孩子说说他听到了什么。长久地练习,相信孩子的倾听习惯会逐渐养成。他们也会慢慢学着尊重别人,并成为其后续学习与发展的动力。

任　洁 我记得我们家孩子在读一年级时,她会把一天中比较有意义的事情记录下来。当时,她在那个记录本的上部分写了一段话:"今天,我好开心!我和我的两个好朋友发现了'新大陆',一起在沙坑边玩沙子,连上课铃响了都不知道。"记录本的下部分就是画了一个沙坑,旁边蹲着三个小朋友。我们那个时候就是以这样的方式,一起交流她的快乐时光的。其实,这也是刚刚我们邬老师说的倾听习惯和口头表达的能力吧!

邬敏敏 有一名三年级的孩子思维活跃,但表达能力弱、语言表达思维混乱,写日记也是流水账。这也很有可能是因为低段没有养成良好的倾听习惯,才导致的。低段时,老师会讲一些基本表达句式,很注重表达的先后顺序。如果上课认真听、多练习,表达能力一定会有所提升。

任　洁 刚才,我们讲了书写、倾听习惯,其实时间观念的培养也十分重要。我们一年级孩子做作业速度相对比较慢,家长们一定要耐心一些,遵循孩子的年龄特点和个别差异。我班一个孩子一开始完全没有时间观念,做什么都要父母提醒。我就建议家长邀请孩子一起制定时间表——注意是邀请,不是要求。倾听孩子的建议,由孩子提出或者共同商量需要做到的事情,加强孩子对时间的概念,比如一分钟跳绳能跳几个,一分钟能口算几道等。一年级孩子的习惯养成不好从生活作息入手。我们可以尝试,早晨规定一个时间点,吃完点心就做作业,没商量!也可以限定晚饭后的休闲时光,按时睡觉。时间管理不宜多,贵在坚持。林老师,您来和我们分享一下吧!

林　雯　几位老师们给的建议非常好,对于各位家长而言具有很好的实践价值。希望各位家长可以持续地、严格地执行。我们认为,孩子学习习惯的形成可分为三个阶段:一为不自觉行为阶段,即需要依靠外部强制力量推动和维持;二为半自觉行为阶段,即依靠孩子自己本身的强大意志去监督和提醒自己;三为自觉行为阶段,孩子自己已形成自动化的反应和动作。我们知道,低年龄段的小学生往往没有较强的规则意识,自制力也较差,有意注意的时间较短,所以第一阶段中,家长的形成和推动是非常重要的。这就要求我们家长们尽可能在低年龄阶段时与老师们进行配合,激发孩子的学习兴趣,严格执行所制定的作息计划。

任　洁　感谢各位老师带来的分享。我相信好的开端是成功的一半。在孩子学习的起步阶段,需要这样的习惯培养来帮助孩子扣好人生第一粒扣子。

让好习惯保持下去

任　洁　之前上海市做过一项"小学生综合素质调查研究",发现孩子们在低年级时,书写还算不错,但到了高年级之后,书写习惯反而退步了。李老师,您作为一名初中语文老师,是否有这样的发现?

李建军　有些家长会疑惑,孩子学过硬笔楷书,字写得挺好,可是到了小学高段或初中,字越写越差。这是为什么呢?首先,要区分这是态度问题还是技术问题,我看到大部分孩子是技术问题。其实,硬笔重在学结构。结构好,整体字迹就能清晰。所以,随着学段提高、作业量增加,我们可以减少对笔画的关注,将重心落在字的结构上。

再比如,孩子在课堂上做笔记与听课思考不能兼顾时,建议以听课思考为主,课堂笔记可以从简,甚至不做。之前带过这样一个学生,他的理科思维能力非常出色。理科学习,他从不做笔记。但是,他在文科学习上很吃力。小学语文老师一直要求孩子写上满满当当的课堂笔记,拿回家还要父母批阅。结果到了初中,语文成绩一直不理想。仔细琢磨,这个孩子能在理科上如此出色,是因为课堂上他的思维一直紧跟着老师,甚至有发散思维、创意思维的展现。但在语文课上,老师一味让他做笔记,反而影响了他的思考时间。

所以,在孩子学习习惯培养的过程中,到了高段,尤其是初中,我们要更关注效率与思维深度,可以减少一些外在形式的要求。每个孩子都是独特的个体。努力了解孩子,在孩子学习习惯培养中采取何种策略,是我们家长自己需要综合考量的问题。

任　洁　习惯的养成并不是一蹴而就的有时候,孩子的习惯养成还会有反复,家长要有耐心,坚持下去。通过我们之前的调查,很多家长反馈,孩子到了三年级,做作业还是没有主次之分,不会规划时间,这该怎么办?

其实,想要改掉孩子做事不分轻重的坏毛病,我给大家两个建议:

1. 要让孩子知道"有所为有所不为",说明白一点就是要立规矩。重要的事,即使自己不喜欢做也要专注地做;不是急迫的事情,即使自己再喜欢做也要放在后面的位置,为紧急的事情让路。

2. 明确做事时间和期限。应该优先确保投入重要事情上的时间资源,制定出计划,这样孩子做事的时候才会更专注,效率才会提升。当然,爸爸妈妈也要教孩子学会自己安排时间。假如孩子习惯回家之后先玩一会儿,之后写作业才会专心的话,那么就要尊重孩子的习惯,让他先玩一会儿,让孩子在最高效的时间内学习。一般来说,孩子学习、生活中的各种事情都可分为这样四类:重要且紧急的事,重要却不是很紧急的事,紧急但不太重要的事,不重要也不紧急的事。在教育孩子的过程中,家长应该引导孩子按照这样的顺序来处理各项事宜。

李建军　在初中班主任工作上,我发现一部分孩子做事拖拉是由于错误的家庭教育理念导致的。很多妈妈面对孩子的学习问题表现得非常焦虑,但又没有很好的家庭教育理念作为支撑,于是将焦虑转化为简单的"加作业""加培训班"。以前,我教过这样的孩子。他其实学习能力很好,也有能力高效完成家庭作业,但是在家写作业就是慢，不肯好好做，经常要熬夜。探究深层原因可能是家长造成的。比如，小学时，每次完成作业后，家长就要求加一份作业。完成得越早，加的作业越多。一开始，孩子默默承受；等孩子长大，开始冷静对抗，就是故意放慢写作业速度。等到初中，作业量增大，错误习惯已经形成，对身体、心理都造成了恶劣影响。等到"双减"后，开设晚自习，这个孩子才在学校重新恢复高效的写作业能力。

所以，小学家长在培养孩子的习惯时，要先树立科学的学习观，不盲目内卷，这样才能与孩子心平气和地合作。

任　洁　在我们前期的调查中，还有一个问题比较显著。很多家长都有提及，孩子到了三四年级，作业不想让家长检查了，每次都说检查好、订正好了，但我们偷偷去看一眼，还是有一些没订正好。我们该怎么办呢？

邬敏敏　孩子渐渐长大，有主见了，不想让家长检查作业。有的家长无计可施，只能等孩子成绩出来了，再去找孩子谈话。可是等成绩出来，再去关注成绩可能就错过了最佳的学习时机。其实，我们更多地应该去关注过程和调理过程。这个过程就是学习习惯的养成过程。孩子不愿意让我们检查作业的原因是什么呢？是不是在低学段的时候，家长越俎代庖、包办代替，导致学生不会检查？是不是学习难度大了，孩子懒得订正？又或者是检查时，家长总是批评他、指责他？可能还有其他原因。我们不妨多从孩子的角度去思考，培养孩子自主检查的习惯。如果家长多从孩子的角度出发，设身处地为孩子考虑，孩子对检查作业这件事就不会那么抵触了。

家长朋友们,在检查作业的时候,还是不要过多去评价孩子,要多多鼓励孩子。家长检查的是孩子完成作业的态度和作业的完整度,而不是每道题的正误。你在检查作业的时候,可以翻看一下孩子前一天的作业。如果做得不错,或者是订正及时,家长可以好好地表扬一番。错的题,家长可以问一问他是怎么做的,当时是怎么想的。今天的作业有哪些题目比较难的需要家长帮忙的。如果我们会的题,可以耐心细致地帮着讲解一下。如果不会,我们可以让孩子到学校问老师、问同学。听了老师的讲评,第二天回来再给爸爸妈妈讲讲。不能说不明白的只打个问号,孩子要再去问老师,还可以找一两道类似的题目再练习一下。

我的一周目标

	第(1)周目标	自我评价	家长评价
周一	完成作业后,检查一遍;检查后,在每一项作业后打钩。		
周二		
周三		
周四		
周五		

家长朋友们,不要过于着急,我们可以把反馈的周期定为一周,看看孩子自己检查作业的习惯是否有进步。我班有一个作业习惯不太好的孩子,我就推荐家长用这张表格来和孩子商量一周目标,反馈孩子的作业检查情况。看这张表格,他们订的一周目标是完成作业后检查一遍,检查完毕就在每一项作业后面打钩。孩子每天对自己进行自评,家长进行评价,仅仅需要画几颗星就

可以。孩子有一定进步,奖 1 颗星;进步较大,奖 2 颗星;进步神速,奖 3 颗星。一周结束后,家长再与孩子讨论这一周的作业完成情况。在一周当中,作业的习惯有起伏,那也是正常的。只要孩子的态度端正,那是没问题的。孩子第一周目标完成得不错,到了第二周,再根据孩子的实际能力,逐步提高要求,比如字写得端正一些,作业正确率有所提高,这样就能培养孩子的能力。我们要让孩子明白:在学习上,孩子是主角,父母是配角。父母在旁边起到的是辅助作用,自我评价也很重要。在某项习惯的专项训练时,我们不妨借助这个表格,提升孩子学习习惯养成的速度。

林　雯　刚刚邬老师提到的这个表格非常好。从心理机制上,我们认为元认知是习惯养成的重要影响因素。什么是元认知?它是指我们对自己的行为、思维等的认识。比如说,孩子自己认识到他薄弱的能力是什么,所擅长的是哪门学科,需要保持的是哪项习惯。只有孩子自己认识到某个习惯或目标的重要性,他才会愿意去做、去改。在一项阅读习惯的调查中,我们发现,那些认为自己能够完成阅读任务的孩子有很高的阅读积极性,动机也很强。所以,当孩子自己制定他所能完成的任务,从心里认同这个习惯养成的重要性时,他完成的动力就很强。另外,孩子自评和家长评价这个环节设计得也非常好。它一方面增加了亲子的了解与互动,能让家长监督孩子习惯养成的过程,并根据孩子表现提供一些适宜的帮助。另一方面,孩子在完成目标的过程中通过不断自我评价,对自己的能力有了更深的了解,也有助于孩子人格的健全与发展。

高年级学生习惯的进阶培养策略

任　洁　小学低中段注重的是基础习惯的培养,能为小学生的学习打下坚实基础的。而到了高段,教材难度提高了,对学生学习能力就有了更高的要求,特别在课前预习、复习、思维能力、时间规划、阅读习惯等能力的培养上。邬老师、李老师,高段学生习惯的培养是为了让孩子更好地过渡到初中。你们觉得,孩子到了高段,需要培养什么习惯?如何通过训练夯实习惯呢?

邬敏敏　我来谈谈预习习惯吧。今年我带六年级毕业班。这一届学生是我从一年级开始带起来的。低段预习任务一般停留在读通课文、读准生字、圈生字、画词语等,相对比较简单。而中段开始,我就逐步提高要求:遇到不理解的字词,可以查找工具书;试着去回答课后题,在搞不明白的地方打个问号,带着问题听老师讲课。而到了高段,有些课文的内容与学生的实际生活距离较远,很难引起学生对于文本内容的共鸣。我们就可以让孩子查阅相关资料,了解时代背景及作者,这对孩子理解文本内容可以起到事半功倍的作用。最后一个要求,就是让孩子细读课文,提出疑难问题。俗话说,不会提问的学生就是不会学习的学生,发现一个问题比解决一个问题更重要。因此,我们要鼓励孩子再次回到课文,通过默默思考,提出自己在预习中所遇到的问题,或者自己对这篇课文的独特见解。这正是孩子主动性和创造性的具体体现。这一步预习完成得好,可以提高课堂上问题探讨的质量,合作学习的效果也会更好。

任　洁	是的，预习是让孩子运用先前学过的知识去理解新的内容，这样的方法能够让孩子更有针对性地学习、提高学习效率，同时又能培养孩子的自学能力。
李建军	除必要的课前预习处，想要提高孩子的成绩，很重要的一个习惯是复习。我们都知道，复习很重要。我以前遇到过这样一位家长，考前很重视复习，每次都向各科老师要复习资料，还不断从网上找许多资料，对孩子进行信息轰炸。这样的复习不仅盲目，而且会让孩子丧失学习的主动性。结果每次复习，孩子都被动地依赖家长，丧失了自主的复习能力。 读书的方法是把书从薄读到厚，最后复习时是把书从厚读到薄。那么，怎样读薄呢？这里又涉及一个整理习惯。整理的习惯分两部分，一个是外在，一个内在。外在的是学习资料，比如试卷、错题的整理，可以用文件夹和错题本分门别类，这样复习的时候会非常方便。另一个是内在整理，把一段时间内学习的内容进行梳理。简单知识可以画思维导图，难的内容可以画结构图，通过把学过的内容结构化，能使孩子更深入地理解知识。 刚开始，我们可以帮孩子一起梳理，一起绘制思维图、结构图，之后放手让孩子自己去整理和归纳。
任　洁	通过课前预习、课后复习这样的习惯培养，孩子对于已知内容就能掌握得更精细，好比是进行了筛选，课后又进行了及时巩固，一定会让所学的知识更扎实。
李建军	是的，更重要的是孩子能自主地将知识结构化。顺着这个复习的习惯，我再谈谈思维习惯。不同孩子之间的差距本质上在于

思维习惯的不同。结合自己的经验,我特别想谈谈独立思考的习惯和反思的习惯。

以前教过这样一个孩子。他从小学开始,做作业时一旦不会就查手机、查电脑。一开始,家长觉得这是积极认真的表现,而且孩子成绩也还行。但是到了初中,随着学业难度的增加,孩子的习惯没有改变,甚至对手机、电脑产生了依赖,从心理上放弃了独立思考,成绩越来越糟。所以,不论在哪个年段,一定要鼓励孩子自己的作业自己做,学会独立思考。父母也不能越俎代庖,不会的题目在题号前面画个圈,可以变回当日学过的知识再做题,或者第二天去问老师、问同学。

另一个重要的思维习惯是反思。曾子说,"吾日三省吾身",我们如何帮助孩子建立良好的反思习惯呢?我们家长要做好表率。学校经常有这样的小任务:考试之后,家长要签字,这时可以和孩子讨论一下得失。我经常碰到这样的情况。有些家长签字了事,认真一点的家长会批评、教育孩子,更多的是表达自己的"气愤"。印象很深的一次是这样的。

那天下发试卷,正好赶上父亲节。孩子考得不理想,爸爸就在试卷上写道:父亲节最好的礼物!这显然是在讽刺孩子。

父母是孩子的榜样,这样对孩子进行情绪发泄,孩子自然也不能理性地反思自己的学习过程。所以,要培养孩子反思的习惯,建议大家这样做。

1. 不论孩子考了几分,家长都要写上:孩子,这是你这段时间努力的成果。

2. 从自己的角度反思哪些地方没有做好榜样,反思家长自己的缺点。(反思就是要勇敢面对自己的不足,所以家长先要自我剖析。)

3. 发现问题,家长和孩子共同商议下一阶段如何调整,并制定行动计划。

4. 鼓励孩子,继续努力。

这样长期坚持,"父母是家庭教育反思者"的榜样形象展现在孩子面前,相信在给孩子传递力量的同时,也有助于他反思的习惯的养成。

当然,思维习惯还有许多,推荐大家看一本书,叫《成功人士的七个思维习惯》。

任　洁　是啊!我们家长多看书多学习,要在孩子面前树立榜样。刚才我们还谈到了阅读习惯,低段学生以培养阅读兴趣为主,以亲子共读为主。到了高段,家长们应该如何做呢?

邬敏敏　"以读生慧"。大家都知道,阅读力和学习力紧密联系。所以,我要提醒大家警惕"碎片化阅读"。日常生活中,我们常常见到家长带着孩子从早到晚赶场各种培训班:写作、数学、英文、钢琴、跳舞、画画、书法……这样一来,留给阅读的只能是见缝插针的碎片划时间。短短的时间里,孩子无法深入思考作者在说什么,故事中的某个片段是什么意思。如果,每周奢侈地给出一天、半天时间,把孩子丢到书堆里,任他们自由地阅读和想象,那么他对内容的理解、思考会多得多。深度阅读后,非常重要的理解力、分析力、判断力、想象力等思维力都会得到快速发展。因此,确保每周有长阅读时间,对于提高孩子的学习力很有帮助。

举个例子,曾经有一位学生的家长每个月带孩子去图书馆借阅书籍。他们会挑选一些经典的书籍,看各种类型的书,如艺术、历史、科学、散文等。他们家保持了一个习惯,每年年三十到图书馆借书,形成了一种仪式,说是"囤点书"。这个孩子现在已经读高中了,状态很好。他平时学得从容,如果学得有些累了,就吹吹笛子,写写书法;冬天在家泡脚,读帖。在学校时,他晚饭后有时会到寝室里练书法。这样的学习充满了乐趣,而且悠然自得。

所以,在这里建议各位家长,每天坚持阅读半小时,周末常带孩子去图书馆或书店,时间充裕些,可以是两个小时或半天。家长们还需要帮着孩子一起挑选书籍。可以根据语文书里推荐的书,再去看同一类的书或同作者的书,那孩子就能看很多书了。图书馆里的书类别很多,都能激发孩子的阅读兴趣。

阅读是能让孩子受益一生的习惯。

任 洁 刚刚我们说的是一年级的时间管理,到了高年级,我们就不能再像之前这样规划了。要学会自主、合理分配自己的时间,并认真做好每一件事。

李建军 很多孩子上了初中之后,遇到自习课就是坐着等老师安排任务。这些孩子就是没有学会自主规划时间。家长朋友们要指导孩子,并学会放手,提高孩子学习的内驱力,这样更有利于孩子成长。孩子如何进行时间安排,确实一直让家长感到苦恼,我建议家长让孩子学习番茄钟工作法:

1.每天要规划一天要完成的几项任务,将任务逐项写在列表里

（或记在软件的清单里）。一般，家校联系本上都已经写上任务了。

2. 设定你的番茄钟（定时器、软件、闹钟等），时间是25分钟。我当时让班级里每个同学买了一个小的学习闹钟。

3. 开始完成第一项任务，直到番茄钟响铃或提醒（25分钟到）。

4. 停止工作，并在列表里的该项任务后画个"×"。

5. 休息3~5分钟，可以活动、喝水、方便等。

6. 开始下一个番茄钟，继续该任务，直到完成该任务，并在列表里将该任务划掉。

7. 每4个番茄钟后，休息25分钟。

同时，任务安排上，可以根据孩子的兴趣和能力水平。有兴趣的任务放在前面，这样能让孩子效率更高，成就感更强。同时，我们也要引导孩子把最高效的时间用到薄弱学科上。

如果番茄钟工作法用得好，不仅能提高孩子的规划能力和作业效率，还能减轻孩子的时间焦虑。番茄钟工作法更适用于3个小时以内的任务。有的家长可能会问了，像国庆这样的长假应当怎么安排呢？我们可以通过整体切块法，即先确定哪几天玩，哪几天写作业，然后把总的作业量分切成若干份放到写作业的时间中，再用番茄钟工作法来进行学习。

任　洁　林老师，您作为教育学博士，从专业的角度，能否给我们家长一些建议？

林　雯　对于低年级小朋友，我们家长更多要注重学习习惯的培养。到了高年级，对这些习惯的训练要求需要提高，而且依旧要经常训练。根据上海市一项小学生的学习习惯调研发现，随着年龄的增长,小学生的学习习惯总体在进步。但同样我们也发现,有部分小学生到了高年级反而出现了学习习惯的退步,比如说课前预习习惯、课后订正习惯等。这可能与高年级学业加重、学习难度加大有关。所以,高年级家长们也不能忽视对孩子们学习习惯的训练。家长在培养孩子的习惯时,要把握几个原则。第一,兴趣原则。比如刚刚邬老师所建议的"我的一周目标表",由孩子跟家长共同制定,挑选孩子自己感兴趣的、认为重要的习惯,或者孩子觉得自己能够到达的、跳跳脚能够够到的目标。第二,把握渐进性原则。比如在培养学习习惯过程中,把目标设得更加具体,并采用表格进行规划。按照循序渐进的原则,对好的方面积极强化,对未完成的及时反思,调整原来的计划。第三,还要注重整体性原则。各个习惯之间是相辅相成的。家长在注重培养孩子学习习惯的同时,也不要忽视其他良好习惯的养成,比如说生活习惯、规律作息、自理能力等。这些习惯也会对孩子的身心健康发展产生潜移默化的影响,帮助孩子成为更自律的人。亲爱的家长朋友们,刚才我们对预习习惯、复习习惯、及时反思、阅读习惯和时间管理这些方面进行了分享。引导孩子在小学阶段就养成良好的习惯非常重要。教育不是为了今天,是为了想象不到的未来做准备!让我们一起努力,边走边调整,共同帮助孩子把每一步走踏实。

> **家校沟通小贴士**

> 小学生学习习惯的养成
>
> 1. 抓好起始年级学习习惯的培养，家校合作，对习惯进行细化分层，并逐个落实。
> 2. 制定做事的期限。优先保证投入重要事情的时间资源，制定出明确的终始时间，帮助孩子专注做事，提升效率。
> 3. 以读生慧，设定番茄钟学习法。家长要多用科学的方式陪伴孩子，使陪伴更有成效，更有温度。

八

接纳与融合
——与特殊儿童"手拉手"

主持人

柳奇君　　特殊教育学校副校长,宁波市名教师,宁波市领军人才第二层次培养对象,名师工作室领衔人。曾获得浙江省师德先进个人、浙江省特教园丁奖、浙江省教科研先进个人等荣誉称号。

有爱无碍,逐梦飞翔。

茶座嘉宾

胡海静　　特殊教育学校德育处主任,初中道德与法治高级教师,城区学科骨干教师。曾获浙江省教学基本功比赛一等奖、宁波市王宽诚育才奖。

心中有爱,行中有方,尊重差异,呵护成长。

宓孟锦　　小学教师,宁波市骨干班主任,江北区名班主任,江北区"四有"好老师。曾获宁波市思政教师基本功比赛一等奖。

花开有时,生长有时,时时关照,适时引导。

点评专家

戚瑞丰 高校副教授,硕士生导师。主要研究方向为儿童心理发展与特殊儿童早期教育。

走近特殊儿童,关爱特殊儿童家庭,我们一起努力。

适宜教育促进特殊儿童健康成长

柳奇君 说到特殊教育,很多朋友会觉得陌生和遥远,其实不然。特殊教育就是我们身边的教育,我先来做个普及。要认识特殊教育,先要从认识特殊儿童开始。我们常说的"特殊儿童"都是狭义的概念,是指身心发展上有缺陷的儿童,如:智力、听力、视力、肢体、言语等方面有障碍的孩子,或者在情绪和行为上有偏离的孩子。我们俗称的盲童、聋童、智力落后儿童,还有自闭症儿童等,都属于这个范畴。对有特殊需要的儿童实施的教育就是特殊教育。特殊儿童和普通儿童身心发展的基本规律是一致的。虽然在某些方面,特殊儿童身心发展的速度和水平与正常儿童不同,但他们仍然可以发展,甚至可以发展得非常好。

本次茶座,我们邀请的嘉宾和以前几期不同,不但有来自特殊教育学校的老师,还有来自普通学校的班主任。这主要和我们目前特殊孩子入学安置的形式有关。我国特殊儿童受教育形式一般有三种:特殊教育学校、普通学校等机构附设的特殊教育班,以及普通学校的普通班。2021年底,我市在校特殊儿童统计数据显示,特殊学校和普通学校随班就读的特殊儿童数量几乎相等。由此可知,特殊教育不单单指在特殊学校里实施的教育。

全面推进融合教育,努力让每个儿童都能享有公平、优质的教育,是我们教育人的追求,更是我们特教人的奋斗目标。如何让特殊儿童回归社会、融入社会,做到家校共育?今天,我们的专家会与您一起聊聊这个话题。

柳奇君	宓老师,我们知道,有一部分特殊孩子是在普通学校随班就读的。在您多年的班主任工作中,您的班级或者您所在的学校有随班就读的特殊儿童吗?
宓孟锦	有的。从工作以来,我遇到过不少特殊儿童。特别是近几年,随着融合教育的推进,越来越多的特殊儿童进入普通学校随班就读。
柳奇君	普通学校对于这些随班就读的孩子有哪些针对性的教育?
宓孟锦	除了给这些孩子更多的关注和照顾,老师对他们更包容。班主任还会通过给孩子结伴等方式帮助他们。很多学校还设有专门的场地,备了专门的老师给孩子进行行为和心理的辅助训练,让他们能在校园环境中适应学习,提高自理自立能力,学习社会交往和沟通技能,以获得更好的发展。
柳奇君	胡老师,我市有哪些特殊学校?
胡海静	目前,全大市下面的各区(县、市)基本上都有一所培智学校,招收的是义务段的培智学生,也就是智力障碍学生。直属于市教育局的还有一所综合性的特殊学校,就是我所在的宁波市特殊教育中心学校,主要招收的是存在视力、听力或智力障碍的学生。义务段以接收视力和听力障碍学生为主,职高段以接收听力和智力障碍学生为主。
柳奇君	从胡老师和宓老师的交流中,我们获得了一些孩子求学的信息,那可能家长朋友还会问:"我们的孩子去什么学校呢?"这个要根据孩子的真实情况,结合指导中心每年组织的入学前的评估建议,选择适合你家孩子的学校。我觉得适合的教育才是最好的教育。戚教授,我有个问题想请教您。2022年初,国务院办

公厅转发了教育部等部门《"十四五"特殊教育发展提升行动计划》(以下简称"计划"),各省市在国家层面的基础上相应出台本省市的"'十四五'特殊教育的发展规划"。国家的"计划"中明确提出:"办好特殊教育,是促进社会公平的重要举措,也是社会文明进步的重要标志。加强特殊教育学校建设,增加有效学位供给,鼓励20万人口以上的县(市、区、旗)办好一所达到标准的特殊教育学校。"同时,"计划"又提出推进融合教育,全面提高特殊教育质量,努力实现让每个儿童都享有公平优质教育。这之间的关系是什么样的?

戚瑞丰 前面胡老师已经介绍了特殊儿童的几种就学途径,我们绝大多数的特殊儿童到了入学的时候,主要有两个就学途径。一是去专门性的特殊教育学校,如市特殊教育中心学校以及各区(县、市)的特殊教育学校;二是去普通学校普通班级中随班就读。刚才,胡老师和宓老师分别从特殊教育学校和普通学校的融合教育谈到了特殊教育的实施。

早期,特殊教育主要是在特殊学校中实施的,但是特殊教育在发展的过程中发生了很大的变化。首先是特殊儿童障碍类型的变化。以我们柳老师所在的市特殊教育中心学校为例,视障儿童越来越少,但是自闭症儿童的规模越来越大。这一点各位家长可能也有一些感受,它其实既是全国也是全球的发展趋势。另外是特殊儿童教育理念的转变。我们发现,对这类孩子进行封闭式教育将会造成他们在成长过程中基本处于与健全儿童隔离的状态。他们成年后也基本上生活在自己特殊的小圈子,处于一种与社会隔离的状态。这是一种教育不公的表现,不利于特殊儿童的发展成长。融合教育就是在这种背景下提出来的。目前的研究表明,对于很多类型的特殊儿童,融合教育可以有效帮助他们发展,提升他们成人后的自立能力。如智力边缘儿童、中高功能的自闭症儿童、能较好地使用听力辅助设备的听障儿童等,都可以从中受益。所以,国家在《"十四五"特殊教育发展提升行动计划》中提出,办好特殊教育学校的同时要全面推进融合教育。这是基于我国特殊教育发展的现实考量,同时体现了教育公平。

柳奇君 我特别赞同戚教授的观点。办好特殊教育学校和推进融合教育是不矛盾的、相辅相成的,也是教育公平的体现。

家校共育加快特殊教育融合进程

柳奇君 不管孩子在特殊教育学校还是在普通学校,学生的成长离不开家庭、学校和社会的共同支持。家校共育才能促进一个孩子完整的成长和健康的发展。胡老师,您作为一名特殊教育学校的班主任,多年的班主任工作中您有什么好的经验?欢迎跟我们分享一下。

胡海静 您这么一问,让我回想起很多和孩子们的难忘时刻。虽然孩子们毕业了,但他们还是经常和我保持着联系。印象最深刻的有这么一个孩子。他是一个来自贫困家庭的听障学生,从小由外公养大,当时是整个职高一年级里年龄最小的孩子。从报到第二天开始,学生们纷纷来向我告状,任课老师也向我反映他不良的学习状态。到后来,问题严重到天天有学生来跟我说他随意拿别人的东西,全班同学都联合起来想把他赶走。对此,我一开始是以批评教育为主。他认错的态度极好,但就是不改正。后来经过观察,我发现他根本不会打手语,也看不懂手语,但他知道老师找他肯定是他做错了事情,所以主动认错已经成为他的条件反射行为。于是,我尝试联系这个学生的外公,但是外公不会讲普通话,我们俩根本无法交流。几经周折,我联系上学生之前就读的学校,从那里了解到这个学生家庭情况。其实,这个孩子本质上是很善良的,只是在行为教养上需要学校和家庭的共同引导。找到根源后,我从学校和家庭双管齐下开展工作。

学校里,我找个机会将这个学生的情况和我们全班同学作了说明,并提出希望和大家一起努力,创造包容、多元的班级环境,让这个学生尽快适应学校生活。为他找好"小老师",排好互助值班表。班级里,每周有两名同学教他手语和行为规范,监督他学习和劳动。我和任课老师沟通,帮他做好学业上的专业辅导,学校也帮他申请了困难补助。通过同伴互助和老师的共同努力,两个月后,这个孩子在各方面都有了很大的进步。我趁机将他在学校的进步和改变通过照片发给他的姐姐,同时也提出希望姐姐能主动和我联系,来了解孩子的情况。假期里,姐姐带着他一起学习手语,让孩子和爷爷一起到田里劳动、做家务,这增进了孩子与家人之间的感情。他姐姐还将生活的点点滴滴用照片记录下来发给我。在家校的共同努力下，一个多学期后，这个学生已经可以和老师、同学通过手语交流了，学习上也步入了正轨。三年后，他考上了自己心仪的大学。

柳奇君 胡老师，我很想了解，这个学生现在发展得怎么样？

胡海静 这个学生目前工作稳定，已成为单位里的技术骨干，工作上他很有成就感。

戚瑞丰 从胡老师的案例中，我们可以看到一位特殊学校的班主任在特殊孩子的成长中付出的努力，更可以看到孩子背后家庭的付出，才使得这些孩子能更好地融入社会、立足社会。

今天，我也顺便带了我们学生的作品过来。学校从小学一年级到职高，都会开设各种培养特殊学生兴趣和专长的课程，义务段以社团课为主，职高段以专业课为主。

柳奇君 这些听障学生不光在美术手工作品上有出色的表现，在其他方面也很出色。如果大家看过孩子们的文艺节目，或见过他们在体育赛场的精彩表现，一定都会被孩子们的精神打动。我们会看到他们勇敢乐观、积极向上、阳光自信，给人以力量。

可能大家很好奇，在这些孩子的培养上，特殊学校在家校共育方面有什么特别之处？在家校合作上，特殊学校体现出了"特"的功能，和普通学校相比，更需要专业支持。家长与教师的交流与合作除了借助于家长会、家长学校、家长开放日这些方式，还要由表及里实现高度融合。我们学校为了保障每一个特殊儿童都接受合适的教育，建立了由教育、医疗、心理、康复等方面专家组成的特殊教育专家委员会，对每一个新生进行入学前的评估，提出入学和转衔建议。入学后,学生家长和学校各部门联合讨论制定每个学生的个别化教育计划,建立"一生一档"。我们不仅对学生当前的情况进行分析,制定出他们短期和长期的发展规划,并定期召开推进会议,对计划进行调整。对于评估下来各方面能力都较弱的学生,我们专门为他们开设个训课。

家长要做的就是和学校共同努力,同步为自己的孩子提供有目的、有计划、有方法的家庭教育,切实保障"家校合作共育"机制落到实处,发挥出特殊教育的效能。

宓孟锦 我和柳老师、胡老师不同,他们一直在特殊学校工作,而我一直在普通学校工作。现在随着融合教育的推进,更多特殊儿童走进了普通学校。

回想起第一次面对特殊儿童时,说实话有点茫然。我想,这也是很多老师共同的心理感受。特殊儿童随班就读后,会有哪些行为?他们会面临哪些交往或学习困难?需要和新同伴新环境进行怎样的磨合?我们可以怎样进行引导?……这些都是未知的。

随班就读是一个很大的系统工程,从他们的入学评估到教育教学,需要课程和方法的调整、社会交往的引导,对我们的育人工作确实是新的挑战。对这个群体没有特别深入细致的了解,专业知识也相对比较欠缺,这些不确定和盲点是我们最担心的。这些孩子入校后在磨合期的一些矛盾和问题也往往由此产生。每个孩子都是独立的个体,特殊儿童更是如此,特别渴望被看到、被了解。我觉得"了解"这一步特别重要。了解他的身体特点、他的情绪表达、他的行为模式,还要了解他背后的原生家庭、他从小的教养方式、他需要的关注和帮助方式……

还记得曾经有一个自闭症的孩子,家长选择将孩子送入普通学校,但对他的担忧、焦虑随着孩子入学不断加深。因为互相不了解,在最初的磨合期问题重重,家长做好了随时转学的准备。改变是从一个晚上开始的。那晚,老师查资料时,看到了一个和孩子非常相似的案例,给家长留言说:"我知道你们为了孩子的成长已经倾尽全力,一直在积极干预。这个孩子和他非常相似,这些做法我们可以一起尝试一下。"就是这样的一个举动,让本来有些紧张的家校关系缓和了,信任从此开启。

戚瑞丰 非常可喜的是,这些年随着融合教育的开展,越来越多特殊儿童随班就读,老师们都在主动地向书本、向专家、向同行、向家长进行相关学习。我们也希望能给予这些特殊儿童更有针对性的帮助和引导,满足普通儿童和特殊儿童孩子的需求,为他们创设积极的班级环境和文化。

柳奇君 面对特殊儿童,光有爱是远远不够的,需要专业、技巧和策略。"智爱",是指有智慧地爱,它将精湛专业渗透在仁爱之心中。这一点,宓老师做到了。普通学校的随班就读班级中,普通孩子和特殊孩子要融合共生。他们之间是平等的,是你帮助我进步,我引导你成长,我们都是班级的小主人。是吧,宓老师?

宓孟锦 是的。还有一个"唐宝"(唐氏综合征儿童),他发育相对迟缓,学习、运动这些能力比较弱,但人非常善良,性格也很温和。在班主任的引导和同伴的帮助下,她成了整个班级共同的妹妹。根据她的理解、语言表达能力和书写能力,各任课老师给予了更多弹性空间,调整了对她的作业要求,经常进行一对一的提点和补习。她的运动能力比较弱,跟班级其他孩子一起上体育课有点吃力,她也比较抗拒。班主任和体育老师就根据她的兴趣,找到了拍球和跳绳这两项运动,开展一对一教学。大课间时,老师和同学陪她练,回家后家长督促练,经过很长一段时间的全方位指导和陪练,现在这两项运动她已经非常熟练。孩子也很有成就感。

胡海静 我很好奇,这些特殊孩子在和普通孩子的交往过程中遇到过哪些问题或困难?

宓孟锦 普通孩子和特殊孩子在同一个环境里就读,磨合是一定的。刚开始,也会因为偏见,因为误解,因为家长们护子心切,产生一些摩擦。但是我们还是能看到,普通孩子和特殊孩子和谐相处的美好时光。

有一次,学校组织春游。分组时,小 A 抢着要和特殊儿童小 C 一组,说自己和组员一定会好好照顾他。一路上,小 A 一直陪在他身边,生怕把他看丢了。但毕竟自己也还是孩子,在自由活动时,小 A 一个没留意,集合时找不到小 C 了。小 A 除了责怪自己之外,没有任何的辩解或者推脱,就一个劲儿说"我一定能把他找回来的"。老师们和孩子们一起扯着嗓门四处寻找,最后找到小 C 的时候,所有孩子都大叫起来,冲过去抱着他。那种高兴、安慰、激动,只有他们自己能体会。

柳奇君 确实,这样的场景是我们一直以来特别希望看到的。特殊儿童能真的被接纳、被爱着,能够真正融入班集体。其实,对其他孩子来说,因为有了这样的伙伴,自身会有很多积极的改变,对他们的成长也很有帮助。学校是个缩影。在社会中,我们会看到更多的包容和大爱!社会各界对特殊学校的助学活动很多。以学校为例,我们受到了很多帮助,比如宁波市教育系统女职工委员会的"杏坛巾帼慈爱筑梦"活动、宁波市永盛公交公司助学活动等。特殊学校也会收到很多社会各界爱心人士的资助和助学活动,在学生的生活、学习、就业等多方面给予了帮助和支持。这些助学活动一直在持续,有的已经开展了十多年,有的二十多年,甚至三十多年,从未间断,助学队伍也一直在壮大。这就是一个城市的进步,是社会文明的彰显,也是社会支持的一种体现。

宓孟锦 这样一说,我又想起了让我印象很深的一个冬日。阳光午间活动时,我看到特殊儿童坐在操场上,旁边零散地坐着三个孩子。好久,他们之间都没有任何的对话和交流。我很好奇,问他们在干什么。他们说:"我们看到他看着远处,好像在发呆,我们陪他一起看远处发呆。"那个瞬间,我心里真的是特别有感触,特别温暖。孩子们用自己的方式在理解,在陪伴。无形当中,孩子们也因为有特殊儿童这个同伴,变成了更包容、更温暖的人。

从短期来看,普通孩子和特殊孩子的融合需要经历重重磨合,难免有阵痛;但从长远来看,特殊孩子更是一个独特且珍贵的伙伴。融合教育给特殊儿童带来平等、尊重的同时,也让整个教育变得更有弹性、合作性和接纳性。通过同伴互相帮助,如一对一、一对多这样的结对方式,再通过点滴的相处,这些孩子将更早了解生命是多样的,学着尊重每一个生命。接纳、包容、帮助,这也是融合教育带给他们的珍贵礼物。

戚瑞丰 刚才三位老师分别从特殊教育学校和普通学校给我们提供了家校合作中非常好、充满正能量的做法，并且也取得了很好的教育成效。我们今天的主题是"接纳和融合"。先接纳，后融合。我想从两个方面谈谈我的建议。

从家庭教育方面，我一直觉得"因材施教"是教育实施中最重要的原则，对普通儿童和特殊儿童都适用。我们教育孩子，首先要了解我这个孩子的"材"是什么样的。如果孩子从小对自然科学感兴趣，却要孩子花大量时间去学弹钢琴，我想这是和"因材施教"的原则背道而驰的。特殊儿童也一样，他们有各种类型，有自己的缺陷，但常常也有自己的特长。如聋童，他们虽然听力缺失，但他们视觉能力好、抽象思维能力强、做事专注。我有一个认识很长时间的自闭症小孩，他在一个小学里随班就读，由于认知上的某些特点，他的语文成绩很差。年级越高，孩子学习越困难，因此也常常会有情绪问题。三年级时，一次偶然的机会，妈妈开始让他尝试学习弹琴。刚开始是电子琴，后来弹钢琴，妈妈发现小孩非常感兴趣，每天自觉练习。后来，孩子每年参加钢琴考级。妈妈觉得孩子开始有了自信，也变得越来越阳光。

大家可以看看依据美国的自闭症名人——天宝·葛兰汀的成长经历拍摄的电影《自闭历程》，了解她从一个无法接受普通学校教育的自闭症患者，到被老师发现是一个擅长视觉加工的视觉优先者，到最后成长为一个有很大社会贡献的教授的成长经历。同时，我在这里有一个提议，我们绝大多数家庭是没有带特殊儿童的经验的,刚开始会很慌张,很迷惘,更谈不上怎么"因材施教"了。这时,我们可以接受一些专业学校的帮助,或者一些家庭咨询,帮我们尽快了解各类特殊儿童的特点和身心发展规律,共同制订孩子的教育计划。我们相信,只要对这些孩子"因材施教",他们中有很多人可以成长为很有能力的人才。

胡海静 对,我觉得我们的家长朋友首先要了解自己的孩子,关心他们的生活和学习状况,关注他们的内心和精神需求,培养他们的兴趣爱好。只有这样,才能真正走进孩子的内心,给予他们适合的家庭教育。从懂孩子到爱孩子,从接纳孩子到尊重孩子,就算结果不尽如人意,家长也能和孩子一同面对和解决。

宓孟锦 在普通学校就读的特殊儿童,如果能在真实的校园环境里和同龄孩子一起成长,将是最好的融合方式。我们在努力创造包容、积极的班级环境。每个孩子都会经历各自的成长问题,特殊儿童更是这样。家长要根据孩子的特点和具体的情况,及时、坦诚地和学校沟通自己的顾虑和需求,和班主任一起共同商讨,不断尝试、调整、互相理解,找到最适合孩子的方法。这是一个不断变化的过程,更是我们家长和孩子一起不断进步的过程。

戚瑞丰 对,这就是来自学校的支持。学校教育支持是特殊儿童在学龄期所接受的最重要的社会支持。我们讲的融合教育,并不是说放在普通班级普通同学中让那些孩子自由生长。在多数时候,他们和普通学生一起学习、生活,同时也有针对他们的特殊问题在资源教室开展特定的教育。这些个别化教育是为了孩子获得最好的发展。其实,社会支持不仅仅是我们常常讲的政策支持或者是来自经济上的支持。社会支持需要非常具体的做法,比如说对学生生活的心理氛围的支持。

我有个学生毕业后在省内某个特殊教育职业学院担任四个班级的辅导员工作,其中的三个班是听力障碍班,一个班是肢体障碍班。她觉得和肢体障碍班更容易沟通,更加容易亲近。我说,为什么呢？她说是因为不会手语,所以她在和听力障碍班的学生沟通的时候就需要通过书写来沟通。所以,我建议她尽快掌握手语,这就是对这班孩子最好的社会支持。那么在普通学校中,谁对融合教育工作的开展最重要？我觉得是班主任。班主任是家校共育的桥梁。班主任除了自己接纳特殊孩子以外,一定要建立良好的班级氛围,让班级里的普通孩子理解特殊孩子,形成对特殊儿童接纳、关爱、帮助的班风。当然,家长同时也要支持班主任工作。刚才胡老师、宓老师谈到的很多做法,就是家校共育、共同支持特殊儿童融合教育的具体做法。这些做法也取得了很好的成效。

柳奇君　感谢大家的精彩发言。早在 1994 年,联合国教科文组织在西班牙通过《萨拉曼卡宣言》和《特殊需要教育行动纲领》,首次提出"全纳教育"。如今全纳教育早已走出特殊教育的范畴,进入全民教育大概念之中。每个孩子都是一个特殊的个体,适应每个孩子个性发展的教育才是最好的教育。我们国家提出了"融合教育","融合"意味着"和谐",它着力建构家庭、学校、社会三位一体的和谐环境;"融合"意味着"全部",面对全体儿童,关注每一个儿童的全面发展,构筑终身教育体系;"融合"意味着包容与接纳,合作与共享,尊重与公平。

特殊教育是国民教育的重要组成部分,发展特殊教育是推进教育公平、实现教育现代化的重要内容,是坚持以人为本理念、弘扬人道主义精神的重要举措,是保障和改善民生、构建社会主义和谐社会的重要任务。党的二十大报告提出了特殊教育的普惠发展。所以,我们要用心、用情、用专业、用技能为他们提供更为完善的制度保障,更为坚实的物质基础,更为强大的精神力量,更为优质的教育体系。

每个孩子都有自己的梦,特殊孩子也是一样。我们就是给他们插上翅膀的人!

家校沟通小贴士

如何接纳特殊儿童,拥抱融合教育

1. 写给孩子的话:生活有时候会很艰难,但是请相信你是独一无二的。你有你的优势和特长,你有你的与众不同,你所有的经历都会帮助你变得更加强大。

2. 写给父母的话:你们除了提供孩子物质关怀外,更需要关注孩子的精神需求,走进孩子的内心。从懂孩子到爱孩子,从接纳孩子到尊重孩子,这样陪伴孩子体会成长的过程会变得妙不可言。

3. 写给老师的话:关心孩子点滴的成长与进步,以情育人、以言导行、以身示范,关注优势、正视差异,成为孩子人生道路上的一盏灯。

4. 写给学校的话:满足特殊孩子的个性化需求,为他们设计适合他们发展的个别化教育计划。

5. 写给社会的话:努力探索融合教育之路,营造扶残助残社会风气,完善融合支持保障体系,强化落实特殊教育普惠发展。

第三篇

顺时而动,助力全面发展

家长如何跟进"双减"政策

主持人 / 点评专家

李　丽　　宁波市教育科学研究所基础教育研究室主任,教育学博士,中学高级教师。

所谓虚心,就是保持孩子般天真的态度;而胸襟闭塞,就是在理智上未老先衰。

茶座嘉宾

俞　芬　　小学教师,高级教师,浙江省德育特级教师,浙江省第二批名班主任工作室、宁波市首批名班主任工作室领衔人,宁波市领军拔尖人才第二层级,宁波市首届名班主任,宁波市德育先进。

师也者,教之以事而喻诸德也。

王立义　　中学高级教师,宁波市名班主任、宁波市第二届"四有"好老师、鄞州区优秀教师。

教育不仅是付出,更是成就学生、完善自我。

顾春杰　　中学高级教师,宁波市百优班主任,宁波市"四有"好老师,奉化区优秀教师。

坚信教学相长,倘若给学生一个舞台,学生会还你一个惊喜!

李　丽　2021年暑假以来，教育界乃至社会上最热门的一个词莫过于"双减"。从家长到老师，从中小学到校外培训机构，大家都在谈论"双减"。所谓"双减"，就是7月份中共中央办公厅、国务院办公厅印发《关于进一步减轻义务教育阶段学生作业负担和校外培训负担的意见》，简称"双减"政策。

可能很多家长有一些想法，孩子已经适应了先前的学习节奏，国家却突然出台了这个"双减"政策，这是为什么？三位老师怎么看？

顾春杰　"双减"并非一个"拍脑袋"的政策，"减负"由来已久。我国教育部从1955年开始就发布了减负的第一个文件。2018年，从年初至年末，更是连续发布6个部级以上有关减负的红头文件，史称最严减负年。这次"双减"政策是由中共中央办公厅、国务院办公厅发布，可见国家非常重视。这是国家针对中小学生负担过重，尤其是针对"校内减负、校外增负"现象的重要部署，其目的是培养学生创新精神、创造能力和综合素质，"中国梦"的实现需要这样的人才。这是我对"双减"政策的理解。

王立义　"双减"政策的出台是有步骤、有计划推行的，从5月份的五项规定到7月份的"双减"，到"5+2"晚托管、晚自习，到周末开放，旨在减轻学生及家庭的负担，将教育回归本源、回归学校，是教育上的一次里程碑式的改革，是一次伟大的民生工程。

俞　芬　听了两位老师对"双减"政策的解读，我也来补充一点。"双减"政策的出台还有一层意义，我们也要正确认识。"双减"并不是否定作业的意义或是补课的存在，它要减的是当下社会一种"过度""过泛"的教育现象。

所谓"过度",就是孩子做作业、参加培训班花的时间和精力,超过了相应年龄段适合的承受范围。有些孩子门门都在补,天天都在补,且不说物质上的开销,在精神上,家长、孩子更是疲惫。所谓"过泛",指的是市场上大大小小、各种各样的培训班鱼龙混杂、良莠不齐,有些培训班聘请的老师未必是正规的,培训的效果也要打一个问号。

"双减"政策下,要减的是这些超负荷的部分,让孩子的学习、生活回归到正常的轨道上来。所以,我们作为教师也好,家长也好,正确解读"双减"的意义,客观、理性地看待"双减",用一种积极的态度去接纳"双减"政策,这是很重要的。

李　丽　是的,我们家长不能孤立地看待"双减"政策,要把它放在时代发展的大背景和教育发展的大格局下去思考。如果一个政策,它的出发点是为了人的健康成长和长远发展,那么我们就应该积极支持。

"双减"政策虽然主要面对的是义务教育阶段,也就是小学和初中的学生,但是作为家长,小学的家长想知道初中怎么在做,初中的家长也想知道高中怎么在做。基于"十二年一体化"的考虑,我们本次茶座特意邀请了小学、初中、高中这三个学段的班主任,让他们来分别谈谈他们所在的学校应对"双减",分别做出了哪些调整呢?

俞　芬　我们知道,"双减"政策是一项重大的民生工程,各地学校都做了积极的推进。每所学校所处的学段不同、地区特色不同、学校特点不同,做法上既有一些共性,也会有各自的亮点。以我们某实验小学为例,在"双减"政策出台后,我们学校提出了"减负提质,推进五育融合"的理念。在这一思想的指导下,我们主要从三个层面落实跟进措施:

一是学校层面增加了素养类课程的开发,引进了棒球、武术、走书、越剧等,来丰富孩子们的校园生活。有的家长可能会问,这类课程孩子们喜欢吗?前两天的一幕,我印象深刻。我路过小广场,一年级的小朋友正在上武术课。我印象中,刚入学的孩子在室外上课会站不住,会叽叽喳喳讲空话,没想到每个孩子都非常专注,站得直挺挺,跟着武术老师学习一招一式。从孩子们上课的状态我们可以看到的是,这类素养型的课程,孩子们很喜欢。这激发了他们学习的兴趣,开阔了视野,一定程度上陶冶了他们的情操。

二是教师层面做到课堂与作业紧密融合。"减负提质",这对老师们的工作效率提出了更高的要求。课间作业尽量在课内完成,课堂上要精讲多练,腾出时间让孩子们完成练习;家庭作业尽量借用四点钟延时班在学校完成。在这段时间内,老师都守着学生,孩子不懂随时可以问老师,有些难题老师也会讲解分析,这样也提高了家庭作业的质量。

三是家校共育层面,出台了"五项管理"实施细则,张贴于家校联系册,每位家长都签了名,每一项管理都提出了"三不三宜"。我以作业管理这一项为例(KT板展示作业适量这一块内容)。"三不"首先是对作业量的要求,其次是对作业形式的要求,最后是给予家长的建议。"三宜"则是尽可能为孩子创设舒心的学习环境,注重培养孩子的作业兴趣,注重培养孩子作业的独立意识。我们学校出台这样一份细则,目的就是携手家长共同培养孩子良好的生活和学习习惯。

王立义 中小学都属于义务段。我们初中的努力方向是"书包不离校,作业不回家",即七、八、九年级在校基本完成书面作业。

一是有序推进课后服务。

九年级先实行晚托管、晚自习,运行一周后结合教师、家长、学生的反馈及后勤的配合,再开设了八年级的晚托管、晚自习和七年级的晚托管。下一步准备在周六开展音、体、美、劳、信息等个性化的拓展课程。

二是整合课堂教育到课后服务一体化。

通过课堂、课程、作业、作息等综合性改革,营造轻负高质的教学生态。课堂教学求质量、延伸课后服务、加强作业辅导答疑、错峰放学便于家长接送等一系列的改革体系促进"双减"落到实处。

三是有效实施校本作业方面的改革。

分层作业,即将作业根据难度分为 A、B、C 三个层次,适合不同学生完成;个性化作业的设计,即布置一些任务型的家务劳动作业、亲子间一起完成的主题性的作业及志愿者活动的社会参与作业。

顾春杰 高中虽然不在"双减"范围内,但是我们学校在控制作业"量"和"质"上也有一些有力举措。

一是通过教务处数据统计和学生学情调查来监控学生每天的

作业量。

二是认真落实教育局局长提出的"先做、精选、全改"的针对作业的要求。我校将借助"网易有道"大数据平台，收集学生错题，形成共性错题本，反馈给任课教师。

作业质量管控的目的是给学生腾出自主消化知识的时间，加强教师教学针对性，从而提高教学的有效性！

李　丽　感谢三位老师的分享！的确，从开学至今"双减"政策落地一个月了，小学、初中、高中各学校针对"双减"政策都积极行动，那么，家长们的反响如何呢？他们中既有肯定，又有质疑。

点赞的声音认为，在学校托管班里，孩子做作业效率大大提高，接触了各种文体、科技方面的兴趣社团，晚上回家自主安排的时间多了。但与此同时，家长们的焦虑也不少。家长焦虑的第一个问题是，在"中考"和"高考"的现实下，减少了学科类的培训，孩子的学习成绩会不会下降？

王立义　在"双减"背景下，不同层次学生会产生不同的变化，可以说是因人而异。拿班级中 45 个孩子来说，前 20% 的学生因为自主学习能力强，在校时间基本能完成作业，就有更多的自我支配时间进行提高类题型的练习和课外兴趣的培养。但是，前提是自觉的孩子会更优秀。班级中后 20% 的学生本来在"双减"来临之前的去向大部分就是校外托管班，这样一来看上去只是换了个场地。但是，学习环境不一样，有任课教师帮助，有同学相伴。无疑，他们的学习态度端正了，效率有所提高。大家在学校参加课后托管、晚自习服务中解决了很多家庭问题，但是有一点毋庸置疑:培养孩子的自主学习能力是最重要的。

顾春杰 刚才王老师分析了班级不同程度的学生在减少校外培训情况下可能发生的不同表现。我在思考,这些将会变得更优秀的孩子身上,除了自觉之外还有哪些特质?我想起了浙江大学网红教授郑强分享他担任浙江大学高分子系主任的几年内,该系研究生考试进入前几位的往往不是C9院校的学生,有不少是二本、三本院校的学生。对此现象,我不禁要问:为什么高考成绩优秀的孩子仅在三年多的时间里就被超越了呢?究竟什么样的孩子学业竞争力更强且具有可持续发展的能力?

王立义 对的。从初中老师的角度看,学业竞争力不只是孩子的显性成绩,更是隐性的学业竞争力,即意志力、担当精神和合作能力。有一件有趣的事:有一个学生在男子1000米的体育考中得了9分(满分10分)。我们很多老师都劝他放弃补考,在最后的一个月中把精力放在学科上。但是,他没有放弃,每天下午五点总能在操场看见他的身影。事实证明,他不但学习优秀,而且最终1000米满分。从他身上,我看到了一种敢于挑战、勇于坚持、不达目标不罢休的精神品质。长跑和学习两者有一个共性:需要坚强的意志力。我认为这种不怕挫折、敢于担当、有集体合作精神的孩子具有很强的学业竞争力。所以,我们的家长应该将眼光放宽、放远,应该培养"吃得了苦、负得了责、合得了群"的孩子。

顾春杰 刚才王老师提到了学业竞争力的三个要素:意志力、责任心和合作力。我从一个高中老师的视角看,要实现学生的可持续发展,还必须要具备三个"力",分别是内驱力、自制力和反思力。孩子一旦有了目标,就拥有了内在的动力,学习就会变得主动,学习效果也会更好。这里,我要分享一个有关内驱力的例子。这是我班一位考上名牌大学的女生写给我的话:

其实,高中的我并不是很了解各类大学专业,但心中一直藏着一个小小的目标。最初的缘由是家庭带给我的。我的童年没有爷爷的参与,父亲的青年阶段没有爸爸的参与。这种感受潜移默化地影响了我的心性,从最初的怀念逝者到保护生者、挽留生者,我慢慢地萌生出学医的念头。这个出现不久但却占据我整个生命的烙印指引着我的高中生活。

我记得班主任说过的一句话:你不是这个班上最聪明的学生,但绝对是最努力的学生之一。"最努力"我真的不敢当,只是在当时那个环境下,力所能及地朝对的方向前进。书背不出,就起早一会儿,多读几遍;题不会做,就多问老师和同学。我看不到这些努力短期带来的变化,但我知道这是对的方向,这就够了。那些疲倦困顿的日子,现在想想,都是在路上的闪闪发光的记忆。现在,我已经是医学专业的大二学生了,在慢慢接触到专业课后,很庆幸我对这个专业怀有发自内心的好奇。生物的选择和进化、人体运作的奥秘、疾病的机理和预防治疗都吸引着我往前走。希望有一天,我能做到书本所学即社会所需。

成为一名优秀的医生就是这个孩子的内驱力。进入高中后,自修时间增多,拥有自制力就显得格外重要。自制不是压抑自我,不是苦读,而是要学会张弛有度。学习还需要具备反思力。学会反思能让我们把事情做得更好。对中学生来说,做错题本就是一个很好的反思的实践。我带过的 2020 届一名女生从初一至高三坚持做各科的错题本,作业能做到周周清。品学兼优的她最终以优异的成绩考入北京大学。我想这种坚毅的品格和反思的能力就是她的学业竞争力。

俞　芬　刚才两位老师的分享中主要谈到了两个概念,一个是"学习成绩",还有一个是"学业竞争力",这两者之间有什么关系呢?从两位老师的谈论中,我们可以知道,学习成绩是一种外显的学习成果,常以分数或者名次来量化;而学业竞争力是一种内在的隐形的支持系统。平时,我们可能更关注显性的学习成绩。"双减"政策的出台更像是一种信号,在传递这样一种信息:教育应该回到本源。除了学习成绩之外,我们更应该关注孩子的品格、能力以及精神层面的成长。就是说,我们的教育理念应该从"育分"发展到"育人"。

作为老师也好,家长也好,在育人过程中,有两点我认为是比较重要的。第一,在培养孩子的过程中眼光要放"长"。人生如长跑,每个孩子都在不断变化。我们要培养孩子终身受益的学习能力和精神品格。第二,在培养孩子的过程中,眼光要放"宽",不要只盯着成绩。我们应该去发现孩子身上的优点、亮点,并加以放大,以此点燃孩子对学习、生活的信心。育人的目的,就是让每个孩子都有这样的信念:世界是有光的,生活是明亮的。

李　丽　是的,听了三位老师的观点分享,我也受益匪浅。我们对竞争力的思考不能窄化,要树立正确的育人理念。不要老是把目光放在孩子当下显性的学习成绩,而更要考虑成绩背后的隐性的力量,那些对他们的终身发展更有深刻而持久的影响力的因素,比如自学的能力、内驱力、自制力、反思力,还有对生活的热爱、吃苦的精神、善良的品格、合作的精神等。

"双减"后,家长焦虑的第二个问题是:家长应该做什么,才能更好地促进孩子成长?对于这个问题,我想每个家长都迫切地想要知道答案。有了前面对学业竞争力的理解,有了对"双减"后孩子可持续发展的核心素质和能力的认识,相信家长们的眼光应该会更长远,思考问题也更全面。那么,具体说来,小学、初中和高中三个学段的家长,需要掌握哪些技巧和方法,才能更好地促进孩子成长呢?我们请三位班主任来支支招吧!

俞 芬　小学段的孩子,还是比较依赖家长的。上星期,我在班里做了一次问卷调查,其中有一道题问孩子:"如果回家没有了作业,你认为怎么安排时间比较有意义?"孩子写上来的答案有:和爸爸妈妈一起去外面散步、运动;和爸爸在家里下棋;晚饭后,一家人能坐在一起聊天、看书……你会发现,很多孩子写上来的答案,都希望有家长的参与。

所以对于小学生来说,最好的家庭教育,我认为就是家长能够一起"参与"。家长怎样参与,才能提高家长教育的质量呢?我也给家长朋友提两点建议:第一,人到;第二,心到。"人到",我们比较好理解。您能够和孩子一起做某一件事情,陪孩子一起运动,陪孩子一起下棋,这就是"人到"。何谓"心到"?我举个例子。晚上,我经常看到小区里有家长陪着孩子练习跳绳。有一类家长,孩子练习跳的时候,他就在旁边刷手机,孩子需要的时候,他就帮忙记录一下成绩;也有一类家长,孩子练习跳绳,他也拿了一根绳子在旁边和孩子一起跳,孩子停下来的时候,他还会主动和孩子开展交流。像这样第二类的家长,不光是"人到",还做到了"心到",这就是一种走心式的陪伴。这样的陪伴更能让孩子感受到温度,也更能调动他们做好某一件事情的积极性。

我以前还遇到过一位家长,对孩子的陪伴不光有温度,而且会适时引导教育。例如,他带孩子外出旅行,会让孩子一起整理行李、计算外出旅行的大致费用、查阅旅游景点的文化背景等。他将教育融合在亲子陪伴中,这样的参与不光有温度,而且有深度。所以,他家的孩子很自信,而且各方面的能力都很强。这主要是因为家长一直都在引领着孩子。

王立义 "双减"让我们学会的不是不重视孩子的成绩,而是更重视孩子可持续发展的学习能力的培养。我个人认为,家长可以试着从这三方面做起:

1. 相信老师。相信老师的专业精神。老师、孩子、家庭、学校是在同一战壕里目标一致的共同体。"双减"是一个民生的改革,冲在最前面的是学校和老师,我们要充分相信我们的老师。

2. 了解孩子。了解孩子的生活、学习、兴趣等,对孩子进行有效的帮助和引导,着重培养孩子的自主学习能力。有个案例值得一提。我有一个学民乐的孩子,从小在母亲的高压下学习乐器,小学时还好,很顺从母亲的要求。但是,到了初中,亲子矛盾爆发。真是更年期碰到叛逆期,家里气氛很紧张。作为父母,要了解孩子,学会理解、尊重孩子,千万不要抱着所谓的"为孩子好"的想法把自己的意愿强加给孩子,却不知或无视了孩子真正想要的东西。

3. 改变自我。家长应该自我改变:一要改变理念,二要改变行动。改变我们的工作和生活方式,学会"蹲下身子听孩子的心声"。家长更应改变对孩子的评价方式,应该多元地评价孩子,多看到孩子的长处,学会夸夸自家的娃。

顾春杰　王老师给家长支了三招:相信老师、了解孩子和改变自我。"双减"政策的确对家长朋友们提出了更高的要求。今天借此机会,我也想给高中的家长朋友提两点建议:

1. 身教重于言传。我认为这是家庭教育的魂。央视"一姐"董卿说:"你希望孩子成为什么样的人,那你就去做一个什么样的人。"前不久,《现代金报》采访荣获北京大学"未名学士"称号的王同学时,王同学特别提到了父亲对他的深刻影响。父亲在工作上的探索和奋斗精神,以及生活中常年坚持晨跑的自律精神在很大程度上影响了他。这就是身教的巨大感染力!所以,让我们更多地付诸行动吧!

2. 学会与时俱进。好多家长讲的话孩子听不进去,往往是因为家长翻来覆去就是那几句话,所以家长们也要多学习。学什么呢? 一方面,家长们要主动地去了解高考政策,加深对政策的理解。当孩子在选课上摇摆不定时,家长就可以给出自己的建议,帮助孩子进行初步的职业规划。另一方面,高中生学习压力大,心理容易出现波动。家长们要关注孩子的心理变化,通过多看书、多思考、多实践,缓解孩子的学习焦虑,帮助他们树立"学好"的信心。我坚信,家长们充满智慧的爱将会更有利于构建良好的亲子关系,也定会助力孩子们的成长!

李　丽　三位老师的分析非常深刻而且实用,相信对我们的家长朋友们很有启发。

我之前从两位家长朋友那里了解了他们孩子在校托管的情况。小明和小刚都是四年级的小学生。小明在公办学校,小刚在民办学校。两位家长不约而同地选择了让孩子在课后托管的一个多小时的时间里参加篮球运动,而不是急着写作业。看得出,他们非常看重孩子身体素质的培养。在这里,我还想和大家分享一个知识点:孩子身体发展的窗口期。

孩子的身体发展是有窗口期的。什么是窗口期?到了时间打开,过了时间关上,这就叫窗口期,也叫最佳的发展期或敏感期。我们来了解一下:孩子的柔韧素质训练窗口期从5岁开始,12岁结束;灵敏素质从6岁开始,12岁结束;平衡训练的窗口期从8岁开始,12岁半结束;速度训练的窗口期从7岁开始,13岁结束;协调训练的窗口期从10岁开始,13岁结束。我们不难发现,这些窗口期集中在幼儿园中大班到小学毕业的阶段,等到孩子小学毕业的时候,柔韧、灵敏、平衡、速度、协调窗口期就全部结束了。

所以,家长们不妨现在就利用好孩子们身体素质发展的窗口期,帮助孩子们把柔韧、灵敏、平衡、速度、协调等能力发展起来。对于初中生来说,他们需要将耐力、力量发展起来,多做俯卧撑、平板支撑、长跑等,为孩子的健康成长打下坚实的基础。

"双减"政策貌似减轻了家长的压力,其实对家长提出了更高的要求。以前,家长可以花钱,让孩子上校外托管班和培训班。现在,因为国家对校外培训机构的整治和分类管理,安排孩子的周末和节假日的责任又重新回到了家长的身上。所以,家长要接纳现实,做好心理调节,不抱怨,重新思考自己作为父母应该承担的责任。

在小学、初中和高中,学生的年龄不同,亲子交往模式就会不同,家长陪伴的关注点也各有侧重。比如,小学家长重点是参与式、走心式的陪伴,让孩子感受到家庭的温度,重在习惯的培养,比如培养孩子的专注力、运动能力、阅读习惯和自我管理能力,观察孩子在体育、艺术、科技等方面的潜能,给予积极的支持。初中家长重点在于理解青春期孩子的心理,学会与孩子有效沟通,学会倾听,少唠叨、少说教、少讲理、多同理,多站在孩子的角度思考问题。高中阶段的学生学习压力大,家长更多的是学会给孩子减轻心理压力。如果有资源,还可以从学业与生涯规划上给予引导。

我有一个朋友,她的孩子现在是小学三年级。"双减"政策以前,当身边的同学们从周一到周日都被各种培训班安排得满满当当时,她的女儿只报了一个培训班——小提琴,老师给她的评价是"全班最幸福的孩子"。我问她为什么如此淡定?她说,因为夫妻的教育理念一致,希望给孩子快乐的童年,平时的时间除了学习,就是运动、旅游,在大自然中放松身心。

所以，我们家长要顺应"双减"政策，顺应时代发展的潮流，回归健康的教育生态。大家也要多花一些时间给孩子高质量的陪伴，多引导孩子阅读书籍，了解时事，勤于运动，多和孩子谈心，多创造孩子和同龄人交往的机会。

"双减"，减的是家长的经济负担和孩子的精神负担，增加的是孩子自然成长的幸福空间。"双减"，减的是焦虑情绪，增加的是理性思考，是家长陪伴孩子时的心平气和。"双减"，减的是"教育内卷"，增加的是回归教育常识，是把立德树人落到实处的力度。

家长朋友们，让我们行动起来，用科学合理的方式呵护孩子健康成长！

家校沟通小贴士

家长如何跟进"双减"政策

1. "双减"政策减的是学生的作业负担和校外培训负担,家长们应该承担的家庭教育和亲子陪伴并没有减。家长们充满智慧的爱,会更有利于构建良好的亲子关系,也定会助力孩子们的成长。

2. 学习犹如长跑,都需要顽强的意志力。拥有不怕挫折、敢于担当、团队合作精神的孩子,一般都具有很强的学业竞争力,所以家长应该将眼光放宽、放远,应该培养吃得了苦、负得了责、合得了群的孩子。

3. 学生的可持续发展需要三个"力":内驱力、自制力和反思力。内心有明确的理想与目标,就是学生的内驱力;学会自我管理,具备自制力很重要,不是压抑自我,也不是苦读,而是要学会张弛有度;学习需要具备反思力,做错题本就是一个很好的反思的实践。

4. 孩子身体素质的发展是有窗口期(最佳发展期或敏感期)。比如灵敏素质的训练窗口期从 6 岁开始,12 岁结束;速度训练的窗口期从 7 岁开始,13 岁结束。家长们不妨利用好窗口期,帮助孩子们把身体素质发展好。

二

"双减"背景下，孩子的周末怎么安排

主持人

杨　莹　　小学高级教师，宁波市名班主任，宁波市百优班主任。

想孩子的明天，教孩子的今天。

茶座嘉宾

张亚明　　小学高级教师，宁波市名班主任。

教育就是发现、唤醒、引导孩子成为更好的自己。

吕霞飞　　小学高级教师，宁波市名班主任。

做一名美和爱的使者。

张　亮　　初中科学老师，宁波市名班主任，浙江省班主任基本功二等奖，宁波市班主任工作指导中心研究员，班主任之友封面人物，宁波市学科骨干教师，宁波市教坛新秀一等奖。

解码青春期，渡娃亦渡己！

点评专家

郑东辉 　大学教授,博士生导师,全国课程学术委员会理事,浙江省督学。

给孩子一个快乐的童年,就是给孩子一个灿烂的未来。

杨　鎣　"双减"之后，孩子们在周末、节假日不用上学科类补习班已经有段时间了。那么，大家是如何带娃度过这些日子的呢？

前些日子，我听一位二胎妈妈说，她现在最怕周末。不是领着两个娃穿梭在美术、钢琴、篮球、乐高等各类培训班，就是在家各种陪玩。

针对这一现象，我们开展了一次问卷调查。请三位嘉宾做个分享。

张亚明　经过我们前期的调查数据分析得出：85%的家庭认为，孩子周末自由支配的时间多了；42%的家长有时间陪伴孩子但不知道怎么安排；38%的家长在用心陪伴孩子度过周末，但陪伴的方式方法却并不科学；20%的家庭，家长周末没有时间陪伴孩子。

张　亮　相比小学，初中家长更多的是焦虑，超过80%的家长非常担心孩子的学习成绩随"双减"的实行而下降。

吕霞飞　我们身边确实有这几类家长，一类家长把孩子的周末时间安排得满满当当的，孩子根本没有自主支配的时间。另一类家长觉得"双减"来了，没有学科类培训，在家完成作业以后，就让孩子尽情地玩耍。还有一类家长呢，因周末要上班，为没有时间陪伴孩子而苦恼。

杨　鎣　调查结果非常清晰地呈现了三类家长不同的状态和孩子不同的周末安排。针对以上现状，请郑教授来谈谈自己的看法。

郑东辉　从调查结果可以发现三个问题：第一，家长尽心而认真地安排周末时间，但不知道这样的安排是否科学合理。第二，家长有时间陪伴，但不知怎么安排时间、安排哪些内容。第三，家长很想安排,却没有时间陪孩子过周末。

这些问题的背后反映出家长对周末时间不正确的认识与不科学的安排,甚至不作为。如何帮助家长有效利用周末时间,就成为"双减"当下的重要命题。一方面,需要家长消解一个误区,即学习是孩子的全部生活。其实,孩子不是学习的机器,他们应该有丰富多彩的生活。我们应该给予他们更大的课余生活空间。另一方面,我们要树立一个观念:孩子是大家的。孩子不是家长一个人的,他有自我需求,学校对孩子同样有明确的目标取向,社会对孩子的成长也有要求。所以,家长在安排周末的时候,不要只把自己的期待全都放到孩子身上,而是要兼顾各方需求,特别是孩子的意愿与需要。如此,才有可能将孩子的周末生活变得充满生命活力。

杨 莹 郑教授的这番话让我想到,孩子是相对独立的一个人。他只是经由我们来到这个世上,来实现自己的价值。所以,家长的眼中要看到"人",看到"孩子"。这样,我们所做的一切才会更有意义。

杨 莹 首先,一起聊聊第一个话题:周末到底要安排哪些内容?针对这个问题,三位名优班主任会有哪些锦囊妙计给到大家呢?

张亚明 处于基础教育阶段的孩子,应该在旷野上奔跑,在运动场上流汗,应让自然、艺术、科学和劳动成为孩子的玩伴。所以,我们可以在周末安排以下的活动:亲近自然,让孩子走近山山水水,感受花鸟虫鱼。我认识的一位班主任胡老师让学生周末干啥去呢?下田去!她让孩子们体验当小农民的艰辛与喜悦。

吕霞飞 我们小学六年级的孩子也在周末走进田埂地头,跟着农民伯伯割稻、脱粒、搬运,孩子们在体验中感到非常快乐!

张亚明 我们也可以让孩子走进各种场馆,如体育馆、图书馆、博物馆、影剧院等。在过程中,孩子不仅能增长见识,还能放松心情、陶冶情操。比如,我的同事李老师,上个周末和家长一起,带着孩子们走进东方艺术博物馆,去了解非遗文化,体验传统工艺。又如某小学秉持"让孩子在阳光下"的理念,"每人一球"成了这个学校的特色,让每个孩子爱上篮球、爱上运动。周末,"大手牵小手"的乡村篮球赛开始了。以南溪村为中心,周边的村民周末会自发到学校操场打篮球。大人一组,孩子一组,一起享受运动的快乐。

张 亮 我建议,家长要有意识地多跟孩子"同做一件事",包括前面提到的亲子共读、亲子旅行等,还可以是同看一部电影、同看时事要闻、同看有教育意义的优秀电视节目等。当然,重在坚持、每天参与,比如孩子上初三,我们家长可以跟孩子一起进行体育锻炼打卡。尤其是不擅长跑步的女孩家庭,家长要陪着孩子一起跑,彼此的能量会相互影响。在寒冷的寒假,那种坚持的力量会让整个家庭倍感温暖。相比小学生注重自理能力的培养,初中孩子更需要关注自律能力的培养。孩子不是天生就能做到自律的,需要我们家长的言传身教。因此,"同做一件事"既是高质量的陪伴,又是"自律性"的言传身教,也是孩子学习力培养的重要方式。"同做一件事"还能形成亲子共同话题,达成亲子有效沟通。我是科学老师,曾在班上开展"亲子家庭实验"课程,很受家长和孩子们的欢迎。让家长和跟孩子一起动手动脑,做做科学小实验,扩充孩子知识储备的同时又多了许多可跟孩子探讨的共同话题。要知道这些实践性的话题可比那些枯燥乏味的说教更能引起共鸣，从而增进与青春期孩子的亲子关系。

张亚明 家长还可以鼓励孩子多参加社会实践，进入真实的社会环境。在实践中，孩子不仅能锻炼其自理能力、独立能力、沟通能力，还能锻炼抗挫折能力，强大自己的内心。我们学校就有同学利用周末去义卖，并将这笔款项捐献给贵州晴隆的新龙小学，让那里的孩子喝上了自来水。

张　亮 我有个比较好的安排策略，就是"主题式周末安排"，每月定一个主题，周末安排围绕这个主题进行。比如10月份以"孝亲"为主题，这个月可安排做一次敬老院志愿服务，还可安排重阳节登山、中秋节探望长辈等。又如11月以"公益"为主题，那这个月的周末就可安排一系列的公益活动，包括整理共享单车、参与小区垃圾分类志愿活动等。这些主题和活动可以跟孩子进行深入探讨后共同设计。这样的周末会给孩子带来好多宝贵的成长故事。

张亚明 读万卷书，行万里路。周末有了大量时间，家长可以带上孩子走一走、访一访，进行探究性项目学习。我们班就搞过一次以"探究特色小吃"为主题的系列活动——前童三宝、麦饼、汤包、青麻糍、桥头胡海鲜面等都成为孩子们探究的主体。

我们宁海有许多特色村落，像许家山石头村、前童古镇、网红打卡地骆家坑等。家长可以和孩子一起"走村串乡"，探究这些村落悠久的历史、淳朴的民风、丰富的人文……

这些探究活动既丰富了孩子们的周末时光，又增长了他们的见识,更是一部部"爱国爱家乡"教育的活教材。

吕霞飞　周末,孩子们还可以做以下两件事。第一件,陪伴长辈。以前的周末,孩子不是在补习班,就是在赶往补习班的路上。我们家长也要忙着接送,很少有时间陪家里的长辈一起好好吃个饭、聊个天。现在周末有了充裕的时间,我们就能把这一份孝心给补上了,常回家看看,让长辈享受天伦之乐。第二件,让孩子学会自己的事情自己做,培养孩子的生活自理能力。比如,洗红领巾、小手帕,剪指甲,整理文具盒书包,学会叠被子,整理书桌房间……我们学校有个同事有一对双胞胎儿子,她十分注重两个孩子生活自理能力的培养。孩子7岁左右的时候,我去过她家里,发现两个孩子的房间抽屉十分整洁,物品摆放很有规律。我还听她说,周末假期还教孩子洗菜做菜、洗晒衣服。现在俩孩子长大了,德才兼备,都长成了我们期望的样子。

杨　蓥　我很认同嘉宾的观点。孩子在家庭中学会的解决问题的能力、自律的习惯以及热爱生活的态度,将伴随他们一生,成为他们获得幸福的最重要品质。

郑东辉　刚才三位班主任给家长朋友聊了很多周末活动的内容和类型。我来梳理一下,给家长朋友们一个参考。

从发生的场地来讲,可以分成三类。第一类是在社区居家环境当中,可以劳动、做亲子游戏、陪伴老人、做家庭作业、进行社区体育锻炼等。第二类是在场馆机构中。比方说张老师提到的,可以去博物馆、图书馆、少年宫……可以做一些自己喜欢的体验类、艺术类的活动。第三类是三位老师都比较赞同到户外亲近大自然,可以是登山、徒步、研学旅行等。

这三类场域的活动,大家可以根据自己的精力、能力、经济条件做合理安排,不要只盯着居家作业。这样孩子也会变得灵动起来,觉得周末是有意思的。家长千万不要把周末变得比在学校学习还要恐怖。三位班主任给家长提供了很好的思路,我们可以尝试去做一做规划。

杨 蓥　的确,三位名优班主任结合自己的班级管理经验,给家长朋友们出了不少有用的点子。原来"双减"后的周末可以安排这么多内容。"双减"的目的并非不让孩子学习,而是通过多种途径去学习。因此,家长要让孩子进行多元化学习,不仅是学书本上的知识,还可以学很多其他的内容。我们家长要多思考什么才是让孩子受益一生的教育。

杨 蓥　现在,家长朋友们一定了解了周末可以安排哪些内容。那么怎样科学合理地安排孩子的周末呢?这是我们要聊的第二个话题。

张亚明　科学地安排周末,我建议,首先要把阅读放在首要位置。阅读可以让一个孩子在有限的时间里获得更多的知识。想要开阔眼界、丰富阅历,最方便的方式是阅读。尤其是小学阶段,更要开始培养孩子的阅读兴趣和阅读习惯。因为现在初中生基本上没有太多的阅读时间,高中尤甚,而在学习测评中大量题目和阅读能力又息息相关。阅读能力的形成也不是一蹴而就的,只有厚积才能薄发。以前可能苦于没有时间阅读,现在"双减"之后,孩子的周末有了大量自由安排的时间,就可以去尽情地阅读,读经典,读整本书。如果你周末有时间,就多陪陪孩子,进行亲子共读;如果实在没时间,就把孩子放到图书馆。图书馆里的阅读环境会感染孩子,同时也可以抵御家里电视、电脑、游戏的诱惑。

我身边有这样一位班主任,他一直在践行"陪伴从亲子阅读开始"的理念。每周末,他们班的孩子和家长都会一起去村图书馆阅读。他也带着女儿,驱车40多公里,去陪自己的学生、家长一起读书。家长朋友们,让孩子爱上阅读必将成为这一生最划算的投资。

杨 莹 张老师说得极是。有一句话很有力地说明了阅读的重要性:如果您没时间陪孩子,请让他阅读,书会陪他;如果您不会教孩子,请叫他阅读,书会教他。

张 亮 我觉得科学合理安排周末,首先要从时间的分配上去考虑。这里,我比较推荐时间分割法。随着初中学习内容的深化和容量的增加,孩子们学习力的培养和自律的养成显得尤为重要。

家长要帮助孩子做好时间管理,什么时间起床,什么时间写作业,什么时间锻炼身体等都需要科学地规划和安排。我的班级里有位家长在这方面还真做得挺好的。二胎家庭,大孩子读初二,小孩子读小学三年级。他们家每个周末都会有固定的亲子活动,会在每个周六的晚上一起去探索一家新的饭店并共进晚餐,睡前会一起看一部有意义的纪录片,会在每个周日的上午一起去踢足球……哥哥的成绩在我们班一直名列前茅。其实,如果你会更好地生活,可能也就会更好地学习。

其次,一定要给予孩子整块的自主学习的时间。相比于平时,周末最大的特点就是拥有支配时间的可能性。这些时间是可以用来去攻克一些难题和进行系统化复习的。相比预习,复习会更加重要一些,也就是我们说的平时做预习,周末做复习。它的核心就是周末要去做专项的突破。攻克一些难题,整理一些错题,发现一些自己没有吃透的、没有完全掌握的知识点去进行专项练习。最关键的是,千万不能让孩子带着问题进入新的一个星期,否则基础不牢的孩子学得越多,问题也越多。

吕霞飞 首先,我认为给孩子选报艺术特长培训班要尊重孩子的兴趣,不要把家长的意愿强加给孩子。其次,我觉得不要选报太多。我们选择孩子最喜欢的,或者最适合的一两样就好。最后,要注重培养孩子的艺术素养,而非机械的技能训练。我想从一个家长的角度和大家分享我的一点心得。

我的孩子曾经也是琴童,6 岁开始学钢琴,小学二年级的时候就考出了四级,但是这成绩是孩子一把眼泪一把鼻涕换来的。那个时候,孩子的父亲看到这样的情形,就问我:孩子学琴的目的是什么?如果学琴的过程是痛苦的,孩子感受不到音乐给她带来的快乐,那还有什么意义?是啊,孩子父亲的一番话引起了我的反思。我可能在考级前太多地关注了琴技和考级的结果,而忽略了孩子的感受。这不是违背了我们的初心吗?后来,我们及时地进行了调整,更多引导孩子感受每个音符、每个乐曲所描绘的情境和讲述的故事,让孩子从中获得成就感和愉悦感,努力让孩子保持兴趣。如今,我女儿已经考上了国内一所知名的音乐学院。她曾说过这样一句话,作为家长的我听了之后还是很欣慰的。她说:"妈妈,如果小时候你硬逼着我学琴的话,可能后来我也不会选择学音乐这条路。高中三年的学习,我很辛苦,但不痛苦。"可见,在特长的培训中,兴趣的重要性不言而喻。

杨 銮 是的,我们的家庭教育应该做到"保护天性,尊重个性,培养社会性",让孩子们愿意学习、学会学习和学会成长。我也想给家长朋友们提个醒:我们在安排孩子的学习时,还要注意动静结合、文理兼容,要记得留给孩子一定的自由支配的时间。

张 亮 对于部分自律性欠佳的初中孩子,我觉得可以尝试"菜单式周末安排"。制作一份有十余道"周末大餐"的大转盘,菜单的内容由孩子自己来填写。当然,事先要说好,设计的必须是积极向上的选项,如爬一次山,看一场电影,去一次露营,看一次漫展等。每当孩子完成每周自己制定的阶段性小目标时,他就可以转动大转盘,以抽奖的方式挑选一道"周末大餐",然后再相应地根据自己的需求补充一道"周末大餐"。每周三可转动大转盘来选择周末的行程。这样一来,孩子每周都可以充满期待去地完成自己的目标。

杨 銮 有一部分家长说:"我们也想好好陪伴自己的孩子,但我们很少有周末,想陪伴却没时间,这可怎么办?"别急,三位名优班主任将针对第三个话题继续放大招。

吕霞飞 如果周末没有时间陪伴孩子,我们家长要动一番脑筋。我有两个建议。

建议一:二胎家庭里,如果俩孩子有一定的年龄差距,是不是可以像我们小的时候一样,哥哥姐姐带着弟弟妹妹玩?我记得小时候的暑假,爸爸妈妈上班后,我们就在家里由姐姐带着我们过暑假。我们去井口挑水,去埠头淘米洗菜,一起做饭,一起学习。有的家长可能会说:现在的孩子怎么能和我们小时候比呢?虽然时代在变化,但是我认为只要我们信任孩子,给予正确地引导,也许他们会比我们想象的能干。

建议二:我们也可以借助班级家委会的力量,先请热心的家委会成员摸排一下,班级中哪些孩子周末家长没时间陪伴。然后,这些孩子组成一个学伴小组。这些孩子的家长也建立一个互助合作小组,分时段来陪伴孩子开展有意义的周末活动。比如我们班就有一个"飞雁足球队"。家长们共同聘请了一个专业教练,每周日下午进行足球队的训练。每周有一个家长在场陪伴。孩子们都说周末和小伙伴一起踢球很高兴,家长们也说提高了孩子的身体素质,增强了体质。我觉得这种模式可以供没有时间陪伴孩子的家长们参考。

张　亮　针对这个问题,除了吕老师提到的发挥家长、家委会的力量之外,还可以发挥好社区的力量。"双减"之下,通过挖掘社区育儿资源,让学生回归正常的社区生活,我觉得是十分必要的。这样,孩子们的课余生活会更丰富,意料之外的价值也得以显现。

首先,社区可提供宝贵的"社区实践"基地。课堂就在家门口,有退休的老爷爷,有热心的老奶奶,也有放假在家的大学生,还有各行各业的工作人员。这些都可以成为社区孩子的宝贵资源。社区发动这些力量给孩子提供丰富多彩的"社区实践"的课程资源,充实孩子的周末,拓展孩子的成长空间。同社区的家长也可以形成"家长互助联盟",在周末他们可化身"共享父母"。我所在的小区内就有家长以接龙的方式在微信群内为孩子"众筹"活动，自发地轮流担当"共享父母"、担任志愿辅导员，筹划日程安排，维持活动秩序。"共享父母"提供的高质量陪伴既满足了孩子们和小伙伴一起玩的期盼，也解决了双职工家庭带孩子难的长期痛点。眼下，上海正积极打造"15分钟内社区生活圈"，致力于提升城市软实力，在步行15分钟范围内的便民生活圈实现轻松带娃，提升城市生活幸福感。

其次，社区可提供宝贵的"混龄教育"的环境。我们学校教育一直在做的是"同龄教育"，但是孩子们一走出校园却要面对各种不同年龄段的人。其实，无论是农村，还是社区中的不同小区，不同年龄的孩子聚到一起所产生的化学反应是不容小觑的。原本在家中习惯于以自我为中心的少年们，在这个由一群混龄伙伴组成的小社群里，他们会慢慢学习如何与他人沟通、协作，会慢慢适应不同年龄和思维方式的人群，这是对学校同龄教育的一个很好的补充。我觉得，同在一个小区的家长们可以协同居委会、小区物业、农村村委会组织活动，也可以自发组成这样的联盟，为孩子搭建健康的"混龄教育"的环境。让孩子共同参与社区活动，可以提升孩子待人接物的能力，发展健全人格。这些是孩子成长所需的必要品质。

张亚明 我们可以借助社会力量来帮助周末没时间陪伴孩子的家庭。《中华人民共和国家庭教育促进法》也明确规定，国家和社会要为家庭教育提供指导、支持和服务。

在我们县，有一个有名的"守望乡村"——乡村儿童精神成长关爱项目。这个项目是由宁海县妇联、人民政府、某小学教育集团、某艺术幼儿园等联合推出的一个公益项目。这个团队整合多方社会资源,明确各机构的职责。如基层政府作为牵头,总体督导;学校建立相关的儿童辅导机构,从学业和心理上给予支撑;村级或社区机构为儿童建档建册,长期追踪关注;社会专业性关爱机构根据儿童的需求定期开展活动。各机构通过同联同动、系统化构建,各有侧重地促进儿童健康成长。所以,没有时间陪伴孩子的家长可以把孩子放到这样的组织机构里。

杨 莹 三位名优班主任给家长朋友们提了很多指导性建议。郑教授,您还有什么叮嘱?

郑东辉 针对5000户家庭问卷调查中发现的一些问题,三位班主任主要回应了几个共性问题:周末安排一些什么内容?怎么去安排?没有时间安排的家长应该怎么去做?在"双减"的背景下,没有学科补习机构来支持,我们怎么去安排周末时间?三位班主任对这个问题,给出了一些很好的建议。

现在还需要追问:我们为什么要这样做?目的是什么?我们在周末做各种安排,不仅要学习,还要有体验、考察等,让孩子的业余生活丰富起来。为什么要这样干?

我想到了两个很重要的目的。第一,我们要给孩子一个幸福的童年。我们经常会听到这样一句话:"一个幸福的童年,可以滋养人的一生。"如果孩子的童年遭受某些严重的创伤,可能需要一生去疗愈。人生不可逆,经历过了就不可能重新来一次。丰富的业余生活,其实是给孩子一个幸福快乐的童年。"童年"不能狭隘地理解为小学阶段。从研究的角度来讲，童年应该是未成年人，也就是说从出生到高中学习结束的这段时间都是童年。我们要通过周末的安排，还给孩子一个幸福快乐的童年。这是第一阶段很重要的目的。

第二，我们要去思考：通过这样的安排，我们到底要培养什么样的人？我们是要把孩子培养成你曾经没有成为过的人吗？就像我们经常讲的"望子成龙，望女成凤"，还是要让孩子成为他自己喜欢的，而且又对社会有用的人呢？我想应该是后者。孩子不讨厌自己，喜欢上自己，而且又对社会有用，这是我们安排周末时间时需要考虑的。就像吕老师讲的，通过兴趣特长的培养，她的孩子走上了自己喜欢的音乐道路，慢慢地喜欢自己，也对社会有用。我们要去追求这样一个目标。

如果追求这样一个目标，我们要宽泛地来看。不只是周末两天，可能暑假、寒假，甚至包括未成年人的整个人生规划，都需要我们家长跟他一起去思考，一起去规划。比方说，我们要从幼儿园看到高中，不能只看幼儿园，也不能只看小学，要整体来看孩子的成长。你去陪伴他，你去倾听他，你跟他一起去思考他的人生规划。特别是孩子初高中时，我们要跳出周末时间的安排，着眼于整个未成年的生涯规划，让孩子成年以后有更多的自主性。

未成年阶段是一个非常重要的阶段，需要监护人陪伴孩子成长。我们讲"'双减'下孩子的周末怎样安排"这个主题，不只是简单地讲周末时间的安排。家长朋友们为什么焦虑？用现下的一个词就是"内卷"。希望我们家长能够从长远发展的角度，以15年为长度来看我们孩子的业余时间安排，这是我们做这个节目的目的。希望家长朋友们跟我们一起去思考、去规划、去实践这个很重要的人生命题。《中华人民共和国家庭教育促进法》颁布以后，家庭教育已经变成"国事"，所以需要家长把我们的孩子变成大家的。孩子喜欢自己，对家庭有用，又对国家有用，那我们的家庭教育就成功了，我们的学校教育也成功了。

杨 莹　我们究竟要把孩子培养成什么样的人？作为家长，我们确实要去思考，探索一条对孩子、对社会有益的路。亲爱的家长朋友，充实健康、丰富多彩的周末，对孩子们来说，是储存生活能力、积蓄成长动力的加油站；对家长来说，是增进亲子关系、切实感受孩子成长的机会。希望"双减"后的周末，家长能成为孩子生活中的好老师，用科学合理的方式呵护孩子健康全面地成长。

家校沟通小贴士

"双减"背景下,孩子的周末这样安排

1. 处于基础教育阶段的孩子,周末应在旷野上奔跑,在运动场上流汗,多参加社会实践,走一走、访一访,进行探究性项目学习,进入真实的社会环境。我们可以借助社会力量来帮助周末没时间陪伴孩子的家庭。

2. 周末最大的特点就是拥有自主安排时间的可能性。家长要有意识地引导孩子进行高质量自主学习,攻难克坚;有意识地多跟孩子"同做一件事",形成"亲子共同话题";有意识地连同社区为孩子搭建健康的"混龄教育"的环境,让孩子的教育更有生命力。

3. 周末时光,孩子可以多读"无字之书"!在家长的引领下,陪伴长辈、学会自理、听从内心、学习特长。部分家长若无空闲,可试着让大宝带小宝,培养责任心;家长之间也可互助合作,轮值陪伴。让孩子在轻松愉悦的时光里,主动学习、体验生活、快乐成长!

4. 陪伴孩子一起玩,玩转世界,引导孩子在玩中学;向社会学习,学交往、学探究,玩出新天地、玩出新境界,学玩结合促成长。

三

如何引导孩子在学习之余做家务

主持人

乐天鹰   宁波市名班主任工作室成员,宁波市新秀班主任,浙江省班主任基本功大赛一等奖。

                劳动是一切知识的源泉。

茶座嘉宾

娄冬芳   小学高级教师,宁波市首届名班主任,宁波市首批名班主任工作室领衔人,宁波市新时代教师队伍建设改革成绩突出个人,宁波市师德先进个人,宁波市德育先进工作者。

                劳动是财富的源泉,也是幸福的源泉!

林甜密   小学高级教师,宁波市首届骨干班主任,宁波市十佳智慧班主任,曾获宁波市德育优质课一等奖,奉化区骨干班主任,奉化区教坛新秀。

                劳动是社会中每个人不可避免的义务。

屠剑巧   小学教师,宁波市"四有"好老师,宁波市名班主任,曾获宁波市"教坛新秀"一等奖。

                劳动不只为着生活,也是为着健康。愿我们的孩子能在家务劳动中健康成长。

点评专家

余吕明 高校副教授,高校高层次"双师型"教师,专业硕士研究生兼职导师,教育部学校规划建设发展中心访问学者。

认真做人、做事、做学问。

重塑家长对学生家务劳动的认识

乐天鹰 一直以来,在教育界有一个持续热门的话题,那就是劳动教育。培养"德智体美劳全面发展"的孩子,是我们家校共育的终极目标。但是现实中,劳动教育总是缺位。在"双减"政策下,孩子们自由支配的时间多了。如何利用这个契机,从家庭生活中开始劳动教育?本期茶座就和大家聊聊孩子们家务劳动那点事。最近,我们针对孩子的家务劳动做了一项问卷调查,我们一起来看一下。

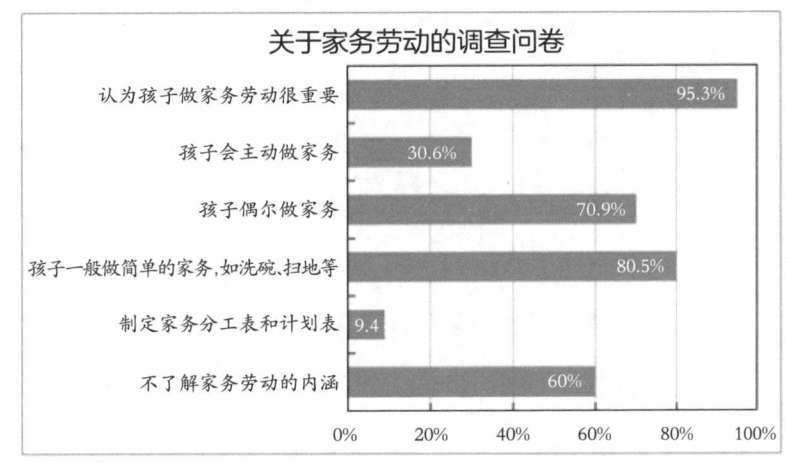

林甜密 从调查中我们发现,孩子在家务劳动方面存在不少问题:只有30%左右的孩子会经常主动做家务;从孩子做的家务内容看,大部分孩子只会做穿衣叠被、倒垃圾、整理自己房间等简单的家务劳动。但对于有难度、有挑战性的家务,比如烧菜、刷马桶等,大部分孩子不会做。其次,做家务随意性比较大。据调查,超过90%的家庭没有家务分工表和计划表。70%的孩子偶尔做家务,整个劳动的过程完全是随性而为,没有计划性。

屠剑巧　其实,大部分孩子是喜欢做家务的。我们在生活中常常可以看到这样的现象:一个孩子兴冲冲地想要参与家务劳动,家长就会这样拒绝:"别添乱,你还是好好学习去吧!"其实,这样的回应不仅对孩子的学习毫无帮助,反而会打击孩子做家务的积极性,甚至让孩子对自己的能力产生怀疑。长此以往,我们的孩子就变得不爱劳动,也不会劳动了。问卷中,不少家长困惑自家孩子为什么懒于做家务,其实家长不让做也是造成孩子懒于做家务的原因之一。

娄冬芳　从林老师的数据分析和屠老师的现象分析中,我们真切地感受到,孩子们缺少家务劳动的真实体验。这样时间一长,各种问题就会出现。比如在学校里,有的孩子鞋带散了不会系,有的孩子做值日时不会拿扫把、地扫不干净,有的孩子书包里、抽屉里的东西乱七八糟的……那么,当这些孩子长大后进入大学,他们会遇到哪些问题呢?我们常常在各类报道中可以看到,有的大学生由于生活自理能力差要家长陪读,有的甚至因为离开父母无法适应而被退学。从以上案例当中,我们不难看出,孩子小时候养成的劳动意识淡薄、劳动习惯差、劳动技能欠缺等问题,还会导致其他方面的问题,比如责任感缺失、不懂感恩,把他人的付出看成是理所当然的等。我觉得,一个孩子具有了劳动的习惯,才能有更好的生活。

乐天鹰　很多孩子不做家务,也反映了家长在观念上没有充分认识到劳动教育的重要性。我们在数据中也看到了,部分家长对孩子的家务劳动教育的内涵并不了解。余教授,您在从事"中小学减负"

的研究工作,您能给我们解答一下吗?

余吕明 关于劳动教育,其实我们从自己的人生经历中也可以体会到。我们不是说嘛,大雁美在高空,花美在绿丛中。那我们人呢?美在劳动中。马克思曾经讲过,消除社会上最大病毒的最佳消毒剂就是劳动。对于我们成人来说,我们还有一句话,劳动是长寿的秘诀。《中华人民共和国宪法》规定,劳动是我们每一个公民应尽的责任和义务。从我们国家的整体情况来看,国家对劳动教育是越来越重视的。2021年12月13日全国政协主席汪洋在"全面加强新时代中小学劳动教育"的网络议政远程协商会议上强调,加强劳动教育事关青少年的健康成长,事关我们的经济和社会的发展。2020年,我在教育部挂职的时候,对全国10个省采集了620万的数据,经过清洗,最终选出能够用的520万数据。在该数据中,关于在家里父母是不是应该让孩子做家务劳动这个问题,结果显示86.04%的家庭会经常让孩子做家务,13.96%的家庭就从来不让孩子去做家务。所以,我想,今天我们这个话题一定会引起家长们的共鸣。

乐天鹰 是的,劳动是孩子成长过程中不可或缺的一部分。我们可喜地看到,几乎九成的家长认为家务劳动教育是非常重要的。但在实际生活中,孩子劳动的时间和次数相对还是比较少的。这样的数据对比其实也反映了家务劳动中存在的问题。很多家长在问卷中也提出了不少困惑:如何提高孩子做家务的积极性?当学习和劳动冲突时,家长应该怎么办?孩子做家务要不要给报酬?我们将在接下来的探讨环节中,和大家分享解决的方法。

学习时间和劳动时间冲突怎么办

乐天鹰 在视频中,我们也看到,有的家长不让孩子做家务,认为学习最重要;有的孩子喜欢做家务,但家长有要求,必须得先完成家庭作业。老师们,你们怎么看?

屠剑巧 关于孩子们的心声,我也曾向家长们进行过调查。我发现,大家不让孩子做家务的原因主要有以下三点:第一,家长们,尤其是祖辈,过分疼爱孩子,认为学习比家务重要得多;第二,家长们觉得,孩子做的家务很难达到自己的要求,比如担心孩子洗碗时洗洁精没冲干净等,最后还要由家长来扫尾,于是家长们就觉得还不如自己做省时省力;第三,有的家长认为,家务劳动可以由智能机器或家政人员来完成。其实,我是非常理解父母的。因为同样作为家长的我,也曾经有过这样的心理。

林甜密 确实,现在有很多家长为了这样那样的原因反对孩子做家务,这让我想到我的一个学生,他目前在北京大学读书。在我的记忆中,他的书包整理得井井有条,哪怕是草稿纸,也被叠放得整整齐齐。每次春游、秋游,出游的物品不用妈妈准备。他能根据自己的需要安排妥当。据他妈妈说,孩子从小自理能力很强,书桌、书包以及自己的房间都由自己整理,家务活经常抢着做,是个有担当、有责任心的孩子。

乐天鹰 这让我想到了班级里有几个爱做家务的孩子。我发现,他们的责任心也很强。家长朋友们,你们发现了吗?像做家务这样的劳动教育,在培养孩子优秀品质方面具有非常重要的作用。它既能促进孩子们的身心健康,又能让家长们缓解焦虑,促进家庭和谐。何乐而不为呢?那么,刚才大家关注的学习和劳动时间冲突的问题,我们请娄老师给大家支支招。

娄冬芳 针对这个问题,我做过相关的实践研究。我想给大家分享的妙招是,简单的家务天天做,复杂的家务安排做,不会的家务学着做。

第一,简单的家务天天做。其实,家务劳动不一定非得拿出一大块时间来做,可以从日常生活劳动做起。比如孩子每天起床后,自觉整理床铺;每天吃饭后,主动收拾碗筷、扔垃圾;每晚做完作业后,自觉整理书桌等。孩子们如果像这样日复一日地主动自觉做家务,不但不会影响学习时间,而且还能提高学习效率,养成做事主动的习惯。大家都知道,好习惯滋养一生。

第二,复杂的家务安排做。有的家务劳动需要大块时间,比如洗衣、擦窗、烧菜等。我们要引导孩子在双休日或者作业少的时候做。我带的班级孩子曾体验过"今天我买菜"家务劳动。孩子们在双休日独立完成买菜的任务。家长可以指导,但不能代办。买菜这件事看似简单,却有很多学问。孩子们体验后,都很有感触。

第三,不会的家务学着做。针对孩子目前还不会做的家务,家长要有耐心地教。除了教他们方法,更要给他们不断练习的时间。

余吕明 我的想法是,家务劳动和学习实际上并不矛盾。做家务的过程又是一个学习的过程。我们不是有一句话吗?吃鱼的不如打鱼的乐。家务劳动能让孩子体会劳动的过程,是一个快乐的学习过程。作为家长,我们应该协助孩子合理地安排学习和家务劳动，使家务劳动真正地促进孩子的健康成长。

乐天鹰 简单的家务天天做，复杂的家务安排做，不会的家务学着做，娄老师的三个妙招真是太实用了，一下子就让我们豁然开朗。正如余教授所说，家务和学习并不冲突。家务和学习都一样重要。合理安排最关键。

做家务习惯的养成

乐天鹰 那么，如何培养孩子做家务的好习惯呢？林老师，您进行过相关的研究，请您来分享一下吧。

林甜蜜 我给各位家长朋友献上一计——"制订一份家务劳动分工表"。将每个人主责的家务列出来，全家人互相监督，推动这份分工表的执行。

我们班的小朋友和爸爸妈妈一起制订了专属于他们家的家务劳动分工表。根据家务劳动的难易程度进行分工。家里的每个成员都有劳动任务。这样就形成了"人人为我，我为人人"的家务劳动氛围。孩子也会在参与家务的过程中明白干净、整洁、有序的家，离不开家庭中每一位成员的辛勤付出。自己的事情自己做，大人的事情帮着做，不会的事情学着做。这样持之以恒，相信孩子就能养成良好的家务劳动习惯。

屠剑巧 刚才林老师提到的"家务劳动分工表"确实有助于家庭劳动习惯的养成。我想到了我们家的"家务劳动彩虹能力表"。大家看，我们把家务劳动按照不同的劳动类型,或者不同的劳动区域进行模块的划分。比如,我们按照劳动类型来分,可以分为"日常保洁""整理收纳""烹饪制作""购物理财""种植养护""计划安排""其他"这样七种不同的类型,每种颜色代表一项劳动技能类型。每当孩子掌握一种劳动技能,我们就可以在对应的"彩虹能力表"上贴上相应的劳动勋章。比如,我们家孩子学会了买菜,那么我们就会在"购物理财类"区域为孩子添加一枚"超市采购小勋章"。我们把这条"彩虹"贴在家里比较明显的位置。每当孩子看到这条彩虹,他的心中会有很强的自豪感,而我们也可以更加直观地看到孩子在劳动能力发展的优势区域。

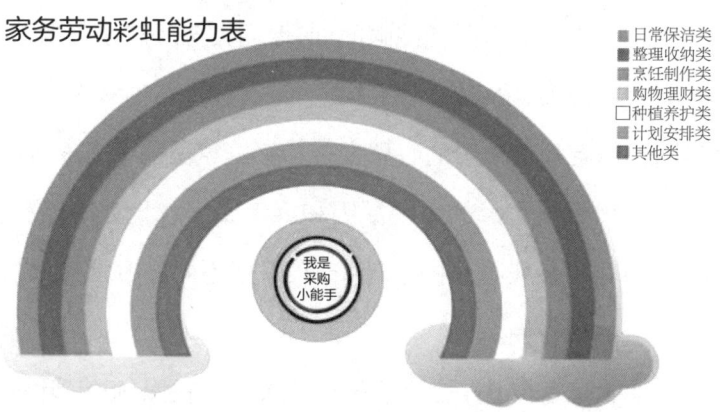

乐天鹰 老师们真是妙招连连!家务劳动表、彩虹能力表等工具既丰富了孩子家务劳动的内容,又拓展了劳动的空间。劳动习惯就是在浓厚的家务劳动氛围中一点点养成的。家长朋友们,不妨去试一试。

如何提高孩子做家务的积极性

乐天鹰 接下来,我们要聊的问题真是备受关注。将近80%的家长对如何提高孩子的劳动积极性感到困惑。随着年级的升高,孩子们的劳动积极性不断下降。各位怎么看?

林甜密 乐老师说的现象,我深有感触。除了刚才我们聊到的几点原因外,我认为还有几点也是重要因素。首先,孩子们的家务劳动内容和形式比较单一。比如扫地,我们班的小王吐槽:"从一年级扫到六年级,一点挑战性都没有。"其次,年级高了,孩子的学习压力越来越大,作业越来越多,留给孩子做家务的时间也越来越少。面对有限的闲暇时间,他们更愿意做家务以外的事情,比如看视频、读小说、聊天等。

娄冬芳 林老师从孩子的心理变化和家庭氛围两个方面分析了孩子劳动积极性下降的主观原因和客观原因。我觉得,我们可以根据不同年龄段孩子的心理特点,采用不同的方法来激发他们做家务的积极性。

大家都知道,爱玩是孩子的天性,特别是低年级的孩子。所以,家长要有意识地将设计家务活动,多采用游戏方式来引导他们做家务。"家务幸运轮"是我所带的一个一年级学生家里在用的。转盘上面标注了各种家务。孩子轻轻一转,就确定了要做的家务。要注意的是,这里所列的家务要适合孩子做,内容也要丰富些。第二,让家务变得有趣些。可以在孩子做家务时融入音乐、体育元素。比如我的一位同事在孩子做家务时,会为他播放《嘻唰唰》《我是一个粉刷匠》等歌曲。孩子边听歌,边做家务,很享受这个过程。孩子的爸爸与孩子一起擦地时,会与孩子一起做蹲起运动——蹲、擦、起,蹲、擦、起。家务与运动两不误,整个过程也变得很有趣。其实,劳动跟运动一样,可以促进大脑分泌多巴胺,让人心情愉悦。

高年级孩子则可以让他们做些有挑战性的、有创意的家务。比如我侄女,她从小爱好画画,家里的墙画就是她的杰作!每次客人来了,夸奖这些画的时候,孩子就感到很自豪。这样极大地提高了她做家务的积极性。她参与家务劳动的项目也越来越多,如组装柜子、修理小家电等。从另一方面来说,劳动也极大地提高了她的自信心。再比如,家长与孩子合作烧出一桌菜。这对孩子来说,很有挑战性。如果菜烧好了,孩子会感到很有成就感。

林甜密 我的班上有一位家长,他采用付酬的方法来提高孩子做家务的积极性。扫地奖励1元,洗碗奖励2元……这样一来,孩子劳动的积极性确实提高了,家务活都抢着做。家长觉得这个方法特别好。简单有效!

屠剑巧 这个"有偿家务劳动"乍看是很有效,其实背后也有很多隐患。

林甜密 的确是,刚才我提到的那位家长曾跟我诉苦,孩子不管做什么事,都跟他谈钱,这让他觉得很伤感情。家长半开玩笑地说:"我的孩子都钻钱眼里去了。"

屠剑巧 我认为,家务劳动是每个家庭成员应尽的义务。当然,在现实生活中,家长也会给孩子一些钱用以奖励孩子的劳动。有一次,朋友的孩子刚读七年级,他非常想要一双新款的球鞋。于是,孩子

	提议在学习之余通过家务劳动赚取报酬,再去购买这双鞋子。林老师,那如果是你的孩子,你会怎么做呢?
林甜密	既然孩子提出在课余时间劳动,我会尊重他、支持他。
娄冬芳	我认为应该具体问题具体分析。如果这是每个家庭成员的分内事,我觉得劳动报酬不可取,不利于让孩子明白做家务是责任和义务。如果是额外的家务劳动,适当地用劳动报酬提高劳动积极性也未尝不可。
余吕明	我刚才非常欣赏娄老师的一句话。家务劳动是我们应该承担的共同责任,是大家要共同去做的。我们不能因为妈妈每天洗碗,就让洗碗的工作变成是妈妈的事情。它可以由爸爸承担,也可以由孩子承担。所以,这是家庭成员共同的事情。
乐天鹰	是的,没有一个孩子天生不爱做家务。只要在家庭中明确劳动的意义,家长根据孩子不同阶段的身心特点来"定制家务",陪伴孩子在家务中找到乐趣、体验成就感,相信孩子们一定会爱上做家务。

提高劳动技能

乐天鹰	在问卷中,很多家长也困惑,如何提高孩子的家务技能。屠老师您是老师,又是家长,您有没有类似的困扰?
屠剑巧	当然有。记得有一年重阳节,学校倡导孩子们为老人做一份爱心菜。我儿子当时选择做煎荷包蛋。没想到,他竟然分不清酱

油和醋。像这样的情况其实还有很多。比如孩子不能分辨韭菜和葱,不知道多少衣物配多少量的洗衣液。我想孩子们之所以会出现这些令人啼笑皆非的状况,是因为他们缺乏劳动锻炼。所以,后来,我经常带孩子去超市采购各类生活用品;洗衣服的时候,引导孩子看洗涤配量表等,在家务劳动中增加生活常识。

林甜密 我曾经布置过做早餐的家务。没想到一个家长跟我反映,孩子差点把厨房给烧了。其实,我还担心孩子在使用厨具的时候遇到安全问题,比如把手指切伤了。这些问题反映了孩子们劳动技能较差。那么,我们家长就要教孩子。比如切菜,家长先示范,把切菜的步骤编成儿歌,再让孩子去试一试。等孩子熟练掌握劳动技能后,家长可以组织家庭劳动技能大赛。

在进入小学高段之后,孩子开始具备了一定的家务劳动能力。这时候,我们可以建议孩子面对同一项家务尝试不同的方法,然后再引导孩子将不同的方法进行对比和优化。我们还可以借助网络资源,让孩子通过生动有趣的劳动视频学习需要的劳动技能。

娄冬芳 我认为还可以通过"同伴妙招分享"让孩子们相互学习、相互促进、不断提升。比如,我们班的"劳动妙招分享卡"。孩子们从"技能简介"和"知识运用"两方面与同伴分享。在分享自己的妙招时,孩子们很有成就感。其他孩子呢,学习了同伴的妙招,很有幸福感。他们很开心地说:"知识是从劳动中得来的!"这是我的一名学生的"劳动妙招分享"。她分享的劳动技能是烧花蛤粉丝汤,分享的知识点是如何把花蛤清洗干净。她告诉同学们:"清洗时,要在加盐的基础上再滴几滴油,搅拌均匀,然后浸泡一小时,中途换一次水。"像这样,同伴之间传授劳动小窍门,"爱劳动、会劳动、巧劳动"的劳动氛围也慢慢形成了。

乐天鹰　是的。只要我们家长多示范、多陪伴、多给孩子锻炼的机会,同时鼓励孩子多向同伴学习,相信孩子们都能提高劳动技能。

家务劳动评价

乐天鹰　大家都知道,积极有效的评价能够促进孩子对劳动的思考,提高孩子劳动的积极性。那么,如何评价孩子做家务这件事呢?请三位老师来谈谈吧。

屠剑巧　我觉得,家长给孩子的评价一定要真实、真诚和客观,要具体描述孩子在家务过程中做得好的地方。我们要尽可能多关注孩子在整个劳动过程中所呈现出来的良好品质。

例如,一个孩子非常认真地整理了自己的书桌。你会怎么对孩子进行评价呢?我现在给大家展示两种评价。第一种,家长说:"孩子,你真是太有收纳的天赋了。"第二种,家长说:"你不但把所有的书本都从大到小叠放得整整齐齐,而且还非常仔细地擦了两遍桌面。你做事真有条理。"后面一种表扬充分地肯定了孩子在劳动过程中的表现,孩子能从评价中学到真正的技能。

林甜密　确实,家长的肯定和鼓励能够激发孩子劳动的积极性。我们还可以采用家庭成员互评的方法。大家看这份家务劳动分工表后面,有一栏完成情况评价。在每个家庭成员完成自己的任务后,其他成员根据他的完成质量进行客观的评定。一周以后,可以满足星星最多的成员一个愿望。

当然,家长还可以将孩子的劳动视频晒在朋友圈中,请大家进行评价。看到朋友圈赞美的话语,孩子心里肯定也充满着幸福感,劳动的积极性也会更高。

娄冬芳 其实,真正让孩子爱上家务劳动需要激发孩子的内驱力。这就需要让孩子们进行正确的自我评价。从心理学角度来说,自我评价对自我发展、自我完善、自我实现有着重要意义。但自我评价不是单纯地自我吹嘘或自我否定,而是从客观、积极的角度来分析、反思自己的表现,从而不断提升自我、完善自我。如我们班的孩子们人人有一本"家务劳动打卡记录本"。孩子们每天记录家务劳动内容、家务劳动时长以及家务劳动微感言。在这些真实、持续的记录中,有孩子的自我肯定,也有自我反思,既促进了孩子们劳动技能的提升,又激发了孩子们劳动的兴趣。

著名教育家陶行知先生曾给孩子们写过一首《自立歌》:"滴自己的汗,吃自己的饭,自己的事情自己干。靠天靠地靠祖上,不算是好汉!"我们要把家务劳动渗透在孩子们的日常生活中,促进孩子们形成积极的劳动态度、培养正确的劳动观念。

余吕明 这让我想起雨果讲过,未来属于两种人,一种是有思想的人,一种是爱劳动的人。一屋不扫,何以扫天下?但是这个"扫"真有学问在里面。《中华人民共和国家庭教育促进法》中也提到了劳动教育。我给大家提三个建议:树立"一个观念",把握"两个要素",促进"三个结合"。首先,树立我们父母是孩子劳动教育的第一责任人的观念。其次,"两个要素"就是自觉和习惯。一个孩子只有自觉了,对劳动感兴趣了,他才能养成一个习惯,以后真正地走向社会。关于"三个结合",我们曾经的家务劳动是碎片化的、随意的,那么今后需要家庭、学校、社会三者结合。学校应当坚持五育并举,建立劳动课程体系,通过游戏等孩子们喜欢的方式去进行劳动教育。家庭中,家长要和孩子一起劳动,并给予陪伴和指导。从社会角度来说,劳动追求天时、地利、人和。我们的家务劳动应该怎么做?留给大家思考。

乐天鹰 亲爱的家长朋友们,其实如何引导孩子做家务并非难事。家长们最重要的就是转变观念、大胆放手、细心指导、智慧陪伴。在小学阶段,主要针对的还是孩子劳动习惯的养成。我们引导孩子在日常劳动实践中体验劳动的价值,养成热爱劳动的好习惯。让我们齐心协力,助力孩子成为一个会劳动、爱劳动的新时代好少年!

> 家校沟通小贴士

家长这样做,孩子爱劳动

1. 劳动任务分一分。每个孩子都有被尊重和被看见的需要。邀请孩子参与家庭生活,积极承担相适应的家庭劳动,更容易激发和培养孩子的责任心。

2. 劳动形式变一变。游戏是每个孩子最喜欢的活动方式。家长们多花点心思,在劳动中加入有趣的元素,比如劳动大转盘等方式,让孩子们在心情愉悦中快乐劳动。

3. 劳动评价夸一夸。如何让夸奖"变现"?家长们要在陪伴孩子劳动的过程中仔细观察,将"你真棒"这种总结性评价变成"你用扫把尖扫干净了角落垃圾"这种过程评价,这样更容易让孩子掌握劳动技能。

4. 劳动反思议一议。孩子的劳动不是一蹴而就的,家长们可以利用每次劳动后和孩子一起讨论:这次劳动感觉怎么样?哪些地方可以再提升?用什么方法更省时省力?这样既能促进孩子的劳动发展,更能促进孩子深度思考的能力。

四

"双减"后，如何引导孩子自主学习

主持人

朱　晖　小学教师，宁波市骨干班主任，奉化区优秀教师。

每一个学生都有成功的渴望，我们努力成全他们。

茶座嘉宾

李军杰　高中校长，浙江省特级教师，宁波市地理学科名师，宁波市首届名班主任，工作室领衔人，宁波市领军人才。

在这世界上没有比陪伴、见证和成全一个个独一无二的生命更神圣、更美妙的事情。

周亚圆　初中教师，高级教师，宁波市首届骨干班主任，江北区第三届名班主任，江北区优秀教师。

教育是唤醒孩子们心灵深处的善良与美好。

陈国明　高校副校长，宁波市基础教育研究基地主任。

自主学习，凝聚成长的力量，奠基有趣的人生。

自主学习，促进成长

朱　晖　随着"双减"政策的落实，我们的教育生态发生了很多改变，如周末不再有课外补习班，因此孩子的自主学习显得尤为重要。前不久，我在李老师的微信朋友圈看到这样一段温暖的话语："很多时候，激起我们孩子内在动机的只是一个 —— 肯定他们价值的舞台。教育很多时候不需要外部的奖励，只需要我们微笑地欣赏其行动本身！"这段话的背后有着什么样的故事，能让您有感而发呢？

李军杰　高中一般都有早、晚自习。所谓自主学习能力更多体现在课堂之外，是在自我要求的基础上主动、合理安排自己的各类学习，实现预定的目标。在这里，我先讲一下我班上一个女生的故事。我叫她小陈吧。

她是在高一下因重新调整班级来我们班的。在调整班级的时候，我一般习惯于在教室门口观察每一个新来的孩子。小陈给我留下的印象太深刻了！同学之间相互帮个忙很常见，而小陈是自己拉课桌、来回搬书，还把书重重扔在桌上的。她的脸上挂着一丝桀骜不驯的怒气。同学们都有意避开她。我一想，哇，接下来两年半的一个"活儿"来了。

了解了一下小陈的情况，她的确脾气比较火暴，同学关系处理得也不是很好。高一一学期下来，她不太学习，一副自我放弃的样子。我又去问了其初中班主任，说她属于难以管理的类型。初中时，她和班主任还打过架。班主任评价说"她能考进重点中学，根本想都没想过。"我从教务处拿来成绩一看,貌似成绩也的确是年级中排名倒数的。最令我担心的是,她似乎并没有自我成长的愿望。我始终记得第一次和她谈话的时候,她斜着身子,抖着腿,一手插口袋,一脸的不屑和不信任。我深深记得她的一句话:"你不用管我,我初中还和班主任打架的。你们老师都是这样的,都喜欢成绩好的!"我当时微笑地回她的话是:"那你接下来看看,我和班级的其他老师们是不是你认为的那样的老师!"就这样,这个孩子在两年半后考入了师范大学美术系。

我是相信每一个孩子天生都不会放弃自己的。努力跟她父母一起去发现她真的想做、愿做的事,并激发她去做,是我首先要做的事。小陈母亲是个裁缝。孩子从小学过画画,对于画画还是有些兴趣的。我想,或许以此为切入口可以改变她的状态。于是,我和小陈进行了一次谈话,借美术老师之口表达了对她绘画天赋的欣赏,问她对于自己的天赋有什么想法。小陈说想过走美术生这条路,但是家里人反对。我感觉希望来了,原来正如我所想,每一个孩子内心都有梦的,只是很多时候在被成人不断地否决后不敢想了。于是,我就向她母亲分析了情况。我想是我的一句话起了很大作用:"难道你期望你女儿就像现在这样吗?我相信,尊重她、鼓励她去走她想走的路,她一定会比现在更好!"有了家人的支持,获得了家人的尊重,我从她的眼睛里看到了对未来的一点希望。于是,我指导小陈父母和小陈一起去寻找意愿中的美术院校。只有自己亲自寻找的目标才能真心认同,真正努力。很有意思的是,她的目标出乎我的意料:最高志愿是中央美术学院,然后是浙江理工大学的服装设计,最低志愿是浙江师范大学的数字媒体艺术。原来,有了想法的她还是对自己满怀期望的。我和她一起针对当下她的情况和目标做了比较分析,发现离目标还是有很大差距。于是,我和她一起制定了一个接下来两年多的学业规划、美术学习规划,再细到一学期和每天可以怎么做,让这个目标变得实实在在可以达成。

有了基于自己需求的目标、规划后,后面的督促是必不可少的。我记得我和她母亲协调,在督促中保持一个原则:每天发现她努力的一些点滴,询问她是否需要我们进一步帮助。为了让她不断提升自己努力的价值感和自信心,我也和她母亲交流配合,引导她母亲在家用欣赏的语气鼓励她说说她一段时间内的努力过程,包括画画上的困难、感受、收获,或是英语学习上收获的心得等,不评论,不说教,只是聆听、同理和欣赏。我在学校创设各种让小陈表达和分享其努力过程的机会,比如负责黑板报工作。她画在黑板上的山水画,同学们都舍不得擦。美术生去外面开展美术集训回来后,我让她分享美术专业集训的辛苦和收获,让她在一次次分享过程中收获情感认同,在与他人建立的联结中获得积极正向的反馈,增强信心和价值感,获得不断前行的力量。

最后,这个孩子如愿靠近了她设立的最低目标。我记得毕业时她写给我的字条是:"谢谢您,让我成为一个至少表面温和的女子。"这就是我当时和她的约定:"我会用两年半的努力让你成为一个温和的女子。"

朱　晖　这个女孩何其有幸能遇到您。您微笑着陪伴在身边,帮助她重拾自信，让她完成了从甘居人后到实现自我的逆袭。

陈国明 成长是在学习中感悟的过程。李校长抓住学生转变的契机，使学生感悟到学习的意义、激发学习的动力、确立学习的方向，这对家长朋友引导孩子成长同样有借鉴意义。

朱 晖 周老师，我知道您是初中班主任。初中孩子正处于青春期，我们该如何激发这一阶段孩子的内在动机？您肯定有很多成功的例子，能和我们分享一下吗？

周亚圆 我曾经有这么一个学生。小学学籍档案中，语文、数学和英语成绩加起来还不到 100 分。看看张贴在上面的孩子的照片，这么灵动，我觉得很诧异：这个孩子的学习情况怎么会这样？我便联系了这个孩子的小学班主任，那位老师给我的反馈是，这个孩子的智力水平绝对没问题，就是太贪玩。另外，她的父母亲太忙了，孩子经常一个人在家，基本上是自娱自乐。我了解了情况之后，在那个暑假立刻和她的父母取得了联系。父母深感愧疚，责怪自己太不称职了，问我有什么补救的办法和建议。

我给家长的建议：第一，利用暑假帮助孩子补习一下小学的基础知识。第二，我告诉她的父母，一定要内心强大，帮助孩子不断去克服自身的惰性，去战胜学习上存在的问题。让孩子把学习重新拿起来，这个过程真的很不容易，会碰到种种的失望和不如意。但在孩子面前，一定要内心强大，让孩子明白发现问题是好事情，只有解决了这些问题，学习上才会进步。孩子基础摆在那里，你让孩子独自去解决所有问题，肯定是不现实的。有些问题必须由父母亲指导。第三，初中学习的任务是比较重的。要想让孩子有毅力走过这三年,父母一定要先有毅力,做好表率。与父母沟通后,我便和这个女孩交流了一下。让我感到欣喜的是,这个学生自己也觉得以前太荒唐了,接下来不能再这么浪费自己的宝贵时间,不愿意再稀里糊涂地混日子。当我们提出要在这个暑假补习小学基本知识时,孩子欣然接受。孩子的学习能力也是可以的。在两个月的时间里,三门功课的基本知识点补了上来,孩子对学习的信心大大增强了。她发现,学习并没有她原来想的这么可怕,只要自己能沉得下心来,很多问题是可以解决的。

等到九月份开学了,我和她父母又进行了一次面对面的沟通。我们就如何让孩子顺利完成初中第一个星期的学习达成共识。因为我相信,若孩子能顺利完成一个星期的学业,那么孩子也能完成一个月的学习任务,慢慢地自然就"上道"了。父母要和孩子商议好:第一,每天一定要复习。该记住的知识点一定要记住,若时间允许,可以默写一下。第二,每天的作业一定要独立完成。若有不会做的题目,父母要给予帮助,把这些错题记到集错本里。待所有作业做完后,若有时间,父母和孩子一起探讨解决;若没有时间,则鼓励孩子第二天主动请教同学和老师。第三,每个星期一定要好好整理、复习一星期内各科的知识点,把各科错题本上的题目好好再复习一下。有了父母的支持和鼓励,孩子的自主学习能力也一步步提高了,学习成绩也一步步上来,从班级原来的后10名到班级的中下游。到了九年级,孩子挤进班级前20名,后来进入了不错的高中和大学。

所以，我希望家长们不要小看孩子们的潜能。千万别自己看扁自己的孩子。大部分孩子都有一颗上进心。只要我们好好引导，家长们付出足够的用心、努力和实际行动，孩子们肯定会获得自主学习能力，为他们的终身学习打下扎实的基础。

朱　晖　是的，在您的故事里，我看到您特别善于和家长建立联结。让家长和孩子一起商量制订学习计划，我相信不仅能提高孩子的成绩，亲子关系也会变得更加和谐。

陈国明　自主性是从点点滴滴学习习惯的养成中形成的。初中是孩子自我意识形成的关键时期。通过一步步脚踏实地的努力，日积月累，所有的付出、耕耘、所有的坚持都会有丰厚的回报，从而让孩子建立起自主学习的信心乃至信仰。

朱　晖　像我所在的小学阶段，孩子们活泼可爱，很容易被点燃内在的动力，但也很容易对学习和生活产生被动、消极的态度。如何让这样的孩子变得更自主、更积极呢？我想和大家分享一下我的陪跑故事。

那是一次学校运动会。我们班属于连续四年运动赛成绩垫底的班级。孩子们有点不甘于继续当一条"咸鱼"，于是班级就开始了一项全员晨跑活动。每天到校，先到操场跑三圈，也可以在家提前跑好，微信群打卡。一开始，大家都还有劲头的，几天过去，参与的孩子就变少了。我也没说什么，就是每天提前半小时到校，在操场上跑起来。我还略带炫耀地把自己跑步的里程晒在班级群里，吹嘘了一番跑步的好处。孩子们看到班主任在操场上跑步，有点不好意思，也加入了进来。我就把他们跑步的样子拍下来,把跑步圈数作为班级一项奖励积分,美其名曰"班级长征两万五"。这下子,班级里的"懒姑娘"和"小胖子"也坐不住了。我们这一坚持就是一个学期。

这一期间发生了两件有意思的事情。小瑜是我们班的班长。她什么都要强,就是体育成绩不太理想。她在家里和妈妈的关系很僵。有几次她没跑,妈妈说了几句要多坚持,小瑜就回了一句:"就你会坚持,你自律,那你陪我跑啊!"没想到,小瑜妈妈真的每天和她一起跑步了。每天微信群里都能看到她们娘俩的身影。后来,小瑜妈妈微信跟我说:"朱老师,每天和小瑜一起跑步,我们俩好像有了共同语言。她现在更能接受我的建议了。我支持你的这项活动。感谢你的活动,我都瘦了5斤了。"还有一个孩子叫小娜,单亲、留守儿童,跟随奶奶生活。和大多数缺少关爱的孩子一样,她比较内向,缺乏安全感,成绩也不是很理想,疑似还交往了一个微信男朋友。因为周末要打卡,小娜和爸爸说了几次,爸爸偶尔回来给她记录了几次。小娜一圈一圈地绕着家门口的小路跑着,爸爸看着她这样努力地坚持,似乎受到了触动,周末回家次数多了。小娜也明显发生了转变,不再那么内向,在学习上也会坚持把作业做完,因为爸爸答应她周末回来记录她的跑步打卡。

跑步这件事,班级受益的人很多。因为只要坚持,在跑步这件事情上,任何人都可以获得成功的体验。因为这种坚持催生了一种叫作自觉的习惯。这种习惯是会迁移的,迁移到孩子行为的其他方面。那一次运动会上,因为孩子们的身体素质提升,我们班终于逆袭成功，总分年段第一！看着那一张张满溢笑容的脸庞，我发现要让孩子变得主动，需要创设可以给他们带来成功体验的平台。

陈国明　当家长以积极的态度与孩子站在一起，成为孩子信心的来源时，孩子的成长才会有源源不断的力量。

建立自主成长体系

朱　晖　小学阶段，孩子们正在经历从他律到自律的养成过程。激发孩子的胜任感，可以让孩子产生愉悦感和成就感。从他人的角度出发，我们可以从这三方面入手：

一是态度的转变。支持孩子自主是和孩子相处的重要原则。在亲子关系中，我们家长需要换位思考，充分地了解孩子的特长和优点，理解他们要什么、他们为什么那样做，为孩子的自主做事提供条件，不再是强制的约束。二是决定做什么和怎么做。支持孩子自主的核心之一是提供选择。对于孩子来说，选择本身就是一件需要学习的重要事情，所以不要怕浪费时间，让孩子花时间自己决定做什么——先完成数学作业，还是阅读他们喜欢的书本等。这样的选择会使孩子更有动力，更专注于任务。三是激发自主的方式。我们说孩子的自主学习能力，主要表现在时间管理上。以时间管理为例，我们班就有这样的例子。

小丁，来自单亲家庭，妈妈比较忙。孩子各方面的表现都不是很好,成绩差,脾气比较暴躁,班里也没什么朋友,"双减"后更是每天在家玩手机。我们在交流的过程中发现,这样一个没有自主学习能力的孩子,他对三国历史还是比较感兴趣的。基于这一点,我和小丁商量合适的任务,让他在班级里讲讲三国的故事——"小丁讲三国"。有了这样的任务,小丁要规划着每周讲的三国人物。这时候,我们帮小丁把任务和时间规划出来:本周的任务是讲谁?看多少章节?这个章节分配下来后,每天要看多少?看完后,他要写出口语化的心得。通过上台讲演,小丁不但得到许多的掌声和肯定,他的自主能力也慢慢得到了培养。

周亚圆 对于刚上初中的孩子,我建议家长不要任其自然发展,更不能固守"我们那个年代读书都靠自己"的想法。因为现在孩子周边各种各样的诱惑真的挺多的,如果孩子一不小心陷进去拔不出来,家长后悔也来不及了。首先,在培养孩子自主学习的过程中,家长们适当参与是必要的。这种参与就是关注。这种关注需要更多智慧。家长要先陪同孩子自主学习,并适时地提出一些建议供孩子参考。在孩子表现不错的时候,家长要及时给予肯定与赞赏。在孩子沮丧的时候,家长也要给予鼓励与理解,让孩子感觉到,"当需要帮助与支持的时候,爸爸妈妈就在我的身边"。第二,记住我们管孩子,目的不是永远管,而是为了将来不用管。家长要根据孩子的实际情况决定自己何时可以适当离场。我有这么一个朋友,她和她先生在养成孩子自主管理时间方面就做得不错。我朋友说,在孩子小学一年级第一学期的时候,为了让孩子能静下心来,她便坐在孩子身边。孩子做作业,她自己也忙些工作上的事情。等到第二个学期时，她决定开始尝试让孩子学会独立完成家庭作业。为了让孩子有把控时间的观念，她让孩子在做作业前，把各科作业需要的时间估算好，写在一个本子上。每一份作业完成后，再看看自己的估算时间是否与实际完成的时间长度是否相符。完成所有作业后，孩子可以想玩啥就玩啥。自从这种方式实施后，她儿子把控作业时间的能力大大提升了。第三，给孩子们设定阶梯式的、可达成的一个个小目标。在设定这个目标的时候，一定让孩子一起来讨论，因为真正的执行者是孩子。但孩子又涉世不深，所以家长们的适当建议绝对是有必要的。我们要尊重孩子，尤其当孩子的决定是有道理的时候。当然，若孩子们的想法在家长看来有些不切实际而他们却一定要去做的话，我们也可以支持孩子们去尝试一下。我们不能陪伴孩子一辈子，让孩子们早点锻炼起来有什么不好？第四，让孩子们去经历挫折，也是培养孩子自主学习的一种办法。当经历挫折后，他们会自主地调整学习策略。家长可以主动和孩子沟通，给出具有可操作性的建议。那个时候，孩子们可能更听得进长辈们的建议。我想，谁的人生都不是一帆风顺的，磕磕碰碰谁都会有。失败的体验也是很宝贵的。若这个失败迟早要经历的话，还不如让孩子早经历，早拥有这份阅历。

我坚信每个孩子都有一颗上进心。只要我们好好引导，家长们付出足够的用心，动脑筋并付诸实际行动，孩子们肯定会获得自主能力。在这个过程中，孩子们的优秀品质也会培养出来，比如孩子们的担当意识，那股为了实现自己某一阶段目标的冲劲，爱拼搏的精神，还有爱生活、懂感恩、能宽容等良好修养和品性。譬如前面案例的"小丁讲三国"中，因为是自己喜欢的事情，所以小丁才会主动去准备和执行。最后的掌声又是他主动的最好激励，孩子也就这样变得自信。

朱　晖　　那么，如何能够系统地去帮助孩子，在那些被"减"出来的时间里，激发孩子的自主学习动力和能力，实现"减负提质"呢？

陈国明　　首先，我们应该清楚实现自主学习的关键因素：一、主动的意愿，这里包括内在的需求和达成的愿景；二、自我规划，包括目标、任务和时间规划；三、执行监督，即自我控制、自我监督和自我激励；四、反馈评价，包括自我评价、价值体验和积极的反馈。四个要素形成良性循环才能使自主学习成为可能。这里不得不提到一个关键就是内在动机。自主学习离不开强大的内在动机，通俗地讲就是这么几句话："我的事情我做决定，我在做我想做的事情。""我能够完成任务，对我所做的事情满意，我从中感受到价值和收获。""与他人分享我努力的过程和获得的成果，在他人与我的共情中获得身处群体中的价值感。"再简单地说，就是"我想、我能、我收获、我分享"。

李军杰　　第一，我觉得我们家长应该改变狭隘的学生学习和成长的观念。成长和学习是多维度的。我们应该赞赏和挖掘孩子的倾向性，从其兴趣点出发，充分尊重孩子。不要用我们成人的"有用无用观"轻易去否定孩子的兴趣和发展方向，因为如果他在做的事不是他愿意的，他就不可能有真正的自主学习能力。第二，在尊重孩子的基础上协助孩子一起来规划。小学生的规划可以浅一些、短一些、即时一些，高中生的规划可以长远一些、深刻一些、全面一些。第三，在鼓励孩子建立自我监督机制的基础上，提供孩子认同的监督，并不断挖掘在这条路上的努力过程、亮点表现，而不是盯着不到位的地方不断唠叨。最重要的是最后一点，不断创设让孩子分享感受、展现努力过程的平台和机会，让他们获得价值感和继续努力的动力。我们总是习惯于补短，其实在扬长的基础上，去带动和激发短板上的努力才是正确的激励方式。

陈国明　最后想用一个比喻来分享我对自主学习的理解。我会把孩子比作一棵成长中的幼苗。我们常常说，老师是园丁，但其实家长也是园丁。如果说老师是专业园丁，那家长就是孩子的专属园丁。幼苗的成长肯定需要园丁浇水、施肥等细致的呵护，但更需要幼苗自身的成长努力。幼苗努力把根扎得更深以便获得更多的营养，长得更高以便获得更多的阳光，园丁要通过浇水、施肥，去激发和增强幼苗努力成长的力量。

自主学习是什么？在一块干涸的土壤中，一棵小树感受到土壤深处有更多的水分，于是它努力将根扎得更深；一株向日葵通过花盘和叶子体会到向阳面有更多光合作用发生，于是日出时努力把花盘转向太阳。当我们的家长在孩子求知的过程中能给他十分渴求的水分、有满足感的阳光时，自主学习就发生了。所以，要基于孩子的需要去发掘孩子自主学习的动力，如可自主选择的作业、可灵活安排的学习内容、稍微跳一跳能达到的小目标、符合孩子期待的肯定和表扬、满足兴趣和求知欲的活动等等。当孩子从自主学习中得到满足和快乐时，积极的学习行为才会持续。

"双减"是什么？是给孩子减外压。自主学习，则是给孩子增内力。刚才几位经验丰富的名优班主任给出了一些具体的建议，请家长朋友进一步深思，如何去挖掘孩子成长的力量。家长是孩子最重要的成长导师。大家遇到问题不要急躁失望，更不要拔苗助长。我们要在点点滴滴的努力中日积月累，静待孩子成长。

朱　晖　亲爱的家长朋友们，我们的分享是否给您带来了一些启发和参考？引导孩子自主学习也并非难事，家长们最重要的就是转变观念、大胆放手、悉心引导、智慧陪伴。内化于心，外化于行。家长朋友们，让我们行动起来，用科学合理的方式呵护孩子健康成长！

● 家校沟通小贴士

> **学生自主能力的培养**
>
> 1. 充分相信孩子的潜能。家校双方不包办、不代替,把握好关注与放手的度。
>
> 2. 家校合作,积极引导。班主任要主动聆听孩子的心声,充分挖掘孩子的优势与长处,积极与家长取得联系,共同研制发展目标,细化任务要求,不急于求成,一步一个脚印,注重过程。
>
> 3. 陪伴关注,搭建平台。家长要多陪伴少指责,多鼓励少批评。班主任要多搭建展示进步的平台,用孩子喜欢的方式展示进步的痕迹。

五

寒假来了，如何引导高中生自主学习

主持人

胡曹肖 高中教师，英语高级教师，宁波市首届新秀班主任，浙江省班主任基本功大赛二等奖获得者。

爱是最好的教育，善是最美的教化。

茶座嘉宾

史维东 高中教师，政治高级教师。宁波市首届名班主任，宁波市首批名班主任工作室领衔人，宁波市王宽诚育才奖，2021年被市教育局选树为"新时代好教师"。

陪伴同行，静待花开。

高培圣 高中副校长，宁波市语文名师，宁波市名班主任，浙江省教坛新秀，浙派名师培养对象，曾获长三角地区班主任基本功大赛一等奖。

教育不是雕刻，而是唤醒。

张潆尹 高中教师,物理高级教师,曾获浙江省优质课二等奖,浙江省中小学实验教学说课一等奖,宁波市"四有"好老师,宁波市教坛新秀。

要使知识充满活力,不能使知识僵化,这是一切教育的核心问题。

点评专家

赵建华 高校副教授,心理学专家。

教育的艺术不在于传授的本领,而在于激励、唤醒和鼓舞。

寒假来了，孩子制定作息时间表了吗

胡曹肖 人们常说，教育的最高境界是实现自我教育。同理可得，学习的最高境界或许就是实现自主学习。寒假来了，在缺少他人监督的环境中，孩子的自主学习能力至关重要。本期茶座，我们就和大家聊聊家长们该怎么引导高中生在寒假里进行自主学习。

史维东 寒假即将开始，屏幕前的学子和家长们最关心的一定是"寒假里，孩子该怎么学"，因为寒假是我们实现弯道超车的最佳时机。那么，我们要做的第一件事是什么呢？就是制定一份作息时间表。我建议，寒假里，家长与孩子可以每星期制定一份作息时间表，学习六天休息一天，为期三个星期。

起床时间应当在六七点钟，这个时候，孩子头脑清醒、体力充沛，简单洗漱后，进行文科类科目的朗读和记忆，效果会很好。八九点钟，人的耐力是最好的，可以安排逻辑性强的学科，比如数学、物理。十点左右，人的短期记忆效果比较好，此时对考点重点进行突击，可达到事半功倍的效果。下午三四点，长期记忆效果最好，可安排孩子学习一些需要永久记忆的内容。晚饭后，家长可根据孩子的自身情况安排合适的活动。晚上要按时睡觉，让孩子在十一点之前休息，保证第二天有充沛的精力和良好的状态。我不鼓励孩子们把每一分钟都用来学习，但我希望孩子们能用好学习的每一分钟。所以我们要把遵守作息表的压力，转化成前进的动力，实现自律，刻苦学习。

张潆尹 制订计划对于完成行动而言很重要，但不合理的计划可能会对行动过程造成负面影响。很多学生在定计划时会充满美好的想象，觉得自己是"超能力战士"，把计划表安排得满满当当。然而，由于孩子低估了一些任务的完成时间，导致在实际执行时，很多任务无法完成，孩子的心态就可能从一个极端走向另一个极端，产生拖延症，或者索性"躺平"。

为了避免这个困境，我们要对自己的时间使用能力非常了解。我推荐柳比歇夫时间管理法：记录下每一天的每一分钟是如何使用的，并在每日结束的时候进行分析。你可能会发现，完成一套物理卷，原本预期时间是一个半小时，然而实际上还需要校对和订正，总共花了两个半小时。那么，在制定明天的计划时，我们就要有所调整，要留足时间。

另一个小秘诀是：观察自己一天中精力最好的时间段，安排最困难的核心任务。该时间段的长度应在一个半小时左右。同时，我们要为此创设一个完全不受打扰的环境：把手机拿到另一个房间去，关闭音乐，拿走零食，只放一杯清水。在没有干扰的环境中，你的注意力更容易集中在当下的任务上，能在不知不觉中进入深度学习状态，达到最高效率。

高培圣 计划的制定固然重要，但学习的最终效果还取决于孩子的执行力。有的同学理想很丰满，现实很骨感，于是也便有了"反正做了也没法完成，不如不做计划"的心态，"蜕变计划"最终"无疾而终"。我认为，孩子之所以如此，是因为他们缺乏自我管控与动态调整的能力。

我一般倡导"不太饱和""逐渐增量"的"固定＋弹性"自主学

习计划。计划"过于饱和"就执行不下去,"逐渐增量"则更契合学习的适应过程,会让孩子拥有"每天进步一点"的获得感。"固定+弹性"更注重学习的选择性,也有利于孩子进行自我调节与自主创造。我常常跟学生提及,计划是有温度的,要始终铭记"常温"、适时学会"加温"、不忘合理"降温"。

当你的计划执行不佳时,不妨问问自己几个问题:是不是任务安排太满了?是不是学习状态没调整?是不是内心有些抵触?有没有努力去实行?是不是少了点自我肯定?同时,我建议大家再建立一份自我评价图表,通过自我观察、自我判断、自我奖惩,采用"每日一句""每日一图"或"每日一表"来形成自我评价日记,随时用来提醒、考量自己的计划是否适合,并在下阶段的计划制定中作出调整。需要说明的是,自我调整,"调"的并不是必要的作息时间点,而是学习饱和度、学习节奏与学习情绪。

胡曹肖 其实啊,计划就像一条你为自己铺好的路。虽然你在这条路上走得慢了一点,但只要你还在大路上,就不用害怕,也无须焦虑。计划要合理高效,逐渐增量,而且还要根据完成情况进行适时调整。赵教授,您在这方面颇有研究,能说说您的看法吗?

赵建华 所谓"自主学习",顾名思义,就是指学生自己主宰自己的学习。"自"就是自我、自觉、自信、自律的意思,学习要基于学生的自我和内在需要,自觉、自信、自律地发生;"主"就是主动、主持、主见、主人的意思,学生要自己主动地学习、有主见地学习,真正成为学习的主人。作为高中生,孩子的心智已经比较成熟,应当树立自主学习的意识,充分利用寒假宝贵的时间,主动地制订学习计划,处理好复习巩固与预习新知的关系,并按学习计划自觉地付诸实施,真正从"要我学"变为"我要学",甚至实现"弯道超车"。

假期中如何自主学习的三点建议

胡曹肖 面对这么多不同的学科,孩子应该怎样学习才能更高效呢?

史维东 寒假里,孩子进行自主学习时,一定要学会整合知识点。比如,把需掌握的知识分类,做成思维导图或知识点卡片,便于记忆、理解和掌握。同时,孩子要学会把新知识和已学知识联系起来,不断糅合,完善知识体系,从而促进理解、加深记忆。比如学习政治学科时,一定要整理出知识框架结构。以必修二"经济与社会"为例,一本书可以用一张框架结构图把它理出来。仅凭一张纸和一支笔,就能把一本书的单元、课、框、目之间的关系清清楚楚了。

张潆尹 我想与大家分享三个关键词:

第一个是细节。现在各门学科都讲究回归教材,不少高考题都来自教材,改编自课后习题或者书中的一张插图。大家日常学习中,可以把教材再仔仔细细地看几遍。

第二个关键词是联系。学习时切忌就题论题。一道题好比一块砖,我们要做的不仅仅是搬砖,还要建一座知识的宫殿。所以,我们要有目的地寻找知识的内在联系。比如错题整理时,我们可以按照模型进行归类，每一类又可以从基础到复杂进行排列，方便归纳方法的相同点和不同点。这样，题目和知识在孩子眼中就不是散的了，而是像珠子一样串了起来。再碰到新情况，孩子也能胸有成竹地拿出方法，因为题目万变不离其宗。

第三个关键词是深入。我以前的一位班长，他的思维很深入。比如做一道关于滑块运动的题目时，他会问自己很多问题：滑块为什么会这样运动？在数学上有什么意义？如果在生活中，我们推一个箱子前进，手臂一定是倾斜的，那手臂的角度和所用的力有什么关系？什么角度时，力最小呢？基于这些问题，他会建立方程进行推导，还会把真实的箱子重力、摩擦系数等代入推导出来的结果，然后去实际推一推，检验一下结论是否正确。他还发现，手臂倾斜到一定程度时，这个箱子就怎么都推不动了，这其实是生活中常见的"自锁"现象。他就又想，这种现象在数学上怎么证明呢？生活中还有哪些类似的例子？这种思维方式就非常深入。

当然，以上三个关键词也往往是优秀学生的共同品质。

高培圣　关于假期的自主学习，我想跟大家分享三句话：

第一，寒假学习不等于完成寒假作业。家长们在假期里，问得最多的一句话也许是"寒假作业完成了吗？"。因为大家总是习惯性地只去督促孩子写作业，并把此当成了教育孩子的唯一方式。因此，我们有些同学就会产生一种"赶紧完成作业，完成了我就自由了"的错觉。事实上，学习是一个持续进阶的，而非"一口气"就能完成的过程。"前松后紧"不可靠，"前紧后松"也不提倡。

第二，做作业不要只是追求答案。有些老师会发寒假作业的参考答案，但这只是"参考"答案。写作业不只是为了检验知识，更是为了发现问题。有的学生发现问题后，就在每日的弹性学习时间里对其进行重点聚焦，采用错题整理加类题巩固的形式，从做一道题开始，解决了一类问题。这也就是为什么，同样是做作业，孩子的学习效果却是千差万别的。

第三，不要成为"光想青年"，光"整"不"理"。我们不少同学都明白，假期是查漏补缺的好时间，于是开始将错题剪贴汇总。但很多孩子整是整好了，却没有"理"。我始终认为，建立错题本的意义在于消化、吸收知识，而不在于其形式，尤其不能光做"错题"的搬运工。用荧光笔在常错的题目上圈圈画画，做出标记，来提醒自己梳理、吸收，其实也有同样的效果。

胡曹肖 同学们，家长朋友们，刚才老师们都提到了建立思维导图和整理错题的重要性。孩子做作业时，要善于从中发现自己对知识点掌握的不足，进行错题整理、错题重做、错题反思，还要学会从一道题到一类题的题类巩固。这些可是学霸们亲测有效的妙招哟！老师们能否从自身执教的学科的角度，再分享一些实用的小妙招呢？

史维东 我推荐孩子学习"速读记忆法"，来提高学习或阅读效率。速读记忆的目的在于激活眼睛和大脑的潜能，培养眼脑直映式的阅读方式。有个软件叫"精英特全脑速读记忆训练软件"，同学们可以每天训练一小时，二十一天的时间，就可以把阅读速度提高五六倍，记忆力、注意力、理解力也会得到相应的提高。如果孩子的阅读效率低的话，不妨去试着练习一下。

张潆尹 知识来源于真实的生活。我们学校有一个传统,各学科的老师都会在假期指导学生开展研究性学习,比如物理学科,就有制作水火箭、利用手机传感器软件研究电梯、地铁运动的规律等活动主题。孩子们对亲身探究过的知识会理解得更透彻。如果在生活中,孩子发现了新问题,可以上网查资料,和小伙伴一起合作,请老师指导,尝试解决这个问题。这个过程会扩大孩子的知识面,也会让知识更有"生命力",这绝不是刷题可以达到的效果。网络上有很多高质量的科普纪录片,在假期里我们也可以和孩子一起看看。我推荐纪录片《改变世界的方程式》,它讲述了法拉第、麦克斯韦、爱因斯坦等人的故事。孩子们可以从中了解电磁感应定律、相对论等理论的发展历程,是一部非常迷人的科学史诗。纪录片《不可能的物理学》则向我们展示了如何用最前沿的科学,让科幻电影成真!它探讨了很多话题:如何探索宇宙?如何隐形?怎样成为超级英雄?怎样建造宇宙飞船?

高培圣 相比之下,文科学习也许不需要做那么多题,但由此及彼、以点带面,就显得尤为重要。比如在学习了柳永的《雨霖铃》,了解了古诗词中的"点染"现象后,为了加深理解,就可以再读一读白居易的《忆江南》、温庭筠的《梦江南》、范仲淹的《苏幕遮》,更丰富地理解"点染"手法,体悟先点后染、先染后点、点时加染、染中有点的精妙所在。如果想进一步了解古诗词鉴赏,可以读一读叶嘉莹先生的《唐宋词十七讲》、王国维的《人间词话》,或翻看《唐诗鉴赏辞典》《宋词鉴赏辞典》等。语文学习是一片广阔的天地,孩子们重在领悟、贵在拓展。

寒假里，孩子需要参加培训吗

胡曹肖 在交流中，我们发现很多家长朋友存在一个困惑，就是总感觉寒假里，孩子们在家没法好好学习，还是送到补习班比较省心。高老师，请谈谈您的看法。

高培圣 "如果我的学生请家教，是我的责任未尽到"，这是我们学校的其中一条育人理念。我也一直认为，不是人人都需要补习，甚至大部分人根本不需要补习。补习成风，往往是出于"内卷"与"盲从"。如果一定要说，什么样的孩子在寒假需要补习，我以为有以下几种情况：孩子基础薄弱，确实赶不上进度，但有主动学习意愿，一对一进行重难点的梳理或许有效；学习一段时间后，孩子积累了一连串问题需要消化时，进行个性化辅导很有必要；如果孩子偏科比较严重，缺乏该学科的学习思维与方法，难以突破瓶颈，切实改善这种失衡的补习就有价值；对于学校不开设的课程，孩子若有迫切的学习愿望，倒也可以适当做一些"加法"。

简单说来，精准辅导很重要。知识不实夯实知识，方法不当点拨方法，态度不行端正态度。错位补习，只会得不偿失。既要补知识，又要补习惯，还要补思维，补到最后，进步也许只是一种美好的心愿罢了。当然，所有补习的前提是一定要征求孩子意见。同时，家长应该考虑"量"的问题，补得过多，孩子容易"消化不良"，补得过于超前，孩子容易在学校懈怠，反而本末倒置。

史维东 如果你决定去找培训机构，那么，先请家长们记住一句话："补知识不如补思维，学知识不如学方法。"选择培训机构时一定要做到以下几点。第一，一定要慎重。现在，有些培训机构很会玩文字游戏，有的吹嘘说聘请了一线名师教学，其实老师连教师资格证都没有。第二，培训内容必须是已学知识的提升和拓宽，而非学校里没有涉及的新知识。如果是上新知识，反而会害了学生。因为学校里再上课时，这些内容孩子已学过，没必要再听，反而会导致孩子养成学校上课不听、开小差的坏习惯。另外，我还得提醒家长们，有的孩子看似是去补课，态度也蛮积极的，实际上是去和同学见面、聊天、玩手机游戏的，家长们要及时对此预警和监督。

张漾尹 平时课上认真听讲、课后自主性较强、善于规划自己学习的孩子可以不参加补习，因为基本的知识和方法他们都已经掌握了。他们现在更需要的是有自己的时间，完善自己的知识体系。比如，孩子要花一些时间，画个思维导图，或者把错题重做一遍，归纳一下知识和方法；也可能要准备两本参考书，针对性地练一些薄弱题型。记得有个非常优秀的学生说，她不喜欢刷题的"刷"这个字，感觉很肤浅，她是用"吃题"来形容的。她说，"我带着一颗'吃货'的心来学习，要把题目完完全全嚼透了，每一分滋味都了然于心了，才满足"。这个比喻非常有趣。

胡曹肖 "非必要不补习""警惕补习班的陷阱""变刷题为'吃题'"都是很重要的建议。自主性强、会规划的孩子不需要补习。要补习的孩子一定要注意"质"和"量"的把握和选择，不超前、不过量，而且最重要的是，要征求孩子的意愿，若强加补习，怕会适得其反。

如何做一个合格的高中生家长

胡曹肖 高中生确实很不容易,家长们也很想知道自己能为孩子做些什么。不同于中小学,高中学习更需要自主性。这要求家长要适当地放手,给予孩子一定的信任。但这个度却很难把握。过度保护型、骄纵型、支配型、放任型,这些都是不可取的。随着《中华人民共和国家庭教育促进法》于2022年1月1日起的正式实施,所有家长都必须"依法带娃"了。那么寒假里,怎么样才能做一个合格的高中生家长呢?

史维东 父母的陪伴是对孩子最好的教育。怎么陪伴呢?当孩子在书房学习的时候,家长可以在书房的另一角或客厅里看书,不看手机,给孩子以正确的引导和表率。在这里,我想特别强调父亲角色的重要性。每一个孩子的人生方向都需要父母一起来做出正确的导航。记得几年前,有部电影叫《摔跤吧!爸爸》,风靡全国。影片中的父亲非常"无情",每天都逼着姐妹俩练习摔跤。许多人心疼孩子太苦了,却忽略了父亲为此付出的努力。实际上,正是父亲"无情"的付出,两个女孩才能取得成功。

高培圣 假期中,家长要有智慧地陪伴孩子,其要领也许可以用"目标一致、工作隐形、不翻旧账、少说多做"16个字来概括。

首先,目标一致。建议大家创设一个轻松的环境,让父母和孩子相互分享各自工作与学习的得与失。然后,给各自定一个"踮起脚尖"或者需要稍微使劲才能实现的新目标。当然,在这个过程中,我希望父母不要给孩子错觉,让他觉得你只关心他的学习,而且还只停留在成绩层面上。

其次,工作隐形。家长们会逐渐意识到,孩子到了高中,对于具体的学习,父母很难再插上手了。既如此,家长对孩子的关注就应有所转向。许多家长喜欢在放假前问任课老师,孩子某一门课的成绩如何,该怎么学。我通常的答复是"具体怎么学,最好让您的孩子主动来找我"。出于尊重,我当然也可以直接告诉家长该怎么做。但是,孩子对从父母那里获得的、经过转述的学法指导,一般都不太愿意接受。这也容易让孩子觉得"我爸妈怎么这么喜欢跟老师联系"。家长们不妨问问"孩子的学习状态",请老师在适当的时候电话家访。家长也可以多留意高中生的生涯规划,为孩子日后的选科、"三位一体"、"强基计划"、专业选择等提供参考意见。

再次,不翻旧账。家长们常常会经历从"宝贝终于放假了"到"怎么还不开学"的心路历程,有时甚至会有一种与孩子"相看两相厌"的"嫌弃"。其实很多时候,这与家长喜欢翻旧账有关。生活要向前看,父母要比孩子更早学会情绪管理。

最后,少说多做。对于孩子改不了或不可能再改的习惯,家长可以少一点唠叨。一个默默关注孩子成长的家长,更能触动一个即将成人的孩子的心灵。那么,家长在寒假可以做什么呢?最重要的是做好必要的生活保障,创设良好的自主学习环境,给孩子充足的安全感。

胡曹肖 如何做一个合格的高中生家长是一门学问。孩子有时会出错或者做得不理想,但我们也是第一次做家长,我们自身也有很多不足,有很多东西需要学习。我们应该适当放低姿态,而不是用父母的权威去压制孩子,把我们的想法灌输给他们。我们要做智慧型家长,要通过高质量的陪伴鼓励孩子,用积极的目标和方向引导孩子。我们还要学会自我成长,跟孩子共同进步,做孩子成长路上最好的支持。

寒假里,孩子还可以参与哪些活动

胡曹肖 寒假里,我们也要劳逸结合,可以适当参加户外活动和体育锻炼,参加社会实践和家务劳动,享受亲子时光。老师们对此有什么具体的建议吗?

张漾尹 我先来讲讲体育锻炼。体育锻炼能增强体质、锻炼意志,还能分泌多巴胺,增加快乐,缓解压力。寒假里,保持有规律的锻炼很有必要。同学们可以在假期初制定一张体育运动计划表,根据计划完成锻炼。

关于可以选择的运动项目,我有两个建议。一是利用网络上的运动资源。比如下载"Keep" App,里面的很多课程都不需要任何器械,在家里就可以完成。"Keep"里还有一些1~3周的专项运动计划,同学们可以每天打卡,提高成就感。寒假结束,孩子可以以崭新的面貌回到校园。二是徒步和骑行。宁波市有深厚的历史文化底蕴。大家可以给自己设计一条文化探寻之旅,每到一个地方,就了解该处的历史和文化。寒假结束前,孩子将会搜集到非常丰富的信息,甚至可以写一篇历史小论文,运动健康与学科研究两不误!最好是父母和孩子一起,更能促进亲子关系的和谐发展。

史维东 寒假也是开展劳动实践的最佳时机。家长们可以试试在寒假里让学生当家三天。开始前,可以与孩子一起用表格列出任务:买菜做饭、打扫家务、招待客人、喂养宠物、付水电费、换一个灯泡等。过程中,我们要适当放手,让孩子来安排家里,只在必要的时候给予帮助。在这三天,孩子既能锻炼生活能力,也能了解父母的辛苦。

高培圣 假期中的自主学习,绕不开自主阅读这个话题。自主阅读更注重有选择地读书,更强调有方法地读书。今天我想推荐的方法是专题式阅读与笔记化阅读。

一个人的阅读史也是一个人的成长史。客观而言,高中生的自由阅读时间受到了挤压。专题式阅读,有利于聚焦主题,使阅读体验更立体化。比如,有同学对于西南联大很感兴趣,那就可以读读《南渡北归》(岳南)、《西南联大行思录》(张曼菱),也可以翻看《梅贻琦西南联大日记》《郑天挺西南联大日记》。高中写作更强调对思维的考查,所以同学们也可以读读议论文写作入门书——王鼎钧的《说理》,品一品曹林的《时评写作十讲》,还可借助熊培云的《自由在高处》、王开岭的《精神明亮的人》、阿兰·德波顿的《身份的焦虑》、古斯塔夫·勒庞的《乌合之众》、尼尔·波兹曼的《娱乐至死》、费孝通的《乡土中国》等书,开拓写作思路。

自主阅读最需读过留痕,所以,我们倡导笔记化阅读,提倡要养成做读书笔记和积累素材的习惯。笔记的形式可以是多元的,可以是批注式,可以是思维导图式,也可以是评论式,甚至是随时记录的思维火花。自主阅读需要细水长流,化整为零也是应有之道。让孩子利用睡前半小时等零碎时间进行阅读,既可调剂学习生活,也让思维得以劳逸结合。有所坚持,必有所获。当然,也可尝试每日阅读打卡,或者创设自主阅读目录,体会坚持阅读的意义。阅读的收获不仅在于知识本身,也在于意志力的培养。

胡曹肖 各位老师分享的活动都很精彩。我本来觉得坚持阅读是一件很难的事情,原来阅读还可以有这么多的方法,做读书笔记都如此多元。还有让孩子当三天家,同为家长的我都跃跃欲试了呢,真的是非常实用的建议和妙招啊!赵教授,您是教育学心理学专家,您有什么想分享给大家的呢?

赵建华 刚才几位教师围绕不同的主题、不同的学科、不同的视角发表了许多真知灼见,我也深受启发、收获颇丰。寒假既是一段难得的自主学习、消化巩固、培训补习的时间,也是走亲访友、运动锻炼、劳动实践的时光。作为高中生,学习当然是第一位的,它能让人生充满更多可能。

对于如何正确、健康地学习,我认为,第一,要有明确的学习目标。建构主义学习理论认为,学习的实质就是在教师的指导下,学生自己主动形成、充实和建构自己的知识体系的过程。一个合理且明确的学习目标是高中生学习路上的"动力机制"。只有有了明确目标,孩子才能在学习的路上越走越远。第二,要科学合理地用脑。心理学认为,人的大脑活动是有规律的。大脑分为左、右两个半球,左半球主管逻辑思维和语言表达,右半球主管形象思维和空间想象。因此,为了保持学习活动的有效性和高效率,文理学科的学习活动可以交替进行。第三,要培养良好的学习和生活习惯。同学们要劳逸结合,把握最佳学习时间,晚上不要熬夜、定时就寝,中午坚持午睡。长时间的学习会使大脑疲劳,而充足的睡眠能消除大脑的疲劳,恢复我们的体力和脑力。总之,作为高中生,同学们自己要有明确的努力方向。教师和家长要求你读书用功,不是因为他们要你跟别人比成绩、比分数,而是希望你将来拥有更多选择的权利和机会,选择有意义、有尊严的工作,而不是被迫谋生、被人选择。

胡曹肖 感谢赵教授语重心长的指导。转变观念,大胆放手,悉心引导,智慧陪伴。让我们齐心协力,助孩子度过一个充实美好的寒假,伴孩子成长为一个身心健康、基础扎实、品德优良、志存高远的好学生、好青年!

◆ 家校沟通小贴士

如何引导高中生在寒假自主学习

1. 关于自主学习计划表：制定"不太饱和""逐渐增量""固定＋弹性"的自主学习计划表，根据不同时段设定不同任务，重在行动，适时进行自我调整。

2. 关于自主学习的方法：制作思维导图或知识点卡片，研读课本，积极进行错题整理、错题重做、错题反思，掌握速读记忆法，参与研究性学习项目，"由此及彼、以点带面"进行学习，方法贵在适合，重在坚持落实。

3. 关于自主学习的拓展延伸：积极参加户外活动和体育锻炼，参加社会实践、家务劳动、自主阅读等，劳逸结合、强健体魄、丰富精神，和谐亲子关系，促进全面发展。

六

异样假期，一样精彩

主持人

<u>陈逸凤</u>　　小学教师，宁波市新秀班主任、鄞州区名班主任。

　　　　　　有爱就会有奇迹！

茶座嘉宾

<u>俞成效</u>　　小学教师，宁波市名班主任，浙江省春蚕奖获得者、宁波市优秀教师。

　　　　　　做有温度的教师，建有故事的班级。

<u>吴望舒</u>　　小学教师，宁波市名班主任，浙江省师德楷模、宁波市"四有"好老师。

　　　　　　三人行，必有我师；师生行，生亦是师。

<u>胡　清</u>　　初中教师，宁波市骨干班主任，鄞州区名班主任，鄞州区名班主任工作室领衔人。

　　　　　　唤醒，改变，热爱，专注！

点评专家

<u>张龙富</u>　　宁波市教育行政部门四级调研员。

　　　　　　学无止境，砥砺前行！

寒假生活怎么过

陈逸凤 　在积极着手应对新冠疫情的同时,我们也迎来了2023年的寒假。以往放假前,我们都会有一个休学式,作为一个学期结束的标志。2022年,受疫情的影响,我们是以网课的形式结束这个学期的,很多学校甚至取消了期末考。这让习惯了期末考的家长和同学总感觉似乎缺少了什么。吴老师,您怎么看待这个假期的到来呢?

吴望舒 　孩子们年龄小,社会认知低,内心定力不够,有时候又比较任性,做事情难以坚持。所以,老师和家长有责任帮他们把控好方向。比如,在假期开始的时候,建议家长和孩子们商量着制定一份合情合理的寒假计划表,什么时间学习、什么时间阅读、什么时间锻炼身体、什么时间适当娱乐,要有大致的划分。包括孩子的寒假作业进度,要具体精确到以天为单位进行规划。家长若再配以适度的检查,孩子的学习生活就能被安排得井井有条。这样的计划也有利于培养孩子的自我管理能力。

胡　清 　我非常赞同刚才吴老师提到的制定寒假计划的建议。站在寒假的起点,尤其是今年面对特殊的"加长版"寒假,同学们可以在老师的引导或家长的参与下着手打造一份私人定制的寒假计划。这不仅能帮助孩子充实自己的假期生活,更是用一种仪式感拉开了假期自我规划和自主管理的序幕。

但是,相关调查显示,超过55%的计划制定者在一开始对完成自己的假期计划充满信心,但最终仍然有88%的人没有完成计划。这个数据很扎心，不是吗？如何让孩子的寒假计划能够执行下去呢？我有三点小小的建议：

一、计划和目标要根据孩子的能力来制定和实施。

二、制定的计划要留白。在留白的时间里，无论是玩还是阅读，甚至仅仅是思考，都是一种学习。只有留给孩子足够的自由安排时间，孩子才能真的享受到自由和尊重。

三、父母要每周参与一次假期计划落实情况的评价。作为孩子成长的陪伴者，父母在寒假期间需要承担更加重要的家庭教育作用。我们可采取"三明治法"，先夸一夸孩子做得好的地方，再针对一些不足的情况给出建议，最后提出鼓励，并保持对孩子的积极期待。

陈逸凤 每年寒假，孩子们最大的心愿就是没有作业，而家长最担心的就是没有了规律的学习，孩子会更加无拘无束。面对这样的矛盾，俞老师，您有什么好的建议？

俞成效 有些孩子放假过得浑浑噩噩，而有的孩子却趁机学会了自主学习、独立生活。为什么会有这样大的区别呢？我个人觉得，除了吴老师已经提到的策略以外，孩子还可以按照"休息 — 充实 — 收心"三个步骤安排好寒假计划表。

首先，要坚持适度学习不放松。我们不是经常说"不怕同学是学霸，就怕学霸放寒假"嘛。其实，大多数孩子都可以像学霸一样进行假期学习。我认识一个中国科学技术大学少年班的学生，发现即使在寒假，他也每天坚持作息规律，有固定的时间做作业、阅读。所以，只要保持一定的学习节奏，孩子就不会落下。

就怕孩子在寒假出现报复性"躺平",对任何事情都提不起兴趣。整日不是沉迷于游戏,就是作息日夜颠倒。

其次,在寒假里,我们要坚持阅读。孩子可以根据下学期课文篇目的相关主题读,也可以读名家名作,也可以读自己喜欢读的书。只要开卷就有益,形式上不用拘泥太多。但是,孩子读的书应当略高于自己的认知水平,适当地拔高一点知识层次。

最后,寒假里会有大块的时间。我们可以把原来没时间学的钢琴、绘画、书法都安排在日程上。我女儿读小学时也发展过不少特长,乒乓、围棋、拉丁舞都有涉猎,但最后都半途而废,只有唱歌坚持了下来。但时至今日,唱歌依然是她的爱好,她也因此登上过许多舞台。什么是特长?若干年后,特长会成为孩子生命的一部分,既能让他感受到热爱的力量,又能带给他的荣耀。

陈逸凤　胡老师,我们知道初中生的学习任务比小学生要重很多,那么对于中学生的寒假学习,您有什么好的建议可以分享给屏幕前的家长和学生呢?

胡　清　疫情的反复令人无奈,但是成长没有暂停键。危机,也是契机;网课,就是大考。因此,只要孩子没有停止学习,就需要掌握科学高效的学习方法。这里,我有两个学习的小策略可以分享给假期自主学习的孩子们。

第一个小策略——设定目标:每个孩子都应当确定合适的学习目标,并把目标变成具体可操作的计划。对于小目标,我们可以采用倒推法。比如放假一周后,老师要求孩子提交一篇作文,我们该如何对此制定计划?从交稿日往前推,确定定稿时间;再往前推,留出修改时间;再往前推,留出构思文章的时间……然后,用一张时间线图将计划呈现出来,教孩子如何合理分配自己的时间,做出正确的计划。

对于较大的目标,我们可以采用分解法。如果寒假里,你计划用一个月看完《西游记》,这个目标该如何实现？我们可以试试把大目标变成一个个小目标:先算每周看多少,再细算到每天看多少。这样,我们就可以绘制一张完整的计划分解图,按部就班地完成计划。

第二个小策略——针对不同学科采用不同的策略和复习技巧。

学习有三个层次:记忆—理解—运用(或者说创造)。我们只有不拘泥于单纯的记忆,而是深刻理解知识,并力求创造出一些自己的观点,才能完成学习上的升级。

以科学学科为例,它主要包含物理、化学和生物三门学科的知识。物理是一门崇尚理性、强调数学计算和逻辑分析的学科,这就要求同学们在学习物理的过程中要严谨认真、逻辑清晰。因此,同学们在进行寒假的学习和完成作业时,要注意保留思考的痕迹和解答的过程。比如,读题时注重圈画关键词,正确运用图像来理解题意,正确地绘制符合题意的受力图、电路分析图,写出符合物理过程的字母方程等。这些都是物理分析的必要辅助手段和重点内容。

另外,在化学和生物的学习过程中,我建议孩子在面对自己薄弱的知识点时,可以通过整理相关知识点的思维导图,将知识点之间的联系展示出来。在复习预习的过程中,同学们要善于归纳总结,多找规律、多找联系。

张龙富　刚才吴老师、胡老师、俞老师从不同的角度,分享了如何制定寒假学习计划、如何执行计划以及比较实用的学习方法,我相信对孩子们来说,一定会有所启发和帮助。我就简单分享两点想法。

一是对老师来说的,布置作业要少而精。布置作业的目的是巩固和提高学科知识。我不太赞同搞"题海战术"。我希望我们的老师用心来设计作业,用最少的、最精准的作业达到巩固和提高学生学业水平的目的。

二是对我们学生来说,既要把寒假作为休整期,又要把寒假作为充电期,保持学习的热情和劲头,运用适合自己的学习方法和技巧。

陈逸凤　我觉得张老师的提醒特别好,学习贵在精而不在多。如果我们能找准方向、用对方法,并能持之以恒,一定会使学习事半功倍。

传统节日怎么过

陈逸凤　在这个超长寒假中,我们还将迎来我们最重要的传统节日——春节。当疫情遇上春节,我们又可以以怎样的方式度过呢?胡老师,您有什么好的建议呢?

胡　清　说到过年,不禁让我想起了我小时候。放了假我们经常在一起玩的一些传统游戏,比如抬轿子、踩影子、骑红马、滚铁环、跳房子等。这些小游戏简单易学,两个人、三个人一组都可以,不受场地限制，随时随地都能玩。学生们可以和父母或者朋友一起玩，不仅能增强体质，还能愉悦身心。在这个超长假期里，我们大家一起试试吧。

吴望舒 生活处处皆课堂。寒假里，我们更要注重在生活中学习，尤其是学习"春节"为主题的传统文化。过年前，家家户户少不了打扫卫生，布置新春环境。贴春联无疑是一个重要的环节，既增加了喜庆元素，也蕴含着辟邪除灾、迎祥纳福的美好愿望。春联有两副直联，一副横联。这两副直联该怎么区分左右？这是有讲究的。通常，当我们以主人迎接客人的姿势面向门口站立时，左手边是上联。因为按我们的传统，自古都是左为尊。右手边是下联。知道了张贴的位置后，我们该如何区分春联的上、下联呢？首先，我们可以按声调的平仄分。春联中的上联一般以仄音收尾，即现在普通话中的第三、第四声；下联以平声收尾，即现在普通话中的第一、第二声。如"人和家顺福星照"的最后一个字"照"是第四声，是仄音，就可以判断其为上联；"四季平安特运来"的最后一个字"来"是第二声，是平声，就可以判断其为下联。另外，我们也可以按逻辑关系区分，如春联中有因果关系的，那么因是上联，果是下联，等等。

所以，在寒假生活中，当我们带着孩子稍做研究，把春联贴正确，把环境布置得喜庆热闹，欢欢喜喜过好春节的时候，也就潜移默化地传承了我们的春节文化。

俞成效 我们即将迎来2023年的新年。过年在每个中国人的心中都占有举足轻重的地位。即使远隔万水千山，我们都会在除夕夜赶回家，尝尝家里的年夜饭，和全家人围在一起聊聊一年来的收获。但是疫情当前，我们能做的较以前肯定有很大的区别，如不能聚餐、不能远游。但是我们也可以尽自己所能，努力营造一个祥和快乐的新年。

记得小时候物质条件并不优渥，一把瓜子、一捧花生可以让我们乐呵上很久。父母们也尽自己所能，努力为孩子们营造一种过年的氛围。快乐和幸福不该局限于物质标准，更应当是一种感觉、一种心境。

所以，今年，我们可以通过剪窗花、贴春联等方式，用自己的巧手营造一种过年的氛围感，甚至还可以把红包壳悬挂在绿植上，让家里充满满目生辉、喜气洋洋的感觉。我们还可以与家人一起筹划年货，根据家人的喜好购买，做到不浪费、不铺张。虽然今年春节我们要减少不必要的社交，但我们依然可以通过拍摄VCR（视频短片）、编辑祝福短信的形式，给亲朋好友捎去最真挚的祝福，营造满满的人情味，不让情感的联系缺位。现在网购也很方便，家长们可以把为家人挑选礼物的权利交给孩子，让他们根据亲疏远近、性别喜好为家人或者亲戚朋友选择一份适合的礼物。有时候，礼物不在于是否贵重，而在于能否送到对方的心坎里，让对方感受这份情谊。这种方式能让孩子在潜移默化之中学会人情交往。《红楼梦》有一副对联说的就是这回事，"世事洞明皆学问，人情练达即文章"。如果社会是个大课堂，那么生活便是一本教科书，要让孩子在生活中学会生活。

此外，我觉得寒假也是一个很好的劳动教育的机会。家长可以带着孩子一起掸尘，一起合作整理房间、清洗衣物。不少初中生平时学业比较忙，很少有机会做家务。借此机会，既让孩子在紧张的学习之余得到适当的调节，又增强了他们的责任意识。我们还可以让孩子们在规定时间内将物品妥善放置，为过年时客人来访做准备。有了任务驱动，才是真正的项目式学习。

不少家长老觉得孩子整理得不干净，效果也不好，所以总喜欢越俎代庖。我们家的女儿是自己房间的第一责任人。虽然她整得也不干净，但我们总是用欣赏的眼光去看待，时常夸夸她：嗯，整过干净多了。平时都是我们早起为孩子做早餐，努力做到天天不重样，既兼顾口感又考虑营养，甚至还要关注色泽和外观。如今放假了，我们也可以偷偷懒，让孩子给我们做一次早餐，让他们表表孝心。即使做成了黑暗料理，我们也要津津有味地吃完。我们还可以适机地引导孩子做几道具有家乡风味的菜肴，从入门级的汤圆入手，到有些难度的烤大头菜，甚至苔菜拖黄鱼。有时候，还可以让家里的爷爷奶奶、外公外婆一起参与进来，三代人其乐融融、有说有笑，既能和谐家庭氛围，又能促进亲子关系，何乐而不为呢？我们现在要努力做智慧型的父母，而不是整日念念叨叨的保姆型家长。

张龙富 春节是我们华夏儿女最重要的传统佳节。我是在南方农村长大的。我小时候，过年是很热闹的。从农历腊月二十四过小年祭灶神，一直到大年三十，我每天都跟着父母一起动手准备各种年货，比如腌腊鱼、腊肉，磨豆浆、点石膏、做豆腐，做红薯淀粉、炸丸子、炸麻花、炒花生、炒瓜子、炒薯条、炒冬米，等等。从过小年开始，一直到正月十五过元宵，几乎每天鞭炮不断，一家人天天走亲访友，热闹非凡。现在年货基本上都是买来的，不用自己动手去做。虽然方便了，但却少了很多乐趣。我们的小朋友可以帮父母或者祖辈一起做做年夜饭，洗洗菜、配配菜、炒炒菜，一家人其乐融融，一起过年。

我还有一个愿望，就是希望我们的年味越来越浓，大家都能找到欢欢喜喜、热热闹闹过大年的感觉。我特别喜欢燃放烟花爆竹时的感觉。放鞭炮是我们传承了一千多年的春节习俗。可以说，鞭炮声是春节最响亮、最动听的声音，它让春节更加喜庆、更加热闹。不过现在，我市城区内禁止燃放烟花爆竹，如果在规定的禁放区域，我们可以通过燃放电子鞭炮制造氛围；如果不在禁放区域，大家可以在确保安全的情况下有序燃放烟花爆竹，在噼里啪啦的鞭炮声中，感受浓浓的节日气氛。其实各地还有许多有关春节的习俗，比如拜天祭祖、逛庙会、赶集、舞龙舞狮、猜灯谜、踩高跷等。这些习俗承载着博大精深、和合共生的中华文化。过好春节，过好我们每一个传统佳节，意义十分重大。它事关中华优秀传统文化的传承，事关坚定"四个自信"当中的文化自信，事关中华民族的凝聚力和向心力。

陈逸凤 百节年为首，看似简单的习俗，其背后却包含着老祖宗无穷的智慧和无尽的祝福。过好中国年，将这些习俗传承下去，就是在为中华传统文化注入生命力。

亲子矛盾怎么解决

陈逸凤 当然,春节期间,也免不了要和亲朋好友发发短信、拍拍小视频,甚至打打游戏轻松一下。那么,怎样控制孩子使用电子产品的时间呢?吴老师,您有什么好办法?

吴望舒 对于电子产品,我们不能视其为猛兽,要从心理上允许孩子使用。但是,我们确实要在方式方法上对其进行管控。之前的"班主任茶座"里,我们也提到过签订《手机使用合约》,今天再次提醒各位家长,一定要和孩子"约法三章"。具体来说,我们可以这样做。

首先,不给孩子配手机。我们家孩子高考结束才有属于自己的手机,平时要用手机就用家长的。

第二,管控使用时间。比如,家长要和孩子约好,每次玩30分钟,用完后主动归还手机。如果是电脑,时间一到,照样要交到家长手里,否则孩子在半夜可能还会偷偷地玩。

第三,坚持后果自负。家长要让孩子明白守时的重要性,约定的上交时间不能延误。如果未能按时上交,就要承担相应后果。如每超时5分钟,就取消一次使用机会;若有哭闹对抗的,再增加一次。只有这样,家长们才能有效地管住孩子的电子产品。

胡 清 嗯,是的。除此之外,我们还要去弄明白,孩子为什么要使用手机。以游戏为例,很多孩子觉得在游戏中能够轻易获得在现实生活中需要花费很多心思才能获得的快乐,比如成功的体验、社交需求以及游戏中意外获得装备的惊喜。还有些人玩网络游戏的目的是逃避竞争、缓解压力、释放情绪。对于这类孩子来说，游戏是对现实生活的补偿。没有爱好、学习成绩不好、缺乏优质陪伴、亲子沟通不畅都是孩子沉迷网游的诱因。所以，了解内因很重要，正所谓缺啥补啥，家长们一定要加以关注。

在平时的生活，特别是居家生活中，家长要做到以下几点。第一，我们要多肯定孩子，使孩子能够从现实生活中获得心理满足；第二，家长要鼓励孩子多运动，从而释放压力，缓解不良情绪；第三，低段的孩子要注重培养兴趣爱好，减少对游戏的依赖；第四，家长要培养孩子的认知能力，让孩子能够识别出"好游戏"和"坏游戏"，避开频繁抽奖、充值的游戏，让学生从"手机控"变成"控手机"。

张龙富 我觉得，最应该管的不是孩子们玩手机，而是大人使用手机的频次和时间。只有大人管住自己了，少用手机，多看书，多陪伴孩子，才能让孩子安心学习、少玩手机。孩子是有样学样，大人机不离手，孩子才会手不离机。手机就像是当下人们的魂一样，"一机在手，天长地久，机不在手，魂都没有"。同时，手机也是人们社会化的重要工具，是现代生活中必不可少的。关键是家长要让孩子学会科学合理地使用手机。刚才两位老师都对此给出了很好的建议。

此外，我觉得要让孩子从手机沉迷中走出来，有一个办法是最好的，就是让孩子走出虚拟世界，走进现实世界。家长要经常带着孩子走出家门，走进没有铃声的社会大课堂，在研学旅行和社会实践中去感受祖国大好河山，感受中华优秀传统文化，感受革命光荣历史、感受改革开放伟大成就,通过实实在在地见人、见事、见物、见景,去增长见识、开阔眼界、放飞心灵、滋养精神。

陈逸凤 超长寒假,除了规范手机的使用外,老师们还有其他促进亲子和谐相处的建议吗?

吴望舒 其实,想要让孩子听话,重点不在于你说了什么,而是你说话的情绪和方式。这直接决定了孩子能不能接受你的指导意见。如何与孩子进行和谐的亲子沟通?

首先,我们要稳定情绪,心平气和地跟孩子沟通。

其次,要减少对孩子的管控。如过年时,孩子想买一件衣服,我们就可以把选择权和决定权还给孩子。

还有,不要用威胁的方式说话,如"你再不写作业,今天晚上别吃饭了"。家长总是用威胁的语气与孩子交流,迟早会让亲子关系陷入恶性循环。我们可以将对话改为正向激励的方式,比如"你现在能完成作业,晚上我可以给你增加自由玩耍的时间"。

最后,沟通要简单明了,不重复不唠叨。这样的沟通方式可以避免很多的亲子矛盾。

俞成效 首先要注意教育的方式,少提"别人家的孩子"。过年期间和亲朋好友聊天时,家长们既不要用孩子的成功来秒杀别人,也别希望用别人家孩子的优秀来激励孩子。家长要学会倾听,减少评判心,管理好自己的情绪,生气时不教育,教育时不生气。不要在情绪激动的时候解决问题。手机问题,在我家孩子上初中时也曾困扰过我。为了解决这个问题,我先和孩子谈,孩子也意识到自己的自控能力不够。所以我们约定,周一至周五,手机由家长代为保管,如果出现临时性需要,允许她来借用手机。周末,我们规定好使用的时间,一般一小时。如果及时完成作业或者考试考得不错,我就奖励她逛逛淘宝,或者和她一起讨论如何拍出美照晒朋友圈,或者约着去哪个网红点打卡。

时代在发展,孩子面临的诱惑会越来越多,一味地管或约束往往达不到效果。我们有时候要暂时放过一些问题,在之后日子里再慢慢解决。亲子之间要先保留沟通的渠道,找到共同的兴趣点。今年女儿读高一,她养了条小狗,于是小狗又成了我们之间沟通的桥梁。

胡　清　我想说的是陪伴。我们常说最长情的告白是陪伴,与其要求孩子做这做那,不如家长陪着孩子一起去做。比如,我们可以和孩子一起运动、一起阅读、一起看看电影,交流彼此的见解。我们要用实际行动告诉孩子,"我是你成长路上的同行者",当孩子感受到你的用心后,就不会把你当成是只会发号施令的"指挥者",而是可以分享心情的"引路人",亲子关系也在不知不觉中越走越近。

张龙富　前段时间,我女儿给我看了一个搞笑小视频。虽然很滑稽,但里面说的内容却是现实中常常看到的:当你放假第一天回家,你会看见热情的父母;当你放假三天了在家,你会看见平静的父母;当你放假五天了在家,你会看见恐怖的父母。

这个视频说明了一个现象:现在孩子与父母待在一起的时间越长,关系就会越紧张,就会"相看两生厌"。

那么,在这么长的假期里,亲子之间如何才能做到"相看两不厌"呢？

我觉得，首先要让家充满爱。家是爱的港湾，是最温暖、最温馨的地方。我爱你，无论贫穷还是富贵，无论成绩好还是成绩差。我爱你，因为你是我的孩子。亲情中的爱是无条件的爱，是自然发生的爱，不需要任何附加条件，也没有任何功利色彩。

其次，家长和孩子要互相欣赏。你欣赏我，我欣赏你，善于发现对方的闪光点，"优点不说不得了，缺点少说逐渐少"。学会欣赏，就会越看越喜欢。有人说，孩子是靠父母、老师还有同学等重要关系人的语言塑造而成的生命个体。父母欣赏、肯定、信任、支持、鼓励、引导的语言，就是取之不尽、用之不竭的最大金矿。一个孩子优秀与否，很大程度上取决于家长能否把这座金矿挖好、用好。

最后，家长要进行"自我革命"。现在许多家长最容易犯的错误就是爱挑毛病、批评指责、唠叨说教。这是当前压在孩子们身上的"三座大山"。家长只有进行自我革命，主动推翻自己制造的"三座大山"，才能真正解放自己，最终解放孩子。

陈逸凤 每一个孩子都像是一颗种子，都有发芽生长的机会。这个机会可能来自学校教育，也可能来自家庭教育、社会教育。如果说学校教育是一方规范化学习的天地，那么寒假就像是孩子个性化发展的天堂。每个孩子都有着不同的成长需求，而我们要做的就是不断为他们的成长搭建适宜的脚手架，教会他们各种生活、学习的技能。只有顺应孩子的发展规律，才能充分发挥他们的潜能，让他们在人生的道路上越走越自信。

让我们一起携手,和孩子们共同度过一个有意义的寒假吧!最后,我借"班主任茶座"这个平台向屏幕前的家长和同学们拜个早年,祝大家新年快乐!

家校沟通小贴士

寒假生活,家长这样做

1. 特殊的寒假里,引导孩子锻炼身体、合理饮食、做好安全防护,保持轻松心态是最重要的事情。在此基础上,让孩子合理安排学习、劳动,力所能及地感受、传承"年文化",每一天都过得很充实。

2. 每个孩子都有成为优秀的人的潜质,父母不同的教育方式,赋予了孩子不一样的人生。家长只有不断地学习成长,才能陪伴孩子成为最好的自己。

3. 家庭建设需要爱的浇灌和滋养,希望每个家庭每天都有欢声笑语。

4. 寒假要保持适度的学习节奏,利用闲暇发展特长,为自己的生活添色。

第四篇

"职"创未来，造就精彩人生

技能成就出彩人生

主持人

张晓宏　　语文高级讲师，宁波市名班主任，宁波市"四有"好老师，宁波市班主任专业发展中心研究员。曾获全国中职班主任基本功一等奖。

每一朵花都有尽情盛开的理由，每个孩子都有人生出彩的资格。

茶座嘉宾

潘　燕　　语文高级讲师，宁波市名班主任。曾获评全国模范教师、浙江省首届最美教师、浙江省中职生成长导师、浙江省年度影响力人物。

悦纳独一无二的生命个体，尽享师生相长的幸福时光。

徐剑军　　高级讲师，宁波市首届骨干班主任。曾获评教育部关工委"我身边的好老师"、宁波市"百优"班主任，获第一届全国中等职业学校班主任基本功大赛二等奖。

别忘了我们自己也曾经是个孩子。

史碧静 高级讲师,宁波市首届骨干班主任,宁波市中职生成长导师,全国优秀指导教师。

教育永远是此情、此景、此学生的现在进行时。

点评专家

林如军 正高级教师,浙江省特级教师,学院副院长,硕士研究生实践导师。

学而不厌,成就师生。

张晓宏　关于"职业教育",习近平主席曾这样指示:要加快发展职业教育,"努力让每个人都有人生出彩的机会"。的确,身为职教人,我们见证了太多属于职高孩子的高光时刻。前不久,我在央视《职教中国》栏目看到了一期访谈节目,主人公是我们职教的孩子,他说的一句话让我印象非常深刻。他说:"职业教育就像一束光,照亮了我的人生。"潘老师,您能不能给我们讲讲这个孩子的故事?

潘　燕　好的。这个孩子来自外省,是我们学校外省班的第二届学生。他起点比较低,刚到校时连普通话都说不好,但是三年的职高学习,让他登上了全国技能大赛的最高领奖台,从一个"放牛娃"变成了全国冠军。在三年的学习成长中,他不仅获得了技能的突破,也得到了素养的大幅度提升。为什么这么说呢?我们一起来看看他高中毕业后的成长历程。他被保送进大学后成了班主任助理,成了全班第一个预备党员。毕业后,他以一技之长做了宝马4S店的部门经理,月薪过万。但他坚定创业梦想,一年后辞去了这份工作,回到家乡创办了自己的汽车维修服务有限公司,现在生意兴隆、前程可期,服务了家乡的父老乡亲,实现着自己的人生价值。

其实,这位同学并不是个例,以汽修专业为例,我校已培养出34位全国技能大赛一等奖,大批毕业生从事汽修工作。我们去4S店,经常会碰见已经成为经理或主管的学生。更多学生选择自主创业,用技能创造幸福生活。有不少学生在职高实现了人生的逆袭。比如我校毕业生姚同学,作为"乡村振兴"的新鲜力量代表,她受邀接受了央视专访。2013届外贸班的杨同学成了同济大学学术型博士。我觉得,职高是同学们新征程的开始,从技能的角度来说,任何一个同学都是零起点,孩子们更有重新开始的勇气和信心。所以,只要我们找对了方向,出彩指日可待。

徐剑军 是的,"技能出彩"存在无限的可能。我来说一个身边的例子。今年我们学校正式入编的某一位专业课老师,在2007年中考结束后进入我们学校学习,而我恰恰就是他的班主任。他职高毕业后考上大学,现在又考进编制成为专业课老师,和我成为同事。我们知道,现在教师职业认可度很高,编制很难考。但是,因为技能出彩,回归母校成为一名优秀专业教师的大有人在。再举一个例子,我们学校的制冷专业的技能水平是非常高的。我们知道,为了备战第46届世界技能大赛,中国代表队正在选拔人才,组建队伍。目前,国家已经选拔了12个技术精英,下一步就要12进4,争夺最后4个名额。这12个精英里,就有2个是我们学校的学生。不管结果怎么样,他们已经是技能出众的"大国工匠"了。

我想说的是,刚才的两个例子中,回归母校当老师也好,冲击世界技能大赛也好,这些优秀的学生在高一入学时都是白纸一张,都是零基础的。所以,我们说要"技能出彩",大家的起跑线都是一样的。只要态度足够端正,出彩是完全可能、完全可行、完全可见的。技能出彩,这应该是我们职业学校与普通高中最大的区别。

史碧静 的确,技能能让我们的孩子更加出彩,这样鲜活生动的例子还有很多,比如我们职高的郭同学获得了 IMC 上海国际模特大赛省赛区冠军;周同学获得了港城技能之星焊工大赛一等奖,成为省内最年轻的焊接技师;韩同学、成同学拿到了 2022 年世界速录大赛的参赛通行证,等等。我们的学生在全国各类技能大赛上斩获多项大奖,宁波市技能大赛金牌数连续 3 年排名第一,奖牌总数连续 6 年名列第一。我们帮助一大批职高学子实现了"工匠"梦想,而社会永远需要各行各业的能工巧匠。

张晓宏 三位老师的分享,概括起来就是职高孩子的成才秘诀 —— 技能成就出彩人生。对我来说,每当看到我身边的孩子们站上全国技能大赛的最高领奖台,收到他们步入大学后因为技能出色成为助教、技能骨干、获得奖学金的喜报,听到他们创业成功、考入事业单位、成为公务员的好消息,真的是特别替他们高兴。当然,职高孩子要出彩,远不止技能这一条路。《现代金报》曾发过一篇报道,题为《从中职生到"双一流"大学研究生,这个男生花十年时间完成完美蜕变》。史老师,请您跟我们讲讲这个故事好吗?

史碧静 是的,职高生不仅技能学得好,学业上也一样能出彩。我们班的小叶同学是 2009 级物流专业学生,当年中考失利,来到了我们学校。在之后的两年里,他坚持努力学习、参加技能训练,在市电子制单大赛上获奖并且考取了国际商务单证员证书,于是获得了保送高复班的资格。通过高复班一年的学习,他顺利考入了职业技术学院,然后通过省专升本考试升入了某海洋大学继续深造。2020 年,他通过全国研究生入学考试顺利考入了某大学商学院金融系，成为一名硕士研究生。这个孩子用坚持不懈的努力完成了从一名中职生到"双一流"大学硕士研究生的完美蜕变。其实这样的逆袭不是个例，还有2012级的小张同学，现在已经是某工商大学翻译专业口译方向的硕士研究生；2015级的小贺同学凭借出色的服装设计水平拿到了来自英国的3个offer，现在在英国中央兰开夏大学读书。我知道，这样的例子每个学校都有很多，看着这些孩子通过在职高的学习，走向了更精彩的未来，作为职高老师，我们真的是发自内心地感到欣慰和骄傲。

徐剑军 我们说到孩子们的出彩，除了技能和学历方面以外，还有一点很重要，就是孩子们的素养在出彩。立德树人是学校教育的重中之重，在素养层面，职高学生的变化是很明显的。我们学校就涌现了一大批高素质的学生，比如奥运火炬手宋同学、地铁站5秒飞奔救下逆行男童的马同学等。

我相信这样的孩子每个职高都有，而且数量相当多。职业教育离应试教育相对远了一步，这就有时间和空间用更多的"尺子"去衡量孩子，帮助孩子赏识自己、肯定自己。通过培养孩子们的积极品质，让他们找到幸福感、获得感和成就感，实现出彩人生。简单来说，应试压力没那么大了，评价方式没那么单一了，生活内容就丰富了。在轻松的氛围中，人的获得感在增加、欢乐在释放、素养在提高。我们可以预见，当孩子们以这样的素养走向社会，他们就能在社会生活中积极面对顺境和逆境，找到更多的幸福感。教育的根本目的是育人。我想，职业教育给孩子带来的变化，正是这一目的的良好体现。

林如军　刚才几位班主任围绕各自所带班级中学生成长的案例,道出了我们职业教育的本质内涵,那就是"立德树人,技能成就美好人生"。目前全宁波大市有32所中职学校,共有6.5万余名中职学生,4000余名中职教师队伍。每所学校都形成了"一校一品"的办学特色,育人模式综合、成才途径多元。刚才讲到,我们的学生有通过高职技能考入大学的、通过技能大赛获奖直升大学的。除此之外,我们还有五年一贯制、"3+2"、"3+4"等中高本一体化人才培养模式。可以说,中职学校重视学生个体差异,培养学生错位发展,从而实现人人成长的最终目标。

张晓宏　谢谢老师们的分享。中职孩子考上了研究生,斩获了国赛金牌,提升了综合素养,这一个又一个的好消息,让人开心又自豪。虽然看起来,咱们刚才只是举了一些自己身边的例子,但其实,咱们描述的,却是中职的普遍状况。正如林院长所说,我们中职学校"一校一品牌,校校有特色"。如果说教育即成长,我想,一定是孩子们遇见了最适合自己的教育,才迎来了如此多元化的成长。

张晓宏　我是一名普通的职高班主任,回首自己扎根教育一线的这十几年,让我最为欣慰的,是孩子们获得成长后自信明媚的笑容,但让我最是心疼的,却是孩子们遭遇困境时满眼迷茫的样子。不知道各位老师是否有跟我一样的感受?

潘　燕　是的,就比如我刚才说到的西藏班的孩子吧,有不少孩子到校时不知道自己学的汽修专业到底是学什么,有些孩子甚至认为是来考驾照的,更谈不上思考自己能学到什么程度、学了之后能去做些什么、三年后是去就业还是考大学这些问题了。其实我们身边，专业认知不清晰的大有人在。我认为，我们很有必要指导学生做好职业生涯规划，让学生明确自己的方向。

徐剑军 除了潘老师说的职业前途的迷茫，我还注意到一个很耐人寻味的现象。我们职业学校里，很多孩子的头总是习惯低下。从心理学的角度看，这就是不够自信的表现。这样的姿态让我有些焦虑。如果我们的中职生在毕业的时候也是这样的迷茫、不自信，何以成为一个合格的接班人和建设者呢？所以我说，这样的不自信既是迷茫的表现，也加剧了他们的迷茫。

史碧静 其实迷茫的不仅仅是我们的孩子，我们的部分家长在得知自己的孩子要读职高时，也是很迷茫的。他们会觉得，孩子小小年纪就要准备就业了，忐忑地担心孩子会不会学坏、读职高是不是没有办法的选择了。家长们之所以有这么多复杂的情绪，很大程度是因为对我们职高不够了解。

林如军 造成学生和家长迷茫的因素有很多，最关键的是我们中职教育还没有被社会完全认可。这一方面是我们宣传力度不够，另一方面是社会对职业学校的认知有些片面。各位家长，上半年召开的全国职业教育大会上，明确提出了要建立中职、高职、本科职业教育培养一体化体系。这一要求传递出了怎样的信号？我想，这能让因孩子要读职高而感到迷茫的家长们多一份底气。读了职高，孩子同样有许多成长成才的路径。职业教育并不是"断头路"，更不是学习生涯的终点。我想，适合的就是最好的，每个人都会找到适合自己发展的目标和途径，成就出彩人生。

张晓宏　确如老师们所说，我们职高早已为孩子们打通了多元化、多层次的成长通道。进入职高，绝不是按下了成长的"暂停键"，而是敲下了"回车键"，甚至是"快捷键"。我们知道，每个孩子都是独特的生命体，有自己的发展方向和生长节奏。作为青春同路人，我们在心疼孩子们的迷茫的同时，更有责任帮助他们找到最适合的发展方向，尊重他们的成长节奏。

孩子们从迷茫到出彩的过程，确实就像媒体报道所写的那样，可用"蜕变"二字来形容。每一个生命的蜕变，都是一个饱含着温暖与智慧的故事。各位老师能否跟我们讲讲，这样的蜕变是怎么发生的呢？

史碧静　我们的孩子之所以能发生质的蜕变，是因为职高给了他们更多元化的选择和可能，提供了更适合这些孩子的成长之路。单从我的学校来说，我们是国家级重点职高，开设了机电、物流、旅游、服装4大类共24个专业，给了孩子们更多的选择，还采用"三全培珠"的德育模式搭建了多种展示平台，努力让每个孩子都有人生出彩的机会。所以我想告诉大家的是：职高早已不是你想象的职高，这里有优秀的学校，有负责的老师，有精彩的专业，有我们孩子重新开始的舞台。

让我们的孩子得以蜕变的原因其一就是我们的专业技能。孩子通过学习专业技能，有了一技之长。有很多学生通过技能大赛，站上了各级各类的领奖台，闪闪发光，获得了足够的自信和力量。同时，孩子们通过专业学习掌握了就业的核心技能。我们学校和当地的很多知名企业开展了校企合作，其中企业116家、行业18家，年产值上亿的企业有16家。学校每年能为学生提供人均4.2个以上的优质岗位，给我们学生提供了很多适合的实习和就业机会，打通了职业生涯规划的通道。近年来，毕业生一次性就业率连续五年保持在100%，最终就业率100%。

原因其二就是我们的高职考。很多家长可能还不太清楚，我们职高也是可以参加高考的。今天我就来解答大家对高职考的灵魂三问。职高生可以考大学吗？当然可以，不仅可以考大专，也可以考本科。职高生读大学和普高生读大学所拿的文凭一样吗？当然一样，通过职高高考进入大学的学生文凭和普高高考进入大学的学生文凭是一模一样的。那职高高考和普高高考到底有什么区别呢？首先，范围不同，普高高考可以填报全国的高校，职高只能报考省内的高校，但省内的重点建设高校都是可以报考的，根据不同的专业填报相对应的大学即可。其次，科目不同，职高高考只考语数和专业科目，不考英语，难度相对较低，对很多擅长某一专业技能但文化课不突出，特别是偏科的孩子来说，职高高考是敲开大学之门的法宝。我们学校里，近五年共有2532人升入大学，297名考上本科，其中40多人考入了师范大学和工业大学等知名高校，众多孩子在此实现了弯道超车。

徐剑军 史老师刚才说到弯道超车，这个说法我非常认同。所谓的弯道，是相对直道而言的。直道就是我们传统意义上的考上普高。弯道，指的就是在职高多元化的成长。

我曾经教过一个男生，名叫小苗，他文化课成绩是不太理想的，但很喜欢跳街舞。在我们的体育老师励老师的支持和鼓励下，小苗转行跳健美操,就这样把爱好发展成特长,高三的时候被大学体育本科特招了。看,他就是扬长避短,找到自己的优势并放大的最好例子之一。现在,他一共获得过8个全国冠军,是运动员里最高的一级——健将级运动员。

在他的案例中,我们还应该聚焦体育励老师的功劳。他的点拨和训练太重要了。在我们职业学校,除了文化课老师,还有很多体育艺术类老师、专业技能类老师,以及很多合作企业。这些优秀的资源就是我们孩子弯道超车的"涡轮增压"。

在中职学校里,我们的"涡轮增压"还有很多,比如班主任的鼓励。我现在带的班级里,有个叫小徐的男生十分喜欢写歌唱歌。我作为班主任在学校里经常鼓励他。今年夏天,他与人合作的音乐在酷狗发布,可把他乐坏了。他跟我说,以前在初中没有存在感,现在不一样了。一年下来,我看他越来越自信,目标也相当明确,一心一意要跨界去考音乐学院。

还有我们开展的志愿者服务,每次活动都能收获很多赞扬。以我们空调制冷专业的"冷气来袭"活动为例,我们学生一到夏天就给社区空巢老人擦洗空调滤网,大家都是抢着去做志愿者。老人们对学生的技能连连点赞,夸得孩子们都不好意思了,还给孩子们切西瓜、买饮料,生怕他们不吃。老人们的鼓励让我们学生找到了自己的价值。这样的活动做了几次之后,孩子们的精神面貌完全不一样了。

我理解的蜕变,顺序是这样的:精神状态有改变、技能水平有提升、幸福生活有着落。其中,精神状态最重要,因为积极的人格能让人受益终身。中职学校那么多的老师、企业、兴趣社团、志愿活动等,都能为孩子们精神面貌的变化提供可能性。

潘　燕　我觉得孩子的蜕变可以理解为其高中三年的变化,也可以理解为高中毕业后更长远的成长改变。三年的蜕变是蓄势,日后的蜕变是成就。三年里,我们在孩子心中播下了素养的种子,学生的品质养成了,学识增加了,技能提升了。五年、十年后,他们成了最亮的那颗星,这是最可喜的蜕变。

为了做这期节目,我对十多年前带的一届文秘班学生做了调研。我联系到了24位学生,了解了她们现在的工作状态和幸福生活。这24位学生中有教师2人,银行行长1人,总经理和部门经理10人,派出所工作者1人,街道服务中心工作者1人,公司行政(会计、财务)3人,培训师2人,企业职工3人。现在,这群孩子正处三十五六岁的人生黄金期,凭着良好的素养走出了出彩的人生。在这个国庆,我在她们的朋友圈看到,学生们几个家庭结队出游,过着平凡而幸福的生活,作为高中班主任的我也觉得特别幸福。当我们聚在一起的时候,她们说最难忘的是高中生活。她们为当初的选择而庆幸,说高中让她们找到了一片属于自己的新天地。她们说班主任的尊重与信任、严格与关爱让她们觉得"我们班能行""我能行"。我想,班主任的赋能影响了学生,成就了学生的自我赋能。现在身为银行财富经理的李女士说:"我觉得那时候我们文秘班可厉害了。"从学生的言辞中,我们不难发现,她们在职高的三年中找到了自己,成就了自己。回头看去,我觉得这批姑娘是幸运的。她们找到了适合自己的坐标，找到了适合自己的职业。

林如军 这里，我先简单给家长们普及一下职业学校与技工学校的办学不同点。技工学校培养的学生偏重于技能，并以就业为主要导向，相对中职学校而言，其培养模式较为单一。中职学校培养模式多元，学生总体素质比较高。这里有一个鲜明的数据，市直属某学校的"3+4"专业，录取平均分达到了公办普高线以上。而且，据不完全统计，今年市直属的10所中职学校中，达到普高线以上的录取学生占总人数的四分之一左右，是历史上最好的一年。由此可看出，职业教育的吸引力在不断地增强，社会也越来越认可职业教育。

张晓宏 谢谢林院长，谢谢三位老师。孩子们的蜕变，确实是多元发展、多方合力的结果。正是专业技能、高考升学、综合素养三位一体的教育，保障了孩子们都能在扬己所长的过程中成长、出彩。关于技能和高考，我这里有一份数据分享给大家。2021年，在全国技能大赛中，我市在10个项目中代表我省出战国赛，斩获6金、2银、2铜，参赛队伍数全省第一，金牌数全省第一，位列全国第一方阵，获奖率100%。今年高职考，我市中职参考人数8630人，上线7851人，上线率91%，其中本科数1176人，本科率13.6%，远高于省平均水平。其中，药学、模特、汽修、外贸、计算机五个专业的省状元都是我们的孩子。我市职教的实力，值得我们相信。

主持人 我很喜欢这样一个比喻：孩子就像一叶扁舟，家庭和学校就是辅助扁舟向前航行的"双桨"。"双桨"同心同向，才能确保扁舟远航途中不偏航、不触礁,在它最想去也最适合的地方靠岸。对于如何合力的问题,各位老师能否给大家支支招?

徐剑军 我想说,沟通的姿态很重要,那就是平视。孩子们反感的不是道理本身,而是家长讲道理时居高临下的姿态。说到沟通,最好的办法就是把你的孩子当成你的同事那样去沟通,这样我们的亲子关系或许会更和谐一些。家长要接纳孩子的现状,少点批评、多点鼓励。要知道,青春就是一场后知后觉的旅行,人生的这个阶段,孩子就是以试错的形式去试探人生和外部世界的。我们要多和孩子一起打败问题,而非和问题一起打败孩子。

有一个公众号,叫"男孩派",家有男生的家长们可以关注一下,里面很多文章我觉得挺有用的。还有中国公安大学的李玫瑾教授的育人讲座,非常有价值,建议家长们可以去看一下。

史碧静 我做了十六年的班主任工作,看过许许多多的孩子。我真心地要送给家长朋友们一句话:孩子有时候不是你看到的那样!和大家分享一个男生的故事。该生职高毕业后考上了杭州的一所大学,现在大学毕业三年,是一名软件工程师,已经成为一个片区的负责人。他基本上每隔一个月左右会打来一次电话,和我聊聊他的情况,问问我现在的学生乖不乖。听起来,这样有情有义又有稳定高薪工作的孩子很令人骄傲吧?是的,可是这个孩子当初叛逆得不行,妈妈因为实在不知如何教育,在初中时把他绑到了武术学校,期望能用"棍子教育"让他"改邪归正",最后依然无济于事,无可奈何地让他来到了职高。

孩子来到学校后,发现自己喜欢上我的专业课,尤其对专业案例工作很感兴趣。于是我培养他参加了专业技能培训,积极表扬他的点滴进步。我还与他妈妈进行了多次沟通,一起观察和亲近孩子,在磕磕碰碰中花了一年多的时间,才走进了他的内心。他亲口对我说:老师,您是我心目中排位第二的人,第一位是我爷爷。在和谐的关系中,孩子不断成长,最终考上了大学。

在二十年的教书生涯中,这样的例子还有很多。我发现当孩子成绩不理想时,很多家长想到的是给他们找家教、补知识。其实,当一个生命本体对这些"补给"不需要、不渴盼的时候,我们做的都是无用功。所以,如果家长想提高孩子的成绩,请先把他从偏离的人格里唤醒。因为对孩子成长而言,身心健康、正直勤勉、具有独立战胜困难的勇气和能力比分数更重要。其实当一个孩子的生命本体开始接纳自我、感到愉悦时,他的成绩也不会差到哪里去。

也许你的孩子现在有这样那样的问题,但我们要相信,人之初,性本善。孩子那个积极向上、善良的"本我"也许隐藏得很深,但只要我们足够努力和坚持,一定能把他们找回来的。前面这么多孩子可以,你的孩子也可以的。所以,亲爱的家长,改变一下认知,给职高以足够的信任和支持,守望成长,给孩子以足够的陪伴和温暖,未来一定是值得期待的!最后推荐一本书,《共情力》,希望我们的家长能学习和我们的孩子共情,共同成长。

潘　燕　是的,我们的几位老师给我们分享和提供了很好的做法。在这里,我想跟我们的家长朋友们说,我们可以用发现美的眼睛一起去看见孩子的独特之处,去看看自家的孩子更适合做些什么。

我们的孩子虽是同龄人,但由于成长环境和经历不一样,每个个体之间都存在着各种各样的差异。我们应该去尊重差异,尊重每个独一无二的个体。

在这里,我想跟大家分享我带的外贸班中两个学生的故事。一位女生王同学,外向泼辣,英语突出,毕业后直接参加工作,现在在公司做得风生水起。一个男生张同学不喜欢英语,对外贸毫无兴趣,报这个专业完全是父母的意思。高中三年我们做了很多工作,但他的内驱力还是没能得到很好的激发,三年学习的性价比远没有王同学来得高。所以,我们对孩子想法的尊重程度会直接影响孩子能否快乐地成长、成才。在孩子人生的重要节点,我们应该去看见孩子的独特性,尊重孩子的合理选择,帮助孩子找到他喜欢做的事。

让我们静下心来,平视孩子,做孩子们强大的后盾,做孩子们交心的朋友,做孩子们信任的导师。当我们羡慕别人家的孩子时,让我们先成为自家孩子优秀的家长。让我们一起去看见、去肯定、去期待吧!

林如军 各位家长,刚才我们讲了学校层面正在落地实施的一些有效的育人手段,给社会和家长明晰了职业教育的育人环境和育人方式。我们非常欣喜地看到,国家对职业教育也越来越重视。譬如《中华人民共和国国民经济和社会发展第十四个五年规划和2035年远景目标纲要》明确提出了要稳步发展职业本科教育。国家职业教育改革实施方案也明确指出了职业教育与普通教育是两种不同类型的教育,处于同等重要的地位。习总书记对职业教育也多次作出重要指示或批示,明确要优化职业教育类型定位,增强职业教育适合性,培养更多高素质技能人才、能工巧匠和大国工匠。2021年10月12日,中共中央办公厅和国务院办公厅联合印发《关于推动现代职业教育高质量发展的意见》,明确提出到2035年职业教育整体水平进入世界前列的目标。我们要将职业教育与社会需求高度匹配,不断加大人才培养的规模和力度,让职业教育真正发挥出应有的类型地位。满足每一个孩子成长的需要,在全面建设社会主义现代化国家中发挥着显著作用。

张晓宏 听完老师们的分享,相信家长朋友们对职业教育已有了更准确、更全面的了解,对孩子们的未来有了更多的信心与期待。老师与家长都是孩子生命成长中的重要他人。让我们共同努力,去接纳孩子的全部、看见孩子的独特、守望孩子的成长,助力孩子赢得出彩人生。

家校沟通小贴士

技能也可以成就出彩人生

1. 每个孩子都是独一无二的生命个体,每个孩子都有人生出彩的机会。

2. 适合的才是最好的。我们要看见孩子的独特之处,帮助孩子做好职业规划,助力孩子弯道超车。

3. 进入职高,绝不是按下了成长的"暂停键",而是敲下了"回车键",甚至是"快捷键"。

4. 孩子就像一叶扁舟,家庭和学校就是辅助扁舟向前航行的"双桨"。"双桨"同心同向,才能确保扁舟远航途中不偏航、不触礁,在它最想去也最适合的地方靠岸。

5. 接纳和尊重是教育的开始。静下心来,平视孩子,做孩子强大的后盾,做孩子交心的朋友,做孩子信任的导师,和孩子一起打败问题,绝不和问题一起打败孩子。

二

走进职高，技能让生活更美好

主持人

姚立婧   初中教师，宁波市骨干班主任，鄞州区学科名师。

用热心给予学生勇气，用爱心激励学生进取，用耐心帮助学生成材。

茶座嘉宾

王　岩   职高教师，高级教师，高级物流师。

学为人师，行为世范，做学合一，敬业乐群。

杨园园   职高教师，高级教师，宁波市骨干班主任。

眼中有光才能发现孩子的亮点，心中有爱才能温暖孩子的人生，手中有度才能引领孩子成材。

点评专家

王　琪   职业院校教育研究与发展规划中心主任，研究员、博士。

挖掘孩子的闪光点，帮助他们快乐成长。

职高是什么

姚立婧 最近网络上关于新版《中华人民共和国职业教育法》的讨论非常火,随着利好政策不断推进,职业教育迎来了发展的春天。但受传统教育观念的影响,目前,职业教育在很多家长、学生、学校和社会大众眼中依然是"无奈的选择"。

职高是什么?很多家长其实是不太了解的。作为一名初三班主任,随着中考的临近,许多家长都会来向我咨询孩子的志愿问题,问得最多的一句就是:"姚老师,我的孩子怎么办?只能去职高了。"作为班主任,我是理解家长焦虑的心情的,他们有很多顾虑,比如担心职高的学风不行、不学习的孩子多,不知道孩子进入职高后能学什么,毕业后能否上大学,以后如何就业……作为资深的职高班主任,王老师和杨老师能不能分享一下,你们眼中职高的孩子是怎么样的?

王 岩 姚老师,关于"学风",其实您讲得比较委婉。我们大部分家长朋友对于初升高进入职高的学生,有一种根深蒂固的偏见,比如学习态度不端正、学习习惯不好,或者习惯性地把他们叫作"差生"。我个人对"差生"这个词持坚决反对的态度,这不单是个人情感上不能接受,而且与我长期教育教学中的发现是不符的。

举个例子,有些孩子很小就喜欢表达,识字也比别人快,这是因为他的语言智能有优势;还有一些孩子学下棋特别快,对招法感兴趣,下得也好,这就是逻辑与数学智能相对强的体现,这部分孩子以后数学学科可能就会很好;还有些孩子擅长"动",这个不单单指体育运动，还包括动手操作，比如拆解、拼装、搭建等。所以我们所说的"差"，其实是因为孩子在目前小、初普通教育的培养和选拔机制下，并不能够充分发掘和发挥他的能力、特长、优势。普教语文、数学、英语等基础学科评价权重大，学科体系的教学要求消减了个性化培养的功能。如果一个孩子空间智能感强、绘画好，但是记忆能力不是特别突出，那么他的小学和初中成绩就不一定会特别好。能力结构差异可能导致偏科，而偏科的学生在普高的相对优势会比较小。

姚立婧 是的，作为初三的班主任，我也很困惑，有的孩子偏科问题很严重，所以总分不高，中考就比较吃亏。其实，这样的孩子选择职高是不是会更加有优势？

杨园园 是的，大家眼中的"偏科生"，到了我们职高老师手里很有可能就是香饽饽。我们护理老师最喜欢的就是胆大心细、有爱心、动手操作能力强的孩子，至于某科文化课成绩稍微弱一点，不会有太大的影响；如果孩子文科成绩不突出，但是数学、科学成绩不错，逻辑思维能力强还愿意钻研，那么电商、计算机、机械类的老师看见你肯定很开心；再比如商务、外贸专业的老师对英语基础扎实、善于沟通交流、亲和力强的孩子，那肯定是青睐有加的。

我们职高的老师更关注的是孩子的长处和孩子与本专业的贴合程度。家长朋友们，如果我们能够在孩子进入职高前咨询、了解一下各个中等职业学校开设的专业和每个专业对学生的基本学业要求、艺术特长要求，然后客观分析自己家孩子的学业专长、性格习惯，恰到好处地用好孩子的长处，避开孩子的弱项，那么我们的孩子在职高的专业成长中就会走得既轻松又快捷。帮助孩子选择合适的专业，这一点是相当重要的。

王 岩 关于学生好或差的话题，我还想表达一点：我们每个人的发展，尤其是孩子的成长和发展，都需要大量的正向反馈。除了口头表扬，孩子更加需要从一些实质性的成绩中收获自信，也就是我们说的获得感。这也是能持续激励孩子前进和学习的内生动力。如果基础文化课为主导评价体系并不适合孩子，没有给他带来肯定和收获的快乐，那孩子就会失去前进的动力。我们在学业上越逼孩子，他的抵触情绪就越强烈。这样的学习状态下，成绩可想而知。所以，建议家长认真思考，换一种教育类型，可能会更加适合孩子的成长，能够让他收获自信和学习的乐趣，可以积极主动地学习。

姚立婧 王老师，您作为职业教育研究者，是如何看待这个问题的？

王 琪 有一幅漫画，叫《如此考试》，相信不少家长、老师和同学都已经看到过。内容是这样的：

在一棵大树旁边，小鸟、猴子、企鹅、大象、金鱼、海豹、小狗等动物要一起考试，考官说："为了公平起见，你们每位的考试题目都是一样的——爬上那棵树！"

家长朋友们，你们觉得谁会胜出？可想而知，只有猴子。

姚立婧 王老师，小鸟也可能胜出。

王 琪 不一定噢！考官要求的是"爬"上那棵树，"飞"上那棵树的最终成绩未必算。按照这样的评价标准，只有猴子是优秀学生，其他小动物都是差生。当然，这只是一幅漫画，现实中不可能发生。

可是，细想一下，这样的事情在我们的身边，似乎又是每天都在发生的。我们的孩子有些读书比较好，有些口才比较好，有些做菜比较好，有些手工比较好，可是我们评价的标准却是，"为了公平起见，你们一起来场闭卷考试吧"。最终的结果，就是人为地制造了许多所谓的"差生"。所以，我们传统意义上的"优生""差生"，其实是单一的评价标准造成的。刚才两位老师都表达了，每位学生都有他们的优势，其实它背后有一个著名的理论，叫多元智能理论。这个理论将人的智能分为八种，包括言语、数理、视觉空间、身体运动等。而现在通常所用的书面考试，主要是考查学生的语言能力和数理－逻辑能力，对于其他方面的智能考查得非常少。初中阶段学生学业成绩开始分化，在智力类型、思维特征、兴趣特长等方面呈现出不同禀赋，但我们的教育体系还是只能提供相对单一的考试，"千军万马过独木桥"的弊端越来越明显。如果说进入职业教育体系的孩子全是"差生"，就和批评企鹅、大象等不会爬树一样，让孩子用自己的不足与别人的优势比较。

姚立婧 确实是这样的。教育应该用多元的眼光来看待孩子的成长。

王琪 对，多元或者说多样化发展很重要。我去过一些中职学校，他们更加重视学生健全人格的培养、良好品格和行为习惯的养成，更加重视学生实际动手能力的培养。孩子们进入职业学校后，自己的优势、特长慢慢得到发挥，逐渐找回自信，毕业后的职业发展也很好。就像不能用爬树的标准要求企鹅和大象一样，换一个视角看我们的孩子，他们一样是好孩子。可以说，职业教育作为一种重要的教育类型，为孩子提供了多样化的成长路径。

职高的培养体系是怎样的

姚立婧 关于培养健全人格、良好行为习惯和职业发展能力，职业教育学校具体是怎么做？两位老师能不能向大家介绍一下？

杨园园 无论是道德品质培养还是行为习惯养成，我们很多职高都有自己的德育品牌，比如某旅游学校的"微笑德育"、某职高的"三全培珠"、某职高的"HOPE 计划"、市职教中心的"鹅掌楸"文化等。

我市某旅游学校的"微笑德育"浸润到学生生活学习的方方面面。例如，为了让航空专业的孩子展露出"专业、自信而幸福的微笑"，当时我们 18 届航空班的学生一入校，就开始了一系列的始业教育。孩子们实地参观了酒店、公园等地方，观察金牌导游、酒店优秀员工的自信而自然的职业微笑；在高尔夫球场体验了高尔夫球，近距离接触成功人士发出的事业有成、胸有成竹的生活微笑；专业老师讲解航空专业的微笑标准，一对一指导学生进行阶段性练习；礼仪老师会让孩子知道微笑是一种基本礼仪，也是对人的基本礼节；班主任、德育老师会让孩子从对生命的尊重、赞美和对职业梦想的追逐中去感悟微笑。在三年里，我们通过社会实践活动、志愿服务活动不断为孩子们提供展示的平台，用别人的肯定与赞美让孩子们露出"自信而幸福的微笑"。这里要分享一个细节，我们班学生看新闻联播时都会自觉练习标准的专业坐姿 30 分钟，同时练习专业的微笑。我依然记得升学考时，高校礼仪老师对我们学生的评价：我真的想不到，职高孩子的礼仪可以做到这样！

学校会通过全校性的技能节、文明习惯养成月、寝室文化节、职业生涯规划等活动，立足孩子终身学习能力的发展，全程、全员、全方位地对孩子在行为习惯的养成、生活态度的树立、专业技能的锤炼上进行统一规划，最终让孩子能悦纳自己、赞美生命，自信地微笑着走向职场，走进生活。

王　岩　的确，我们职业教育核心是什么？就是德技并修。杨老师聊了职高如何开展德育工作，确保孩子有正确的人生观和价值观。接下来我谈一下孩子在职高的课程学习。讲到职业学校的教学，我们很多家长并不清楚职高老师教什么，学生又学什么。其实在我市，不论你选择了哪所职高、哪个专业，职业学校办学的基本目标都是实现"就业有能力、升学有基础"。

如何实现专业人才的"就业有能力"？答案是产教融合。以我们某职高的物流专业为例。我市地处港口，就要为港口物流产业培养更多的专业人才。我们专业针对智能化仓储运营、国际货运代理服务、港口设备操作维护这些工作领域，不断完善专业人才的培养方案、优化培养路径，开设针对港口物流的特色课程，目标就是把学生送到优质的企业、优质的岗位。学校以培养学生职业综合能力发展为己任，满足家庭希望孩子完成高质量就业的期望。所以，我们学校很早就提出"产教融合，双元育人"的概念。

姚立婧　什么是"双元育人"？

王　岩　姚老师提的问题很好。所谓"产教融合，双元育人"，简单来说就是企业和学校共同培养人才。企业参与人才培养的全过程，看似简单,但却有丰富的内涵。还是以我们物流专业为例。我们和中国物流与采购联合会、宁波市物流协会、宁波市空运协会的行业专家共同研制人才培养的方案,共同开发课程,共同开展教学。比如说,我们和顶尖的国际集装箱验箱师共同开发针对集装箱验箱岗位的课程"集装箱验箱技术",和相关集团部门负责人开发针对码头作业的课程"集装箱码头业务操作"。这些课程更加贴近岗位需求,填补了港口物流技能人才培养课程的空白。我们还邀请企业专家进入课堂授课,担任学生职业成长过程中的导师,实现了校企"双导师"指导学生发展。除此之外,我们联手高校——宁波市职业技术学院,共同探索智慧物流高端技能人才培养,通过"行企院校合作,岗课证赛融通"培养方式,实现"优势互补,资源共享",完善了人才培养新途径。我们与宁波市职业技术学院通过省教育厅评审,成为全省为数不多的中高职一体化人才培养改革项目培育单位。

杨园园　王老师,我想补充一点,虽然说专业技能的学习是我们职高的学习特色,但是我们职高同样也非常重视文化基础课程的学习,同样开设语文、数学、英语、信息技术、体育、艺术、历史、哲学与人生等文化基础课程。教学质量是学校的生命线,文化课程是奠定学生终身学习能力的基础课程。除了常规的期中、期末考试以外,我们好多职高学校每个月都会开展月考测评、学业水平测试(会考)、人人赛(随机抽测)等考试。特别是高职考前,除了我市组织的统考以外,还会进行6次省联合体模拟考试。所以说,职高对文化课教学的把关也是很重视的。

姚立婧 看来,职高不仅关注孩子的技能培养,还非常重视文化课的学习。

王　岩 对,这种对教学质量的重视,不仅仅是某所学校的个别行为,而是有统一的标准和要求的。这个要求我们叫它"职业学校专业教学标准"。我们的教育主管部门——教育部和教育局对于职业学校培养什么样的人才、上什么课、如何开展考试、招什么水平的老师、建设什么样的专业实训室,都划定了基准线,这个标准我们叫作《中等职业学校专业教学标准》。学校想开设一个专业,不能低于这个基准线。在专业教学标准中,最重要的部分就是"课程标准"。教师的教学内容和学生的考核目标不能随意设计,必须要根据课程标准的要求进行。我市的职业教育走在全国前列,省教育厅和市教育局对于我们职业学校的要求是高于全国标准的基准线。所以,我们又有了高于国标的地方标准,这对学校教学管理提出了更高的要求。

姚立婧 王老师,怎样才能知道学校专业教学有没有达到这个标准呢?

王　岩 我们全市有统一的学业水平测试。在学业水平测试中,语文、数学、英语等文化课以笔试为主,专业课则采用技能普测的形式,所有的学生都要参加统一的过关考试。不论是文化课检测还是专业技能普测,都是全市"统一命题、统一考试、统一评定",学校互派监考和组织测试的老师。省教育厅还会组织省技能抽测,抽到的学生则要参加省统一的文化课或者专业课的抽测考试。

姚立婧 原来职高的考试也这么严格。我想经过这样专业的考核,出来的学生肯定是有真才实学的。

王　琪 合适的教育才是最好的。对于家长来说,最关心的是,孩子进入职高后能否健康地成长。通俗一点讲,就是关心孩子能不能学到真本领。技术的掌握和技能的训练,对职高的孩子来说是很重要的。在技术技能的培养方面,我市中等职业的质量可以说是全国领先。刚才王老师说的"技能普测"的制度,简单地说,就是技术没掌握、技能没学好,毕不了业。在市级层面,我们建立了让学生"学有所得"的制度保障。我这里有一组数据可以和大家分享。2021年,全市中职学校技能普测合格率达到97.1%,优秀率达到75.3%,可见学生的技术掌握情况是非常好的。另外,我们在全国的比赛也获得了很好的成绩。在2021年全国职业院校技能大赛中,我市选派10支队伍参加,全部获奖,其中一等奖6项、二等奖2项、三等奖2项,一等奖总数全省第一。各个学校每年都有优秀的毕业生获得各种奖项或表彰,这样的成绩也在一定程度上体现了学生学习的情况。

职高毕业后能否上大学

姚立婧　　三位老师,其实家长们还有一个比较关心的问题:读了职高以后还能不能考大学?

王　岩　　家长的担心是能够理解的,很多不了解职业教育的人会误以为职业教育等同于低学历。其实,我们职业教育有很多的途径来满足学生和家长对于高等教育学历的需求。

以我市职高学生为例,我们有四个途径可以读大学。第一,就是省单考单招统一招生考试(俗称"职教高考")。第二是单招单考的提前批特长生考试,在高考文化课考试之前,会有大量院校招收特长生,主要是技能特长生、体艺特长生以及其他类型的特长生。第三是我市中职学校和高校联合办学,我们称为中高职一体化培养,部分学校也有中本联合培养,俗称是"3+2"或者"3+4","3+2"是指3年在职高读,2年在高校读,5年拿到大专文凭;"3+4"也是一样,7年拿到本科文凭。第四,叫作技能生保送读大学,是指在国家级技能大赛获奖的学生,可以凭大赛成绩直接申报专业对口的高校,并且享有学校的自主选择权。

姚立婧 那么,我们学校的具体升学情况是怎么样的呢?

杨园园 我来说说我带过的14级旅游一班的升学情况。他们是17年毕业的学生。我们一个班有14位同学考上本科,其中4名考入师范大学,3名考入我市其他大学,第一名斩获省旅游类最高分。

姚立婧 学生们本科毕业的毕业证书和普高学生的本科毕业证书是一样的吗?

杨园园 我正好有几位同学的大学毕业证书照片。我们大家可以一起来看看,是一模一样的。这几年,我市每所职高的升学率、本科率都在不断攀升。2021年的高职考中,我们学校18级护理专业学生的本科上线率为50%。大家可以看到,我们学生考入的大学都是省内综合实力靠前的高校。18级商务英语班的35位同学中,33位本科上线,本科率高达94%!我们整个学校各专业的上线率继续保持在100%,参考的300多名学生中,本科上线共有76人。

姚立婧 王老师,我们国家对职高学生的升学有哪些相应政策呢?

王 琪 大家之所以对这个问题关心,主要是因为现在大家生活好了,对高等教育的需求更强烈了,家长和孩子都希望在毕业后还能够继续深造。职高的孩子在读大学的路径上是畅通的。

说职业教育是"断头路",既是历史实际,也是现实误解。说是历史实际,是指在很长的一段时间内,绝大部分的中等职业学校毕业生只能就业,只有极少数的毕业生可以进入高等学校继续深造。当时有一项政策,就是只有5%的毕业生可以继续升学。但是随着经济社会的发展,5%的升学限制受到越来越多的挑战,也在慢慢地被打破。

姚立婧 王老师,有位家长在平台留言,想请教职高、中专的平均高等教育的升学率是多少?如果没有进入中高职一体化的专业班级,还能参加高职学校的单考单招吗?

王 琪 我这里有一组数据:2021年,我市中职学校毕业学生有1.9万多名,升学的有1.4万多名,升学比例已超过70%,1100多名升入本科院校。也就是说,中职生几乎和普通高中学生一样,只要努力学习,进入高校继续深造的路径是畅通的。

姚立婧 职高毕业的学生后期可能还会有进一步求学的规划,比如想考研究生,行不行?

王 琪 当然可以。考入本科院校的同学,与普通高中参加高考上大学的同学一样,如果有继续求学的需求,还可以参加研究生考试,攻读硕士甚至博士学位。这条路径大家是比较熟悉的。

王 岩 各位家长,我这里就有我们某职高毕业生这学期报考研究生后被录取的消息。朱同学,2015级学生,2018年被某工商大学本科录取,2022年大四,已经被某建筑大学研究生院录取;齐同学,2015年就读于某职高机电学部,2018年考入某海洋大学,已收到某大学研究生院机械工程专业的录取通知书。

姚立婧　如果考上专科,以后还有没有机会考研究生?

王　琪　也可以的,就是增加了一个专升本的环节。进入专科院校的同学,在大三毕业前可以参加"专升本"的考试。学生可以通过这个考试进入本科院校,继续学习2年后获得本科文凭。本科毕业后,如果还想继续学习,那就继续参加研究生考试,攻读硕士甚至博士学位,这个路径都是一样的了。

王　岩　王老师,其实通过专升本后继续读研的同学更加符合我们职业教育的类型优势。这类学生技能应用水平更扎实,以后职业发展的路更宽。我给大家介绍两位同学。张同学,2020年被某工商大学研究生录取,攻读的方向是英语口译专业,2023年应该就能拿到硕士学位了。他的成长经历特别符合我们提到的"技能成就精彩人生"。张同学2012年进入我们某职高读书,当时就读的是物流客户服务专业。他中考成绩不理想,来到职高后也没有什么规划和目标,学期第一次数学校考只考了7分。职高初期,他的表现用他自己的话来说叫"混混日子"。但是我们班主任和任课老师对于激励在中考中发挥不理想、受打击的学生还是比较有经验,通过观察、谈话发现,这位小伙子的英语成绩不错,对口语表达又有浓厚兴趣。于是,我们班主任和英语老师就鼓励他参加学校英语技能兴趣小组。通过这个平台,他不断地锻炼和成长,在 2013 年市技能大赛获得了团体一等奖的优异成绩。通过技能竞赛这个平台,他不仅收获了专业能力,关键是也获得了自信和目标。后来,他学习非常努力,于 2015 年通过优异的技能成绩保送到了某工商职业技术学院,在大学继续积极参加各类比赛,连续三年获得省高职英语口语比赛一等奖。2018 年的专升本考试中,他考到了中国计量大学英语专业。大学期间,他考取英语专业四级和笔译证书,在 2020 年以优异的专业成绩顺利通过了研究生考试,被某工商大学录取。

还有这位叶同学,在校是物流单证技能项目市赛获奖队员,于 2012 年通过单招单考进入我市职业技术学院国际商务专业。2015 年,他通过省专升本考试升入某海洋大学市场营销专业。他的学习经历更加丰富,2017 年毕业后选择先进入企业实践工作,从事外贸业务、阿里巴巴国际站和亚马逊运营等工作。2020 年,他通过全国硕士研究生入学考试进入我市某大学商学院金融系学习,主修金融专业。

其实,随着新的职业教育法的颁布和施行,职教高考制度肯定还会进一步完善,学生升学的路径还会进一步拓宽。所以,进入职高,学生学历教育的路径是畅通的。

职高生的就业情况怎么样

姚立婧 老师们,孩子毕业后,升学是一种途径,那么就业情况又是怎样的呢？

王　岩　我市职高毕业生在就业市场是比较紧俏的。一方面，我们有良好的产业基础，比如国家认定的"专、精、特、新"的优质制造企业，且"单项冠军"企业的数量在全国名列前茅。我市某港口作为国际物流枢纽，可以提供大量和国际供应链相关的服务岗位。另一方面，我市职校与企业共同培养人才，有很强的针对性和时效性，学生的技能水平很高。近三年，我们学校的就业实习双选会能够提供给学生的岗位数量达到1:4。薪资待遇方面，我们可以从我最近一次带班情况看。这批学生是2017届毕业生，当时我们采用了校企"双元培养"的方法，以"企业典型工作任务"教学，侧重培养学生岗位技能。除去部分升学的孩子，就业的同学一共是19位，首轮校企双选均被企业录取，其中7位同学进入了我市知名物流公司。第三年实习的时候，他们的薪资待遇已经在3500元左右，第一年正式就业的工资水平在5500元／月，三年后的工资水平已经达到7500~8000元。

杨园园　王老师，在刚刚结束的全国"职业技能周"活动中，我们职高的青年学生就用自己扎实的专业技能很好地回应了祖国"技能成才，强国有我"的号召。一批又一批的孩子从职高的技能学习中走向社会，在社会中成为重要的、高素养的技术技能人才。

职高毕业生的创业情况同样值得我们关注。我校2000年毕业的张同学，1999年在首届省大中专商业礼仪职业技能大赛中获得第三名。2010年，他在香港创办某全球资源投资有限公司。同年，为了回馈故乡，他投资1000万人民币开展实业帮扶，带动上下游相关产业迅速转型发展,成为当地企业家学习的榜样。每一次回母校,他说的最多的一句就是"用心学技术,用力去奋斗,一定要懂得感恩"。

我校98级的毕业生杜同学在2014年成立了某汽车电子有限公司,业务遍及全国,目前注册资金高达1088万美元。他成立了"汽车某旅游学校"微信群,主动担任起学弟学妹们的人生导师,督促他们勤学习、练技能。他说:"做实业需要勇气,更需要良心。弄虚作假我不干,要做就要做到最好!"

陈同学是2000年的毕业生,目前是某进出口有限公司创始人。2010年,他的公司产值已达3亿多人民币,他也回到母校设立了奖学金。2007年,为了让家乡的人民也能吃上优质的绿色食品,他果断转型,开始经营绿色、有机食品。

从他们身上,我们看到了当代职高毕业生的风采,他们用自己的行动让大家看到了精益求精的工匠精神、技能宝贵的时代风尚、回馈社会的责任担当。

还有许多职高学生带着专业技能深入社会的各个领域:烹饪技能,让我们的生活更美味;航空技能,让我们的空乘旅行变得温暖舒适;护理技能,为我们的生命安全保驾护航;尤其是电商、物流技能,在疫情中有效保证了管控、防控区人民的基本生活。

王 琪 我这里有一组数据。2001年至今,全国中等职业教育累计向社会输送1亿多中级技术技能人才,为经济转型升级、产业结构调整奠定了坚实的人才基础。中职学校毕业生就业率连续10年保持在95%以上。许多中职毕业生已经成长为行业精英了。

2021年,我市中职学校毕业生对口就业率94.37%,基本做到了学有所用。

姚立婧 谢谢老师们的分享!从分享中我们看到,我们的孩子技能精良,成为职业领域的领头羊。事实证明,我们的孩子不仅收获了职业幸福、家庭幸福,还实现了自我的人生价值。选择职业教育,并不是无奈之举,而是迈出幸福的重要一步。新修订的《中华人民共和国职业教育法》,更是从法律层面畅通了职校学生的发展通道,真正做到"高端就业"和"优质升学",让职业教育真正成为就业有能力、升学有优势、发展有通道的教育类型。

"一技在身,百业可为",在大力弘扬工匠精神的今天,展开文化知识加专业技能的"双臂",可以让孩子飞得更高更远。家长朋友们,通往成功的道路不止一条,每个孩子都有属于自己的闪光点。根据孩子的特点和兴趣爱好引导他们去走一条适合自己的人生道路,他们同样有出彩人生。

家校沟通小贴士

孩子初升高,家长这样做

1. 理性分析孩子的发展特点,选择贴合度高的专业,给孩子积极的、有建设性的成长意见。家长的合理意见是孩子成长道路上的重要指向标。

2. 尊重孩子的个性特点,结合孩子的兴趣,发展孩子的特长,帮助孩子做好学业和职业发展规划。

3. 每个学生都是独立的个体,也是独特的人。尊重学生的意愿和表达,发现学生学习能力的差异,才有可能激发他们的学习动机,让每一个孩子找到属于自己的人生价值。

三

生涯规划
——为孩子幸福人生导航

主持人

吕新辉　　高中教师，宁波市第二届名班主任，宁波市第三十四届"王宽诚育才教师"，宁波市首届骨干班主任，宁波市名班主任工作室领衔人，宁波市班主任发展指导中心研究员。

成长是永恒的主题，德育是浪漫的事业。

茶座嘉宾

吴锡植　　中学教师，宁波市骨干班主任，浙江省优秀化学竞赛教练，慈溪市德育工作先进个人。

孩子的未来是我们触摸不到的明天，我们需要用心呵护每一个孩子的成长。

励　姜　　职业学校新疆部主任，高级讲师。慈溪市名班主任，宁波市十佳、骨干班主任，浙江省师德先进个人、浙江省"三育人"先进个人、民族团结先进教师。

先做父母，再做教师。

特邀学生代表

何佳泽　　北京工业大学大四学生,清华大学直博录取。

点评专家

王家忠　　高校教授,校生涯教育研究中心主任。

教育,应该扬长避短,让每个孩子的优点发挥到极点。

什么是生涯规划

吕新辉 说起生涯规划，许多家长会觉得这个话题很遥远。但实际生活中，很多家长已经碰到了这一问题，特别是在初升高这个关键阶段。例如，有位家长遇到一个难题。孩子成绩处于中游，考普高没问题，但是更进一步也很难。家长根据孩子的情况，结合自身的求学、工作经历，觉得以孩子的能力，如果选择读普高，以后很难进一流大学，报职高读热门的幼师专业更适合。家长很民主，跟孩子协商，说了读幼师的好处，比如工作比较稳定，学费低廉，还可以学习很多才艺，可以留在父母身边方便照顾，等等。家长分析得有道理，孩子也就同意了。后来孩子把想法告诉同学，同学们却都说这怎么行，读普高考大学才有前途。周围人说得多了，孩子觉得也有道理，就不肯报幼师专业了，家长再怎么说也无济于事。读普高还是读职高，跟生涯规划有关吗？

励　姜 这确实涉及生涯规划，但家长的理解还有一定的误区，需要补充说明一下。即便是孩子听从家长的建议选择就读职业学校，也不见得未来就一帆风顺。如果没有结合孩子的特点合理规划，将来可能会遇到大困难。比如热门的幼教专业，近些年报考的学生很多，但每一届新生里总会有一部分孩子发现在声乐、视唱练耳等专业课程的学习上非常吃力、五音不全，于是孩子就容易怀疑自己当初的选择是否正确，甚至产生厌学情绪，进入一个专业迷茫期。

吕新辉 看来，选不选是个问题，选了以后还可能存在问题。在初升高这个关键阶段,如何选择的困惑无法避免,读职高会遇到,读普高也会遇到,比如高一学生就面临选科的难题。

吴锡植 孩子们进入普高后,最早遇到的、最重要的规划就是选科。往年毕业的学生中,有一个孩子令我感到十分惋惜。孩子喜欢理科,学得还不错,家长反复权衡后建议选物理,以后的专业选择面广一些。可孩子犹豫不决,认为物理学习难度很大,想获得高分非常困难。家长多次做孩子的思想工作,想劝孩子改变主意,但没有效果,最后只能随孩子了。到高三报志愿时,孩子发现因为没有选物理,在专业选择上确实很吃亏,但没有机会改变了。孩子有点小后悔,家长更是大后悔。

吕新辉 因为没有提早做出合理的规划,导致孩子的后续选择出现问题。类似的现象,王教授能从生涯规划角度来分析一下吗?

王家忠 刚才讲述的两个案例,都说明了生涯规划的重要性。根据全生涯教育理论,生涯规划越早做越好,建议初中就要开始做。因为按照现有的升学路径,有部分学生在初升高时已经面临着职业方向的选择。在生涯规划的过程中,由于学生认知能力的局限性,家长应该成为规划的主力。因此,家庭教育中应该有涉及生涯规划的内容。

第一个案例反映了生涯决策过程中存在着"随大流"现象,第二个案例反映了生涯决策中凭感觉走的"不专业"现象。这两个案例集中体现了当下中小学生涯教育缺失的问题。职业生涯规划,也叫"职业规划""生涯规划""人生规划",其实表达的意思都大致相同,是指个人与组织相结合,在对一个人职业生涯的主客观条件进行测定、分析、总结的基础上,确定其最佳的职业奋斗目标,并为实现这一目标做出行之有效的安排的过程。

在国务院办公厅2019年发布的《关于新时代推进普通高中育人方式改革的指导意见》中,明确提出了生涯规划指导的要求。当前,生涯设计能力已经成为学生的一种重要能力,得到了政府、学界和学校的高度重视。为此,我校生涯研究中心针对中小学生涯教育现状开展了调查,发现总体上存在着地位弱化、意识不强、需求不足、标准缺失、内容窄化、师资匮乏、力度不够、效果不佳等问题。

针对调查中发现的生涯规划目标近视化、功能单一化、通道窄化、力量弱化等突出问题,我们提出了"全生涯教育"理念,主张将生涯教育贯穿生命始终,用全生涯规划为孩子的幸福人生导航。

生涯规划为什么重要

吕新辉 王教授给我们介绍了全生涯规划的一些知识,让我们感受到了规划的重要性。现在,我想以初三家长的身份请教两位优秀的班主任,有没有生涯规划方面做得很成功的案例,可以和家长朋友们做个分享。

吴锡植 我来分享一个工商女孩的逆袭之路吧。2022年9月的一天晚上,我收到了一条微信:"吴老师,我上岸了!"消息来自2019届的小L同学,她还发来了她被某大学工商管理学院录取为研究生的截图。对于她能保送为某大学研究生,我非常高兴,说明努力终有回报嘛。

印象中的小L,初中阶段学习成绩不错,顺利考入重点高中,但成绩在班里显得很普通,所以学习压力和心理压力都很大。我跟她聊天时明显能感受到这一点。但她很坚强,认准目标绝不放弃,在高中阶段抓住了几个关键环节。

高一选科时,她听取了父母、老师的建议,综合考虑个人兴趣、学科成绩、选考科目与大学专业的相关性,选择了化学、生物和技术。高二时,她考虑到个人身体素质好,但文化课水平并不突出,觉得读警校比较合适,就在抓紧学业的同时还积极参加体育训练,最后顺利通过了警校选拔的体育加考。高三时,由于发挥不稳定,分数没有达到预期,她与警校擦肩而过。后来,她结合自己的兴趣爱好,填报了一所有机会升一本的独立学院。后来我了解到,她入校后为了实现专业成绩前2%的目标,比别人更努力学习,基本上在食堂、教学楼、图书馆"三点一线"奔波。大三时,她成功从独立院校升至一本院校,之后就有了保研、考研、出国等更多选择机会。在向老师咨询、与父母沟通后,她选择了难度最大的保研之路,并为之努力。获得保研机会后,她综合考虑学科专业排名、地理位置、就业前景等,放弃了几所985、211高校,最终选择位于金融圈的某大学。小L的故事还没有结束,之后她还将选择导师和攻读研究生,生涯规划也会长久伴随着她成长。

吕新辉 吴老师分享的这个案例非常典型,学生在学业和成长上取得突破,刻苦勤奋的努力是首要因素,但也跟明确的生涯规划有关。

确定适合自己的目标,制定切实可行的规划,还有超强的执行力甚至反思调整的能力,都是善于做生涯规划的表现。在这个过程当中,学生获得的,不仅仅是看上去闪闪发光的成绩,还有不断发生蜕变的自我。励老师,您在职高长期带新疆班,十多年来帮助学生做生涯规划,也来为我们分享一下吧。

励　姜　生涯规划对我们中职学校的孩子们来说尤为重要,因为中职阶段的孩子们已经开始接触专业学习,即将要奔赴职场。我们高一就开设了始业教育、职业生涯规划两门课,指导学生做生涯规划。说起学习职业生涯规划,我们班还有一段趣事。当时生涯规划老师第一节课上就让学生写一份生涯规划,有个同学是这么写的:20岁考上大学,25岁找到工作,30岁结婚,40岁退休后环游世界。可见,十五六岁的孩子们对未来充满了美好的憧憬,所以就更需要积极的、正确的生涯规划指导,帮助孩子们精准地去设计自己的人生。

我们班的班长小陈是一个回族女孩。她带着中考失利的阴影就读中职学校,报考万里之外的内地新疆中职班(内职班),就是想离开父母的唠叨,因为她总觉得父母一直以来都把她和别人家的孩子比。我发现小陈身上有很多优秀的品质,高一军训期间,有一个画面给我留下了深刻的印象。当时为了杜绝就餐浪费粮食的现象,教官安排学生现场管理,小陈就是其中一名。全程我都在关注着,她笔挺地站着军姿在餐盘回收处认真履职,而其他管理同学却偶尔说说悄悄话,我当时就感觉这孩子不错。

新疆班的孩子们万里求学,父母不在身边,我们就提出了"先做父母,再做教师"的育人精神,我就像是小陈的父母一样,和生涯规划老师一起引导小陈设计她的职业生涯规划。高一时,她加入了石榴籽党史宣讲队;高二时,她站上了我市技能大赛的最高领奖台;高三时,她获得了中职国家奖学金。每一次我都会把小陈阶段性的成绩分享给她的妈妈,没想到她们的亲子关系也越来越好。去年暑假,我们老师跨越了四千公里去家访,她妈妈哭了,搂着孩子说:"妈妈为你感到骄傲。"

小陈的成长得益于生涯规划。2022年,教育部开展"同上一堂思政课"活动,年底收官一集的主题是"职校生心中的二十大"。小陈出镜该节目,讲述她的三年求学路,很多教师都感慨小陈"开挂了"。这个节目在"人民网+"客户端播出。我想,小陈的开挂人生应该会激励广大职校生的。

吕新辉 谢谢励老师的精彩分享,这个案例也给我们选择职高的学生提供了一个很好的成功榜样。职业教育帮助一大批学生实现了自己的人生梦想,小陈的经历也让我们认识到了生涯规划的作用。

生涯规划怎么做

吕新辉 生涯规划对高中生的成长非常重要,高中三年怎么走是一盘大棋,走好了就一帆风顺。王教授刚才提到"全生涯规划",这个"全"字就在强调生涯规划的起点也可以落到初中这个学段,甚至更前面,放到小学阶段也是可行的。如果把这几个学段连续起来，就称得上是一个完整的生涯规划了。在这个相对漫长的成长阶段，学生怎么想的，又是怎么做的，我们不能仅仅从成年人的视角来看。今天，我们很荣幸地邀请到了某工业大学的大四学生、现已保研到某大学的何同学，请他来谈谈自己的成长经历。

何佳泽 作为一名大四学生，回望中学阶段，我也很有感触。大学期间，我们对生涯规划的概念比较明确，开设有职业生涯规划、就业指导等课程。中学阶段有经历生涯规划吗？我想是有的，只不过它渗透在日常的培养进程与方向选择中。

初中时，我重点关注的是学业，同时在假期参与社会实践活动。这个过程既是生涯规划的一部分，也让我逐渐认识了自我。例如，在学习中我认识到自己擅长的学科是什么，在社会实践中我认识到自己与人沟通表达的能力怎么样。

到了高中，规划的要求就明确了，因为高中倡导主动式学习，学生面临的选择也更多。短到一天中如何规划学业任务，如何有效巩固与提升；长到一年内如何进行个性化地规划，选择三门选考科目。举一个例子吧，我对建筑比较感兴趣，通过了解后知道建筑的结构设计需要扎实的力学基础、较强的空间想象能力以及对建筑材料性能的精准把握，而这三点在物理、化学与技术学科均有所涉及。现在回想起来，在可选范围广、未来关联度大的高中阶段，生涯规划确实有很强的指导意义。

如今，我的本科生涯也即将画上句号，回望中学，在庆幸自己因为提早规划而受益的同时，也有一些新感悟与大家交流。我本科专业是土木工程，今年在学习砌体设计和抗震设计这两门课程的期间恰好发生了两件事。4月,湖南长沙一自建房因为违规加盖而导致坍塌,造成54人遇难;9月,四川泸定发生6.8级地震,造成88人遇难,11万人受灾。我相信每一个该专业的学生,在得知消息后都会感受到沉甸甸的责任。中学阶段,我们的生涯规划更多出于兴趣与需求,很少提及责任。我记得在一次访谈中,欧阳自远院士被问到"如何对专业保持长久的兴趣"时,他回答道:"兴趣是需要的,但很难持久,只有强烈的责任才能有强大的动力。"欧阳院士从勘探系毕业,先在国防科学技术委员会(国防科委)的委托下承担中国地下核试验场的地质综合研究,后来又因大国责任而承担探月工程。所以,责任意识也是生涯规划中的一个重要因素。

吕新辉 何同学的成长历程很有借鉴意义,生涯规划确实有助于孩子找到成长方向。可能对大多数家长来说,何同学也是"别人家的孩子"。其实每个人都有普通的一面,有的人面对选择时往往能做出正确的决定,有的人却犹豫不定、错失良机。如何进行理性选择也是人生规划涉及的内容。初中生的自主成长意识很强,但看问题还不够全面、长远,以他们的眼界和能力未必能做到理性选择,这就需要家长助力。那么作为家长,我们想帮助孩子进行生涯规划设计时,有没有一些基本原则和策略可供我们参考呢?

励 姜 今天我们探讨生涯规划,其实就是想解决生涯规划什么时候做、由谁去做的问题。生涯规划什么时候做?我还是以幼教专业为例谈谈自己的看法吧。中考结束后,一些学生和家长觉得普高应该是没问题。但是考试总会有随机性,中考分数公布后孩子的成绩没到分数线，不能按原计划上普高了。因为没有做好生涯规划，这些学生现在要面临专业选择了。家长在匆忙中打听到幼师专业还不错，但是孩子没通过面试，就错失了机会。所以，生涯规划什么时候做？我的回答是越早越好。

生涯规划由谁来做？孩子年龄小，不可能让他独立去做，所以需要家长引导。孩子还小的时候，我们引导孩子做生涯规划可以"务虚"一点，可以多一些"诗和远方"，让生涯规划的可塑性强一点，孩子成才的路径多一点。随着孩子认识能力的提高，引导孩子们做生涯规划时可以务实一点。初中生家长应该对孩子的生涯规划有明确的短期目标、中期目标和长期目标。孩子的成长是需要家校社企多方共育的，而家长应该成为孩子生涯规划的启蒙导师。

具体到操作层面，家长大有可为。陪着孩子一起参观博物馆、天文馆、地质馆，听一场音乐会，看一部舞剧，欣赏一次画展，参加一次志愿者活动，等等，都是为孩子的幸福人生导航。教育部门对学生职业体验教育也越来越重视，如我市学生成长指导中心、大学图书馆课程体验等，都是孩子们拓展职业体验的好地方，家长一定要让孩子去认识、去尝试、去感受、去体会、去实践职前体验，让孩子们在实践中学得快乐，学得充实，拥有成就感。

吕新辉 励老师谈到的职业体验正是家庭教育中曾经重视，后来忽视的一个痛点问题。说"曾经重视"，是因为家长在孩子上小学时都很重视参加职业体验，比如消防员、医生、电工等，在小学阶段以游戏的形式来体验各种职业，开了一个好头。到了小学高段，特别是到了初中以后，因为学业压力，我们没有把这个职业体验持续做下去。"双减"政策出台以后，学生的课业负担和校外培训负担相对减轻，这给我们继续做职业体验提供了机会。从学校层面来说，组织学生参加各种社会实践、志愿者活动就是一个好做法，但仅仅依靠学校组织几次大型活动还不够，家庭教育中也应该有相应的内容，让孩子在实践中获得职业体验。孩子的体验丰富了，他们的认知视野就会不断打开，这对孩子未来的成长有很大帮助。所以，我们建议家长朋友利用节假日让孩子积极参与各类活动。如果能长期坚持，孩子对某个职业的认知就会更加深刻，以后面临升学、选科、报志愿等方面的选择时，就会更加理性。

现在我们就来谈谈高中生的选科问题。我听很多家长都说"学得好不如选得好"，这种说法固然有点夸张，但也能充分说明选科在生涯规划中的重要性。吴老师在这方面经验丰富，能不能给大家做一个具体的指导？

吴锡植 普高三年，我的建议是抓住几个重要环节。比如高一选科、高三的三位一体、高考后志愿的填报，都是很重要的环节，需要我们去精心规划。我着重对高一家长都很关注的选科谈谈我自己的一些看法。

很多初三学生的家长对选科不了解。但当孩子迈进普高大门时，马上就会面临选科的问题。短期看，选科规划是否合理会关系到孩子的学业成绩；中期看，关系到孩子的大学志愿填报；长期看，跟孩子的职业生涯也息息相关。所以，和孩子一起做好选科的规划十分有必要。我认为可以从以下几个方面入手：

首先，要有一个清晰的自我认知。这里包含多个方面，比如孩子要知道自己的兴趣爱好、能力特长和人格特点，还要知道自己的学科优势、学习能力等。如果对这些方面不了解，选科就容易遇到困难。学校里有班主任引导学生加强自我认知，作为家长，我们平时可以有意识地和孩子多沟通这些内容。这样既能帮助孩子全面了解自己，也能让家长全面了解孩子。

其次，要了解专业和选考科目之间的关系。新高考背景下，学生需要从物理、化学、生物、政治、历史、地理、技术7门科目中选择3门作为高考科目，而这样的组合有35种。不同选科组合分别能报考大学里的哪些专业？比如，要学热门的计算机相关专业，必须要选择哪些科目？很多家长和学生对此类信息并不了解。所以，了解大学的学科门类与专业、明确选考科目与大学专业的关系是选科的重要前提。一个比较简单的方法就是查阅省教育考试院网站上的普通高校专业选考科目的要求，那里会有详细的信息。

再次，要了解相关的职业信息和工作内容。有的孩子对某种职业特别感兴趣，而且目标坚定，想要去从事相关工作，那么只要认准了就可以专心准备。但大多数情况下，孩子对未来职业的选择比较迷惘，原因就是孩子不了解那些职业具体是做什么的，因此就会影响选科决策。除了从网上获取相关信息外，家长在条件允许的情况下，可以找不同职业的亲戚、朋友与孩子进行面对面交流，或者让孩子亲身去体验下这个职业，这都有助于促进孩子对职业的认识。比如我的一位学生，从初中到高中，父母利用假期带着孩子去接触不同职业的人，体验不同职业的工作内容和环境,最后孩子发现自己对法律最感兴趣,也符合自己的性格特征,所以在选科时就把法律专业所要求的学科选上了。

最后,有很多家长有着同样的困惑:孩子比较偏理科,对物理、化学比较感兴趣,但是物理、化学要考高分比较难,所以又想选择赋分比较容易的科目。我们的赋分制度是这样的:某一门选考科目,成绩排名前3%的人赋分97分及以上,再接下来的3%赋分94到96。这就存在一个情况,假如报考化学的人数只有8万人,而报考地理的有12万人,那么化学97分及以上的人会有2400人,地理97分及以上的会有3600人,同等分数层次的人,化学只有地理的三分之二。如果家长和学生只关注分数,那就会出现学生可能读了自己并不感兴趣的学科的情况,孩子的学习动力会慢慢下降。其实赋分高并不意味着未来一定选择面广,也不意味着未来发展一定好。过分追求分数而忽视选考科目与专业的关系,即使考取了高分,孩子依然难以做抉择。即使上了大学,不合理的选科仍会影响学生。一位女生高中没选择生物,大学读了某大学口腔医院,结果在大一时需要恶补高中生物知识,学起来明显比别人吃力。所以,我们选择选考科目时,不要唯分数论,要结合孩子的兴趣爱好和未来的发展方向。

吕新辉 谢谢吴老师具体详细的介绍,如果不提前了解关于选科的常识和策略,大家可能会盲目选择。学生对自我的认知、对学科的认知、对专业的认知、对未来的认知,都是生涯规划的一部分。我们刚才谈了多个案例,现在请生涯规划领域的专家王教授为我们指点迷津。

王家忠 刚才分享的几个生涯发展案例,很好地诠释了我们倡导的"全生涯"发展指导的理念。如何做好中学生的生涯规划,概括起来说就是要做到"四个全",即全生涯周期的耦合发展、全生涯品格的融合发展、全生涯视角的配合发展和全生涯路径的统合发展。

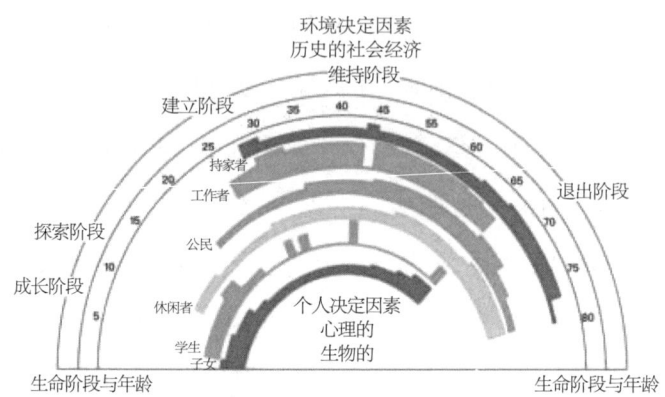

萨伯的"生涯彩虹图"形象地展现了生涯发展的时空关系。在生涯彩虹图中,纵向层面代表的是纵观上下的生活空间,由一组职位和角色所组成,分成子女、学生、休闲者、公民、工作者、持家者六个不同的部分。这些角色与职业交互影响,交织出个人独特的生涯类型。

全生涯发展指导强调从幼儿园便开始对学生进行生涯辅导,即从幼儿园到成年,按照生涯认知、生涯准备、生涯熟练等步骤实施,开发学生的自身潜能,使学生获得谋生技能,增强其适应社会的能力。同时,建立个人生活形态,使学生能够按照自己的意愿去学习、工作,协助个人建立正确的工作价值观,进而帮助孩子实践自己的工作价值,从而促进学生的全面发展,让学生找到自己的幸福。

  按照全生涯教育理论，我们要采用"以终为始"策略，从早做起，建立远景目标，前后一贯、持续努力；要树立健全人格教育理念，跳出职业领域限制，实现"五育"融合发展；要通过建立家校社协同育人机制，平衡学生、家庭、国家的教育目标；要了解多元升学路径，破解升学中千军万马过独木桥的问题，寻找合适的发展路径。

吕新辉 非常感谢王教授高屋建瓴的指导，让我们从实践到理论对全生涯规划有了全新的认知。本期节目我们聚焦生涯规划，希望为家长朋友打开一个助推孩子成长的新视角、新思路。新年新规划、助力助成长，家校合作、协同育人，让我们一起为孩子的幸福人生导航。

家校沟通小贴士

家长如何帮助孩子进行生涯规划

  1. 十五六岁的孩子们对未来充满了美好的憧憬，所以就更需要积极的、正确的生涯规划指导帮助他们精准地去设计自己的人生。

  2. 孩子小时候，我们引导孩子做生涯规划时可以"务虚"一点，可以多一些"诗和远方"。生涯规划的可塑性强一点，孩子成才的路径多一点。

  3. 按照全生涯教育理论，要采用"以终为始"策略，从早做起，建立远景目标，实现前后一贯、持续努力。

图书在版编目（CIP）数据

班主任茶座：聊聊家长关心的20个话题/王晶晶主编；傅卫平，张璐彦副主编. -- 宁波：宁波出版社，2024.10（2025.3重印）. -- ISBN 978-7-5526-5437-0

Ⅰ. G451.6

中国国家版本馆CIP数据核字第20242VX674号

班主任茶座：聊聊家长关心的20个话题
BANZHUREN CHAZUO LIAOLIAO JIAZHANG GUANXIN DE 20 GE HUATI

王晶晶　主编　傅卫平　张璐彦　副主编

责任编辑	陈　静
助理编辑	傅于真
责任校对	侯立华
出版发行	宁波出版社
地址邮编	宁波市甬江大道1号宁波书城8号楼6楼　315040
装帧设计	金字斋
印　　刷	宁波白云印刷有限公司
开　　本	787毫米×1092毫米　1/16
印　　张	22.25
字　　数	288千
版　　次	2024年10月第1版
印　　次	2025年3月第2次印刷
标准书号	ISBN 978-7-5526-5437-0
定　　价	45.00元

如发现缺页或倒装，影响阅读，请与出版社或印刷厂联系调换
电话：05/4-87248279（出版社）
　　　0572-83875165（印刷厂）